班主任的基本功

《"四特"教育系列丛书》编委会 编著

吉林出版集团股份有限公司

全国百佳图书出版单位

图书在版编目 (CIP) 数据

班主任的基本功／《"四特"教育系列丛书》编委会编著.
—长春：吉林出版集团股份有限公司，2012.4
（"四特"教育系列丛书／庄文中等主编.班主任治班
之道）
ISBN 978-7-5463-8786-4

I.①班… Ⅱ.①四… Ⅲ.①中小学－班主任工作
Ⅳ.① G635.16

中国版本图书馆 CIP 数据核字（2012）第 043932 号

班主任的基本功

BANZHUREN DE JIBENGONG

出 版 人	吴 强	
责任编辑	朱子玉　杨　帆	
开　　本	690mm×960mm　1/16	
字　　数	250 千字	
印　　张	13	
版　　次	2012 年 4 月第 1 版	
印　　次	2023 年 2 月第 3 次印刷	

出　　版	吉林出版集团股份有限公司
发　　行	吉林音像出版社有限责任公司
地　　址	长春市南关区福祉大路 5788 号
电　　话	0431-81629667
印　　刷	三河市燕春印务有限公司

ISBN 978-7-5463-8786-4　　　　定价：39.80 元

前　言

学校教育是个人一生中所受教育最重要的组成部分,个人在学校里接受计划性的指导,系统地学习文化知识、社会规范、道德准则和价值观念。学校教育从某种意义上讲,决定着个人社会化的水平和性质,是个体社会化的重要基地。知识经济时代要求社会尊师重教,学校教育越来越受重视,在社会中起到举足轻重的作用。

"四特教育系列丛书"以"特定对象、特别对待、特殊方法、特例分析"为宗旨,立足学校教育与管理,理论结合实践,集多位教育界专家、学者以及一线校长、老师们的教育成果与经验于一体,围绕困扰学校、领导、教师、学生的教育难题,集思广益,多方借鉴,力求全面彻底解决。

本辑为"四特教育系列丛书"之《班主任治班之道》。班主任是教师队伍的重要组成部分,是班级工作的组织者、班集体建设的指导者、学生健康成长的引领者,是思想道德教育的骨干,是沟通家长和社区的桥梁,是实施素质教育的重要力量。班主任工作是学校教育中极其重要的育人工作,既是一门科学,也是一门艺术。班主任工作既包括日常的教学管理,也包括班级文化建设。

本辑共20分册,具体内容如下:

1.《管好班干部》

班干部是班集体的核心,也是班级的"火车头",这个"头"带的好不好,马力足不足,直接影响到整个班级的运转。有了优秀的班干部队伍,班级各项工作就会顺利开展,班级面貌就会生机勃勃;反之,班级就是一盘散沙,集体就会涣散无力。因此,如何培养一支素质高、能力强的班干部队伍,显得尤为重要。本书对班主任如何管理好班干部进行了系统而深入的分析和探讨,并提出了解决这一问题的新思路、可供实际操作的新方案,内容翔实,教案丰富,对中小学班主任颇有启发意义。

2.《带班的技巧》

本书讲述的常见问题与解决策略,绝大多数来自新时期一线班主任的教育实践,因此,其实用性和可操作性是不言而喻的。同时.本书又不拘泥于就"问题"论"问题",而是透过现象看本质,善于引导新班主任们看到问题背后更深层次的东西,从而看得更远、想得更深、悟得更多。

3.《全能班主任》

优秀的班主任是如何炼成的? 他们的成长要经过多少道磨练? ……本书对优秀班主任成长必经的多项全能进行了深刻剖析与精彩演绎。

来自一线最真实的问题,来自一线最优秀班主任的"头脑风暴",来自全国著名班主任的点拨，使得本书在浩如烟海的班主任培训用书中脱颖而出。

4.《拿什么约束班主任》

班级是学校进行教育、教学工作的基本单位。班主任是班集体的组织者、教育者和指导者，是学校领导实施教育、教学计划的直接执行者，是指导团队开展工作的重要力量，是沟通学校、家庭、社会三结合教育渠道的桥梁。为了能更好地体现新课程改革对班主任工作的要求，进一步规范班主任工作的管理，明确班主任工作职责，促进班级工作的开展，建立良好的班风、校风，班主任教师除了在工作中讲究技巧性和艺术性外，还应该有严格的工作要求与便于实践操作的基本规范。

5.《班主任的基本功》

班主任工作十分繁杂，头绪很多，要想成为一名优秀的班主任，应当从事务堆中解脱出来，始终保持清醒的头脑，以明确自己的使命。本书全方位地阐述了新时期做好班主任应具备的各方面要素；它从班主任实际工作出发，从工作中出现的问题入手，再到详细地分析问题的成因，最后提出解决问题的方法、策略或建议。本书反映了我国新时期有关班主任工作的方针、政策的新动向，反映了班主任教育理念发展的新趋势，同时也反映了班主任工作实践活动的新发展。

6.《从细节入手》

班主任是班级的组织者、协调者、领导者和教育者，他是距离学生最近、与学生接触最多、对学生影响最大的老师。他的管理、他的教育影响的发挥在很大程度上取决于对教育细节的把握。细节虽小，却能透射出教育的大理念、大智慧。一个成功的班主任，一定是一个关注细节、善于利用细节去感染、教育和管理学生的人。

7.《班主任谈心术》

当前，青少年心理健康问题已成为全社会越来越关注的焦点。因青少年心理问题引发的违法犯罪等社会问题，也呈日趋上升的态势。现代教育的发展要求教师"不仅仅是人类文化的传递者，也应当是学生心灵的塑造者，是学生心理健康的维护者"。作为一班之"主"的班主任，能否以科学而有效的方法把握学生的心理，因势利导地促进各种类型学生的健康成长，将对教育工作的成败有决定性的作用。但是，面对性格迥异，出身、家庭等各有不同的学生，如何走进他们的心灵、倾听他们的心声、解决他们的思想问题？本书将一一为您解答。

8.《班主任治班之道》

班级是学校的基础"细胞"。班级管理搞好了，学校的教育、教学工作才会得以顺利。正如赫尔巴特所说："如果不坚强而温和地抓住管理的缰绳，任何功课的教育都是不可能的。"可见班级管理工作是多么的重要。而班主任作为班级的组织者、管理者，做好班级的管理就成为班主任工作的重中之重。

9.《怎样开好班会》

主题班会可以锻炼学生的活动能力,开拓他们的眼界。如何设计好一场别开生面的主题班会,寓教于乐,从思想上和情感上润物无声,对学生起到特殊的教育作用,这本手册是您的最好选择。分类细,立意精,内容新,一册在手,开班会不愁!

10.《突发事件应对》

书中列举的大量真实生动的案例,无不充满智慧,充满心与心的交流。书中的一幕幕校园闹剧,让人有种似曾相识的感觉;书中老师的"斗智斗勇",让人感到耳目一新,由衷叹服,不禁感慨教育真是一门充满智慧的学问!

11.《学生人格教育》

本书从人格类型入手,对教师和学生的人格类型进行了划分;再结合大量实证研究和教学实践个案,提出了教师应如何巧妙地根据学生的心理类型,在全班教学的同时又针对类型差异,进行适应个别差异的教学和管理,以满足学生的需要来激发学生的学习兴趣,进而提高教学效率,使每个学生得到适合自己的发展。阅读本书,教师不仅能够掌握更有效的教学方式、让学生喜欢上学习、提高教学质量,而且能够对自己有更进一步的了解,有利于教师的自我成长。

12.《学生心理教育》

当前我国教育改革和发展面临的重大任务和时代主旋律,是全面实施和推进素质教育。素质教育的重要内容和目标之一,就是培养学生良好的心理素质,提高学生的心理健康水平。而要想培养和发展学生的心理素质,最重要的方法就是面对全体学生系统地开展心理健康教育。本书就是一本供中小学生心理健康教育用的书,有助于引导中小学生领悟到相关的理念、知识和方法。

13.《学生遵纪守法教育》

对广大青少年的遵纪守法教育应根据其认识水平,从纪律教育入手,让他们从小建立起规则意识。而且要明确所在学校的校规,所在班级的班规;要了解学校的各种制度。由学校的一些纪律制度,推而广之,让青少年对必要的社会公共秩序的规定也要有所了解。同时,要青少年明白人小也要守法。本书以青少年为主要读者对象,目的是让青少年读者感受到遵纪守法的必要性。

14.《学生热爱学习教育》

本书通过大量实例,深入浅出地剖析了动机的重要性和来源,教您如何激发学生投入学习的动机,怎样鼓励学生完成学习任务,还告诉您怎样及时遏制学生在课堂上的不当动机。掌握了激发学生学习动机的策略之后,您会发现,让学生都爱学习,已不再只是梦想,它正在慢慢变为现实。

15.《学生热爱劳动教育》

教育与生产劳动相结合是我党教育方针的重要组成部分,是我们坚持社会主义教育方向的一项基本措施。要搞好教育与生产劳动的有机结合,必须首先教育学生热爱劳动,使每个学生对劳动产生渴望,感到劳动是一种欢乐,是一种享受。当学生能从劳动中取得乐趣时,劳动教育才算获得成功。

16.《学生热爱祖国教育》

热爱祖国是中华民族的传统美德,是每个公民的神圣义务。"以热爱祖国为荣,以危害祖国为耻"不仅是一个普通的道德准则,也是公民的生活规范。爱国主义是维护中华民族大团结,促进社会大发展的主要精神动力,是中华民族最基本、最重要的传统美德。爱国主义,也是对自己祖国和人民的深厚感情。

17.《学生热爱社会教育》

构建社会主义和谐社会,必将为青少年健康成长创造一个优良的社会环境。同时,加强青少年社会教育,促进青少年健康成长,对于促进社会主义和谐社会建设,也具有十分重要的意义。社会的持续发展,持续和谐,在很大程度上取决于今天的青少年能否成为未来社会的合格成员,而培养合格的社会成员,仅靠学校教育、家庭教育是不够的,必须坚持学校教育、家庭教育和社会教育相结合。

18.《学生热爱科学教育》

当你们看着可爱的动画片,玩着迷人的电脑游戏,坐上快速的列车,接听着越洋电话的时候,……你可曾意识到科学的力量,科学不仅改变了这个世界,也改变了我们的生活,科学就在我们身边。科学技术的日新月异,使得科学不只为尖端技术服务,也越来越多地渗透到我们的日常生活之中,这就需要正处于青少年时代的我们热爱科学,学习科学。

19.《学生热爱环境教育》

我们不是从祖先那里继承了地球,而是从子孙那里借用了地球。宇宙无垠,地球是一叶扁舟,人类应该同舟共济。地球能满足人类的需要,但满足不了人类的贪婪。森林是地球的肺,我们要保护森林。水是生命的源泉,珍惜水源也就是珍惜人类的未来。拯救地球,从生活中的细节做起。对待环境的态度,表现着一个人的素质和教养。人类若不能与其它物种共存,便不能与这个星球共存。幸福生活不只在于衣食享乐,也在于碧水蓝天。

20.《学生热爱父母教育》

专家认为教育首先是让孩子"成人",然后再是"成才"。要弄清成绩、成人与成才三者的关系,谨防"热爱教育"缺失造成的心灵成长"缺钙"现象。对一个孩子健全人格的培养,最关键的要让他做到几点:热爱父母,能承受挫折、吃得起苦,有劳动的观念。热爱父母,才能延及热爱社会、热爱人生。

由于时间、经验的关系,本书在编写等方面,必定存在不足和错误之处,衷心希望各界读者、一线教师及教育界人士批评指正。

编者

目　录

第一章

班主任素质概述

班主任队伍的素质关系着和谐校园的建设和发展,班主任工作是学生管理工作中最基础的工作,班主任一定要下大力气提高自身的整体素质。要有高度的责任感和敬业精神,要有较高的工作能力和基本素质,要有吃苦耐劳的奉献精神。为构建和谐校园培养造就合格人才做出应有的贡献。

班主任的含义与构成

班主任素质的含义

就班主任素质而言,这是一个综合的整体概念,是班主任各种素养的集合体,是指班主任履行职责、完成教育教学任务所必须具备的内外品质的总和。就是说班主任素质是班主任职业对班主任个人所提出的内外品质上的要求,是否具备这些内外品质,直接影响着班主任教育教学工作的效率和效果。

班主任素质的构成

班主任素质主要包括思想政治素质、道德素质、文化素质、身体素质、心理素质、科研素质、管理素质、能力素质、外在素质九个方面。

1. 思想政治素质

班主任的思想政治素质是指班主任在政治方向、政治立场、政治观点、政治品德和思想作风等方面基本情况的总和。它影响着班主任的世界观、人生观、价值观、幸福观、节操观、责任感、义务感、荣誉感等思想观念的内在基础,决定着班主任职业活动的方向和态度,对其他素质起着决定性的影响。

思想政治素质是班主任整体素质的灵魂,是班主任素质结构中带有定向意义、动力意义的核心部分。班主任是国家教育方针政策的具体执行者,是教学内容中思想政治因素发挥出教育效能的关键因素。因而任何社会、任何国家都对班主任的思想政治素质提出了特定的要求,使得班主任的思想政治素质表现出了鲜明的时代性、阶级性。在我国,社会主义的社会性质要求班主任在思想政治方面必须有坚定的共产主义信仰、强烈的爱国热情和较高的政治理论素养。从具有坚定的共产主义信仰看,它要求班主任具有坚定的共产主义信念,旗帜鲜明地坚持四项基本原则,拥护党的路线、方针、政策,表现出鲜明的政治责任感;就具有较高的政治理论素养而论,它要求班主任具有一定的马克思主义理论水平,用辩证唯物主义和历史唯物主义的科学原理武装自己的头脑,使自己具有科学的世界观和方法论,能自觉地运用马克思主义的立场、观点和方法引导学生正确地认识人生、认识社会和把握未来。

2. 道德素质

班主任的道德素质是指班主任在道德品质方面的修养,是班主任在道德认识、道德情感、道德意志和道德行为上的稳定的特征。班主任的道德素质包含的内容十分广泛,其中确立积极的人生观最为关键。班主任有了积极正确的人生观,就会树立正确的人生价值观,并在此基础上,把成为一名合格的、优秀的班主任作为自己的价值取向。有了这种价值取向,班主任就会把献身教育事业作为自己的职业理想,热爱教育事业,热爱教育对象,严格要求自己,以身作则,锐意进取。班主任的道德素质对学生思想品德的形成与发展有着主导性的重大影响,因此,班主任必须具有良好的道德素质。

3. 文化素质

班主任的文化素质是指班主任通过学习和积累而具有的文化修养,以及由此进一步形成的知识体系和结构的基本情况。

知识是班主任借以教育学生的最基本的手段。要使学生牢固地掌握一定的知识,班主任必须具有更多、更扎实的知识。因此,文化素质历来都被视为班主任的重要素质。一般来讲,班主任的文化素质包括三个方面的内容,一是专业知识,二是文化基础知识,三是教育科学知识。对班主任而言,这三个方面的素质是缺一不可的。班主任应具有专业知识,这是由班主任工作的专门性决定的。教学工作是分学科进行的,班主任首先是教师,他首先要具备精深的专业知识,成为学科专家。如果班主任在专业知识方面不够精深,就必然影响讲授内容的深度、可信度和可理解度,也会影响学生求知欲地激发与满足。鲁迅在浙江两级师范学堂执教时,一次和日本籍教师铃木一起带学生到野外采集植物标本。在山坡上,学生们看到一株开着黄花的植物,不知其名,便问铃木。铃木细看后说,这叫"一枝黄花"。学生们听后很不以为然,有的干脆笑了起来。他们认为植物开黄花就叫一枝黄花,这种解释是信口开河。看到这种情景,鲁迅便认真地解释说,这是多年生草本植物,属菊科,可以入药也可以提取染料,名字确实叫一枝黄花。因为原生在北方,所以也有叫兴安一枝黄花、朝鲜一枝黄花的。这样全面解释后,学生就不再怀疑了。一位全国优秀班主任还经历过学生在课堂上问"蜘蛛用所结之网上的粘液捕虫,它自己为什么能在上面自如地爬行"而无从正确解答的问题。这都说明班主任具备精深专业知识的必要性。

班主任应具备广博的文化基础知识,是指班主任除了具有所教学科的专业知识之外,还要具有文史哲、音体美等其他学科方面的一般知识。各门学科的知识之间有着一定的联系,在当代科学一体化趋势日益加强的情况下,各科教学内容之间的联系也在不断加强。加上学生知识需求和班主任工作要求的多方面性,班主任就必须具有多方面的知识。一位班主任讲过这样一件事:一次他讲《木兰辞》讲到"同行十二年,不知木兰是女郎"一句时,一位学生说写得太假。班主任问这位学生为什么。学生答,行军打仗难免要脱鞋洗脚,这样一来,木兰的"小脚"不就露出来,暴露出其为女性的特征吗? 针对于这个问题,这位班主任先讲了《木兰辞》的成文时代与我国妇女裹足的起始时代,然后又讲了文学作品的艺术性与现实性的关系,比较圆满地回答了这一问题。试想,若这位班主任没有一些史学的知识,他能对学生的这一问题做出圆满的回答吗?

学生对知识的接受与掌握是受其身心发展特点制约的。班主任从事工作必须遵循学生身心发展的规律、遵循教育教学的规律。因此,班主任为了提高教育教学工作的效果与效率,还必须有一定的教育科学素养。

4. 身体素质

班主任的身体素质是指班主任在身体方面的基本情况和应具备的条件,它是班主任体质的反映,也是班主任在教育教学活动中所表现出的各种机能能力。人的身体素质包括三个大的方面:一是体格状况,即身体的生长发育情况、身体形态与身体姿势状况。二是体能状况,即力量、速度、耐力、灵敏性、柔韧性、平衡性及走、跑、跳、掷、攀、爬、举等身体基本活动能力状况。三是身体的适应能力情况,即对外界环境的适应、应急能力和对疾病的抵抗力。身体素质是人的生命活动和工作能力的物质基础,它的发育发展状况,对人的生命活动和工作能力等有重大的影响。班主任特定的生活环境和工作特点,要求班主任的身体素质要全面发展,其中最为关键的是要有较强的耐受力、敏捷的反应力、充沛的精力、较强的视力和听力、洪亮的声音等。

班主任是一个班级的领导,要负责一个班级的全面工作,因此劳动量比一般教师还大,任务艰巨,工作时间长,主要用"脑""嘴"来工作,用"腿"来支撑。因此,良好的身体素质是班主任成就事业、获得职业满足感的最起码的条件。班主任个人身体素质的状况,是受遗传素质、营养条件、体育锻炼、劳动条件、生活环境、生命活动的规律等多方面因素制约的。由于多方面的原因,目前我国班主任在身体素质方面存在着不少问题。某市一所重点中学班主任的健康状况,良好者占39.8%,一般者占44.3%,有严重疾患者占15.9%;北京市一所普通中学班主任的体检表明,每个班主任平均患有2.85种疾病。这就要求有关方面、教育管理者采用有力措施,不断改善工作条件、生活及医疗状况,保护好班主任的身体,并根据班主任劳动的特点,引导班主任掌握用脑科学,坚持体育锻炼,善于劳逸结合,注意饮食卫生,不断提高身体素质。

5. 心理素质

班主任的心理素质是指表现在班主任身上的那些经常的、稳定的心理特征。它的内容十分广泛,包括了心理过程和个性心理特征的各个方面。具体而言,它所包括的内容有认识因素,即注意力、记忆力、思维力、想象力、观察力等;兴趣因素,即兴趣及其品质,如兴趣的广度、深度、稳定性与效能等;一般情绪因素,即情绪、心境、激情、热情等;情绪品质,即情绪的稳定性、深刻性等;社会情感,即道德感、理智感、美感等;意志因素,即意志及其品质,如意志的果断性、顽强性、自制性、目的性(自觉性)等;性格因素,即性格特征,如谦逊、自我批评精神、勤奋精神、献身精神、内向性、外向性等;气质因素,即个性情绪和活动的反应强度、速度与表现趋向等。

班主任的劳动特点及其在社会中扮演的角色和作用,决定了班主任必须具备良好的心理素质。在教育教学过程中,班主任的心理素质对学生的影响是多方面的。它不仅表现为班主任的教育才干直接影响着教育教学工作的效率与效果,而且还是一种巨大的教育力量,对学生心理品质的形成具有潜移默化的深刻影响。

6. 科研素质

社会的发展,素质教育的深入,会引起教育的深刻变革,必将牵涉到教育的宏观和微观的一系列改革,在这些变革中不可避免涌现出无数新问题。随着 20 世纪 90 年代初素质教育理论研究的深入和向素质教育转轨实践的推进,特别是中小学整体改革实验的深入,班主任工作被推到教育科研的前沿,班主任工作研究由原来的经验性研讨进入了教育科研的新天地。教育科研是班主任素质中的高层次要求。

(1)树立科研意识。

大凡中小学班主任有这样三种类型,即消防队员型、慈母型、导师型。

消防队员型班主任其工作目标就是维持班级纪律,保证不出乱子,头痛医头,脚痛医脚,班级工作没有计划,没有头绪。

慈母型班主任工作兢兢业业,关心体贴学生,什么事均亲自过问,日夜操劳,一心扑在班级工作上,每天早出晚归,甚至顾不上自身的进修学习,凭经验管理班级。这类班主任由于缺乏先进的教育理论作指导,观念比较陈旧,方法不够灵活,效率不够高,始终不会成为现代的优秀班主任。

导师型班主任思想活跃,作风民主,思路敏捷,管理科学,能透过教育现象抓实质,找规律,能及时吸收先进的教育理论并灵活地运用到自己的工作实践中去。自觉地把教育与科研结合起来,结合自己的工作实践,认真研究学生的成长规律,学生的个性特征,在科学理论与方法的指导下积极从事学生的个案研究或班级研究的教改实验,并且不断总结提高,不断探索经验,形成具有个性特色的教育方法。魏书生、李镇西当属此类。

班主任的工作要善于发现问题,善于总结,善于反思,善于研究,进行理性的思考,增强工作的方向性和科学性。如果教师对教育的新内容、新方法、新趋势表现出浓厚的兴趣和密切的关注,喜欢尝试新的教育方式,具有观察教育现象和研究教育现象的能力,运用科学的理论指导工作,以科研促进工作质量的提高,必然使自己的教育具有更大的实效性。通过研究先进的教育思想、成功的教育经验、科学的教育方法,有效的教育途径,扬长避短,减少工作的盲目性,教育才能达到事半功倍的效果。

(2)提高科研能力。

造就高水平"科研型""学者专家型"教师,形成高师德、高学识、高能力的教师队伍的有效途径之一是开展教育科研。如何提高教育科研能力呢?

①以新思维、新观念来认识教育问题。现代班主任必须具备最现代的教育思想。现代教育观念强调教育价值的全面性,主张教育具有多种功能;强调现代教育的全时空全方位性,提倡终身教育;强调教育的民主化,发挥学生的主体性和创造性,使教育个体化;强调教育的超前性,要求教师主动适应社会变革,根据新情况、新趋势,不断研究新问题。当今最能代表现代教育思想和教育观念的《教育——财富蕴藏其中》一书指出,教育必须围绕四个基本的学习能力(教育的"四大支柱")来重新设计,重新组织。这四项是:学会认知,学会做事,学会共同生活和学会发展。

现代教育观,必须转化为新时期班主任头脑中的教育观念,才能作用于教育活动的各个方面。现代教育观念包括:现代教育目标观、现代师生观、现代教育价值观、现代教育质量观、现代人才观、现代教学观、现代学习观、现代评价观、现代德育观等等。在这些教育观念中充分地、生动地体现着现代教育思想,如教育民主化思想、教学主体性思想、终身教育与终身学习思想、教育个性化思想、教育国际化和开放性思想、人的全面和谐发展思想等等。同时教育观念通过教育实践也会转化为现代的教育模式,如成功教育、发展教育、愉快教育、创造教育等等。

就现代教育目标观来讲,它经历了从"以知识教育为本"到"以人的发展为本"的观念的变化。围绕新的目标观而转变的"师生观",是现代师生关系的基础。

现代学生观以全新的视野和动态发展的眼光看待学生。

每个学生都有巨大的发展潜能,学生的优势发展及潜能是各有所长,不尽相同的。教师面对某个学生,要问的不是这个学生是否聪明的问题,而是他究竟在哪些方面聪明。每个学生都有自身的优势和弱势,这不是问题,问题是能否扬长避短。某方面的弱势,或许恰恰就是另一方面的优势。相信学生的潜能,判断学生的优势智力,并且激励其发展成才,是对学生个性特质的真正尊重。

学生是教育活动的主体,这一观点获得了教育界的广泛支持。但在具体的教育实践中,却往往还是把学生当做是被动接受知识灌输的客体,在参与教育活动的权利等方面,学生依旧是人数最多的弱势群体。如何将主体性教育思想贯彻到实处,这不仅是重塑新型师生关系的需要,更重要的是,它将直接影响一个国家民主法制意识、道德伦理意识的健康发展。

重庆铁路中学在如何发挥学生主体作用方面作了有益探索。该校对元旦游园会进行大胆创新。学校设立了如"校园十佳歌手演唱会""迪斯高舞场""有奖游戏""书画展""美食一条街"等活动内容。德育处把这项大型活动分解成几个具体的操作板块,公开在全校学生中招聘活动策划者、组织者和工作人员,一些班承担了组织任务,从游园活动的广告宣传、奖票制作、奖品发放、各项活动形式的策划到整个校园的安全保卫、秩序维护,学生们既是活动的参与者,又是活动的组织和管理者。这项活动让学生们真正品尝到做主人的滋味。该校把现代教育的新思维、新观念成功地运用于学生教育活动中。

②善于观察教育现象,研究其本质科学研究首先要发现问题,问题是科学研究的起点,这要求善于观察教育现象,要求班主任具有科学研究的敏感性,然后寻求理论的支持和事实的支持,找寻现象的本质,理智、清醒地看待问题。创新型教师善于从生活中发现新的科学概念和原理,善于提出尚未解决和有多种答案的探索性问题,善于在已有信息基础上进行假设,善于把相反或近乎没有联系的观念综合成新思想、新观念。教师应是有心人,不要忽视任何重要现象,并要细心地记录下来。这样就不至于对各种现象及其发生的日期、时间、次数和来龙去脉含糊其辞。

③善于捕捉教育热点,突破难点问题学校德育捕捉教育的热点应该顺应时代潮流,在德育内容上打破传统教育在思想性和政治性上的单一性,把法律、纪律、方针政策、和平、民主、理解、协调、亲善、人道主义及现代生活方式等包容进来。

培养创新型人才已成为当今社会的教育热点。班主任们不妨多思考,观察身边的教育现象,围绕这一热点开展工作。

如在许多学校对教室四壁布置几乎沿袭了传统做法——挂标语框,其内容或是一句名言警句,或是一项要求,以便使学生从中受到启发和教育。但有位小学班主任发现了其中的问题。他认为这种做法对于生活经历和知识都较欠缺的小学生来说没有多大的实际效果。他在本班尝试创办"创新作业墙",收集学生有创意的作业、书画、摄影作品等等,由学生自己动手布置在教室墙壁上,使教室布置知识化、能力化、自主化。小学生大多数喜欢涂涂画画,表现自己,"创新作业墙"无疑给了学生这样的机会,使学生闪现出思维的火花。

因特网的迅猛崛起,既为学校思想政治工作开辟了新的途径,提供了新的手段,同时也提出了前所未有的挑战。现在中小学生对电脑已经不陌生了,但青少年真正利用电脑来学习的并不多,大多用来玩游戏,或网上找朋友。如何适应因特网飞速发展的时代特点,加强和改进青少年的思想教育工作,已成为摆在中小学校思想政治工作者面前的一个重要课题。这是新时期我们亟待解决的难题。

据报道,因特网正在成为浙江省青少年思想教育工作的重点。在增强青少年道德自律意识和自我保护能力的同时,浙江将充分利用因特网这一工具,构筑开展青少年思想政治工作的新型阵地,扩大思想政治工作在青少年中的覆盖面和影响力。全省建设了一批青少年读书网站,通过网络开展青少年校外素质训练和读书求知活动。这是一个善于捕捉教育热点,突破难点的范例。

抓住教育的热点和难点进行探讨,课题才具有一定的创新性。

(3)掌握科研方法。

我们在教育研究中,只有运用科学的教育研究方法,进行系统的规律性的探索活动,才能称之为教育科学研究。把眼前的工作当做科研内容,树立"事事有规律,处处有规律"的哲学观念,勤读书、勤思考、勤总结,就容易发现事物的内在联系与本质。

为什么同样是教师,斯霞、于漪、钱梦龙、欧阳黛娜等许多优秀教师却感觉幸福、快乐,充满了新奇感,工作充满了创造性? 重要原因之一,在于他们总是从科学研究的角度看待教育教学工作。

其实研究过程本身就充满着乐趣。当老师们为自己研究的课题查找理论根据,重新学习教育科学知识的时候,当老师们为自己研究的课题观察、了解学生的时候,当老师们有一点体会,自然流畅地写入科研日记的时候,这本身就已经使老师们站到了一个更高更新的层次来看待自己的工作。他已经在自新,已经品尝到了科研的乐趣。

班主任应有成果意识。经常进行工作经验总结,并把总结上升为理论,勤于笔耕,努力争取有高质量的论文发表。加强科研能力的培养和训练,积极参加学术研讨活动,提高教研活动的实效,切勿流于形式。

教育科学研究并没有固定不变的步骤,研究课题不同,选用的研究方法不同,科研步骤亦可以有所不同。在这里只简单介绍其中最基本的几个步骤:

第一,选定研究课题。要考虑课题的理论价值、方法价值、实践价值。还要注意课题的创新性、新颖性和可行性。

第二,查阅文献。通过查阅有关文献,全面了解前人或他人在该课题上已取得的主要研究成果,还有哪些问题留待进一步修正和补充,找寻科学的论证依据和研究方法,从而明确研究课题的科学价值,帮助自己确定研究方向,避免重复劳动。近年来通过因特网检索获取信息具有很大的优越性。网上的信息具有广泛性和新颖性,通过因特网得到的信息几乎是最新的,保证了研究的高质量。

第三,制定科学研究计划或制订方案。计划或方案包括:课题、研究的意义、研究对象与范围、研究内容、研究方法、研究步骤、成果形式、经费预算、课题组成员构成等。

第四,搜集研究对象的有关资料。方法有历史研究法、观察研究法、调查研究法、实验研究法、经验总结法、行为研究法等。这是研究工作的具体核心部分。

第五,整理和分析资料。将搜集的原始资料进行汇总、归类,使其系统化、条理化,对数据资料进行统计处理,为研究结论提供比较科学、准确的依据。对资料的分析有定性分析和定量分析两种。

第六,撰写研究报告或论文。这是教育科学研究工作的最后阶段,报告研究的目的、意义、内容、研究过程、方法、结果和所得到的结论等。一篇好的研究报告或论文,一般应具备正确性、客观性、公正性、创新性与可读性等特点。

科学研究报告主要有学术论文、教育调查报告、教育实验研究报告这三种形式,其写作没有固定格式。

7. 管理素质

在经典性的管理理论中,尤其是国外管理理论,大都倾向于在管理手段或管理过程层面上注解管理。如科学管理之父泰罗认为:管理就是"确切知道你要别人去干什么,并使他用最好的方法去干",侧重于管理的激励与协调功能。诺贝尔经济学奖获得者赫伯特·西蒙站在宏观管理的立场上,认为"管理就是决策"。对我国管理理论研究而言,法约尔的定义影响较大。法约尔认为,管理是一种普遍现象,是所有人类组织都有的一种活动,它主要由"计划、组织、协调、指挥与控制组成"。在芮明杰教授看来,所有的管理都可以看做是对他人的协调活动,他进一步认为,国外的管理定义都不是严格意义上的规范性定义,都没有明确管理的立足点,即管理应有特定的对象与特定的时空,由此,他认为管理"是对组织的资源进行有效整合以达成组织既定目标与责任的动态创造性活动。"不过,管理只是一个中性词,它并不必然就是创造性活动,有些常规性管理只是例行公事,有些甚至是失效的管理。基于这种认识,从其本质意义上,管理是为了实现既定目标而对现有资源进行整合的活动。

虽然从行为科学代表人物梅奥(G. E. Mayo)提出人际关系理论以后,就开始不断重视管理者对职工的感情沟通,重视团体中所存在的非正式组织,打破了以泰罗(Taylor, 1856 ~ 1951)为代表的科学管理理论中"经济人"的假设,并且在此之后,现代管理理论又将构建学习型组织引入企业管理,认为现代社会应重新就管理观念与管理方式进行革新,提出自我超越、改善心智模式、团队学习以及系统思考五项内容,但这些新的管理思想都有一个核心目标,即如何实现企业经济利益最大化,而教师继续教育管理则不同。

(1)熟悉我国有关教育和班主任职责的政策与法规。如《教育法》《教师法》《面向21世纪教育振兴行动计划》《中共中央、国务院关于深化教育改革全面推行素质教育改革的决定》以及《中小学教师行为规范》等。

(2)了解当地学生与教师的需求与背景。管理者需要了解本地的经济、文化背景,了解教师与学生的学习需求,了解地方政府的教育态度,以及地方教育经费投入程度等等。

（3）受过一定程度的教师专业教育。这些教育专业知识与技能贮备包括：普通教育学科如教育学、某一学科教学法、心理学等，专门的成人教育学科如成人教育学、成人教育心理学，某一学科较为成熟的教学技能。

（4）具有良好的教育者的职业品质。如职业责任感、专业成就感、管理育人的信念以及对教育事业的挚爱与追求等。

（5）具有良好的管理者职业品质。就管理者所具有的能力层面而言，主要包括：创新能力，如广泛的兴趣、对环境敏锐的洞察力、系统而辩证的思维等；转化能力，如综合、移植、改造、重组和创新的技巧；应变能力，如在变化的环境中创意与策略，能审时度势，随机应变以及在变动中辨明方向与持之以恒；组织协调能力，如培养团队精神、有效的资源配置以及强化个体与整体的协调与反馈的能力等。

上述班级管理品质在个人身上形成综合的职业品质，正如陈孝彬教授所言："就其个人来说，它包括三个方面：政治和道德素质，主要有能正确地理解、执行国家的方针政策，有事业心和成就感，尊重人，办事公正，以身则；专家素质，主要有决策能力、组织指挥能力、沟通能力和创新能力以及信息获取和处理能力；心理素质，主要有较高智力水平，思维敏捷，头脑清晰，有主见，理智性强，意志坚定，性格开朗、豁达。对于领导群体而言，要富有战略头脑和政策头脑，团结合作，精简干练，各种人员素质结构合理，有权威以及作风民主，支持群众参与管理。"

8．能力素质

班主任的能力素质是指班主任顺利完成教育教学活动必须具备的能力。班主任应具有的能力主要有组织教学的能力、语言表达能力、组织管理能力、板书能力、自我控制能力、创造性思维能力、开展课外活动的能力、科学研究能力、审美能力等。这些能力对于班主任进行教育教学工作来说，都是必不可少的。如自我控制能力，这是一种善于控制自己的情感和言行，针对学生的实际情况，晓之以理、动之以情的能力。班主任的工作对象是个性千差万别的学生，他们在总体上都十分关心班主任对自己的评价，但具体程度有所不同。有的学生"脸皮薄"，对班主任的评价极其敏感，班主任评价的作用对他们来说是深沉持久的；有的则对班主任的评价有较强的承受力；有的悟性强，有的接受能力较弱……这就要求班主任有自制力的修养，不能像一门大炮，遇到事儿，不管三七二十一，"咚咚咚"放上一阵，或马上在其他言行情感上表露出来。而应该保持沉着和冷静，审时度势，理智地做出妥善处理。在许多情况下，沉着冷静不仅能使班主任赢得思考、弄清是非曲直、做出妥善处理的时间,而且沉着冷静本身就是一种教育力量,它能使学生感到班主任有修养。人们也往往把遇事时是否沉着冷静作为衡量一个人是否成熟、有涵养的标志。例如一位班主任在课堂上讲宋朝诗人曾巩的《三衢道中》。当讲到"绿荫不减来时路,添得黄鹂四五声"时,班上一位男生竟忘乎所以地学着黄鹂的声音叫了一声。全班50多位同学的目光顿时全部盯向了老师,意思是看你老师如何处置。这位班主任冷静片刻便微微一笑,说:"这位同学情不自禁地学起黄鹂的叫声,这不正是受到诗中描写的环境与作者思想感情的感染吗?可见写黄鹂的鸣叫以渲染环境在表达作者思想感情方面,起了多大的作用。这说明这里写得好,大家从这一声'鸣叫'中,一定能体味到作者置身于这样的环境中是一种什么样的心情。"这时,全班的气氛缓和了下来,而且这首诗的重点、难点也轻松地得到了解决,那位学黄鹂叫的同学也自然地坐好听起课来。这位班主任在面对"意外"情况时,能理智、冷静地控制自己的情绪,抑制情绪的激动,冷静地对待学生,保持心理上的平衡,从而主动积极地解决了问题。前面提到的那位全国优秀班主任,在学生提出蜘蛛为什么能在它结的有粘性的网上自由地爬行这一"意外"问题时,不是训斥学生提了"意外"的问题,也不是马上信口开河地予以"回答",而是微微一笑说:"这个问题提得好,大家想想为什么?"把这个自己没注意到也没有把握回答的问题变成了激发学生思维的问题,给自己留出了思考和求救的时间(在下课之后,这位班主任马上去附近大学的生物系求教)。许多班主任能在遇到"意外"、复杂问题时急中生智,这固然与他们所具有的丰富的教育教学经验分不开,但更重要的是因为他们具有较强的理智控制力。

9. 外在素质

班主任的外在素质是指班主任呈现在人们面前的风度仪表、外在的精神面貌。它是班主任的德、才、体、貌等各种素质在教育教学活动和社会交往中的综合表现所形成的独特风貌。班主任的外在素质是一种强有力的教育因素,具有比其他职业更强的示范性。现在的各个行业,都十分重视职员的外在仪表与风度,通过服饰统一等树立自己企业的形象。班主任职业教书育人的特殊职责和社会对班主任角色的特殊期待,更要求班主任有良好的外在素质。

一般认为,班主任的外在素质,在衣着方面应该朴实整洁而不呆板,在仪容举止方面应该稳重端庄而不矫饰,在性格方面应该活泼开朗而不轻浮,在待人方面应该热情大方而不做作、善良和蔼而不怯懦、谦逊文雅而不庸俗。当然,班主任良好的外在素质只有与班主任高尚和丰富的精神世界和谐统一,才能发挥出巨大的教育力量。否则,只注意或刻意追求外在的形象而不重视内在的修养,其结果必然会败坏班主任的形象,降低班主任的威信。只有把外在形象的美与内在德行的美统一起来,美才会放射出真正的光辉。

班主任的各种素质都有其独特的内容和功能,具有相对独立性。但它们之间又是相互联系、相互制约的。它们统一在班主任身上,构成班主任素质的整体。各种素质之间的相互联系性和制约性,使得它们之间有着一增俱增、一损俱损的关系。如文化素质的提高会增强能力素质,身体素质的增强对心理素质和文化素质的提高有积极的影响。再如,能力素质不高会妨碍文化素质的迅速提高,道德素质不高也影响着其他素质的发展,思想政治素质决定着其他素质的发展方向,而其他素质又为思想素质的提高奠定了物质和精神的基础。在班主任的工作实践中,各种素质的作用是交织在一起的,发挥着整体性的作用。认识班主任各种素质之间的统一性,可使管理者增强从整体上提高班主任素质的自觉性,进行统筹兼顾,不能只强调某一种素质而忽视其他素质。同时也要认识到各种素质的相对独立性,有针对性地提高那些比较弱的素质,进而为从整体上提高班主任的素质奠定基础。

班主任素质的基本特征

班主任素质是不断发展的。其形成与发展有以下几个特征:

时代性

班主任素质是历史的产物。不同时代班主任素质的内容是有一定差异的。在我国现阶段,班主任素质在体现教育教学规律的同时,必须受中国特色社会主义对人才素质、民族素质要求的制约和决定,在思想政治素质和道德素质方面尤其如此。我国现阶段对各级各类人才的基本要求是:有共产主义理想、有共产主义道德、有科学文化知识、有社会主义纪律、业务熟练、懂技术、热爱社会主义祖国和社会主义事业,具有为国家富强和人民富裕而艰苦奋斗的献身精神,有追求新知识、实事求是、独立思考、勇于创造的献身精神。班主任素质必须反映这一社会主义人才总体素质的要求。人才素质具有鲜明的时代性,班主任作为人才的一个组成部分,其素质也不例外。这要求我们应从时代的要求和发展趋势出发来构建班主任素质的结构和内容,使班主任素质的结构和内容反映中国特色社会主义对教育人才的基本要求。

结构性

班主任素质是一定结构的统一体。结构决定功能,想要具备某种功能必须要具有一定的结构。班主任素质结构是组成班主任素质整体的各种素质的构成和各种素质之间的结合方式。班主任素质由各种具体的素质构成,每一种素质又有自己的构成要素。例如班主任的能力素质就又由若干种能力构成。这若干种能力之间也存在着密切的联系。班主任要很好地完成其教书育人的使命,不仅应该具有多方面的良好素质,而且素质的构成必须合理,即各方面的素质都必不可少,具有完整性和有序性。不能片面强调某些方面的素质而忽视其他方面的素质,那样只会顾此失彼。比如只注意提高专业知识水平而忽视教育科学知识,只强调文化素质而忽视道德素质,都会使班主任素质的构成不合理,而影响班主任工作的效率与效果。

层次性

班主任素质的层次是指构成班主任素质的各种素质的质量和它们之间的结合方式所构成的发展阶梯,它决定着班主任的能量和等级。班主任素质具有层次性,这是一种客观存在。一方面由于每个班主任的遗传素质(与生俱来的、从父母或祖先那里继承下来的生理解剖方面的特点)、生活环境、受教育程度、主观努力程度等方面的不同,思想、文化、能力、心理、体质等方面会出现一定的差异,这就形成班主任素质的合格、基本合格、不合格的层次。合格的班主任中还有合格班主任、优秀班主任、班主任带头人等的层次。另一方面,由于学校教育结构及班主任分工和任务的不同,对班主任素质的具体要求也有差别,如学校德育、智育、体育、美育、劳动技术教育各方面,不同教育阶段(初等教育、中等教育、职业教育)、不同年级、不同学科(或专业),都需要由班主任带头人、优秀班主任、合格班主任等组成合理的层次——这是教育教学过程产生的班主任素质层次。在一个教学单位、一所学校、一个地区,班主任的素质层次与教育需要的层次之间,往往是不平衡的,并且这种不平衡的素质层次又处在动态的发展过程之中。这就要求管理者不断分析班主任素质与客观需要之间的矛盾,使班主任队伍的整体素质结构和层次更加合理。

因果性

班主任素质具有"多因一果"的特征,即班主任素质的发展、提高是受多方面的因素制约的。它是先天获得性与后天获得性的统一,职前教育与职后教育的统一,外因与内因的统一。影响班主任素质提高的基本因素有五类:

一是遗传因素,即先天生理因素,它为班主任素质的形成与发展提供了生理前提,但不是决定性因素;

二是社会因素,主要有生产力发展的水平、社会制度的性质、文化科学事业发展的水平、社会的文化传统和尊师重教风气、国民的平均文化素养等;

三是职前教育因素,包括家庭教育、基础教育、师范教育的质量,是班主任素质形成的基础阶段;

四是在职教育因素,包括教育教学实践锻炼、在职进修、脱产培训等,是班主任素质的发展阶段;

五是主观因素,即班主任已具备的素质基础和主观努力。有道是"皇天不负苦心人""有志者事竟成"。在一定条件下,班主任的主观努力具有决定作用。班主任创造性运用主客观条件,特别是通过主观努力,积极地利用各种客观可能性,控制客观条件的不利因素,使之转化为有利因素,就会取得良好的效果。

稳定性与可变性

班主任素质的形成是渐进的,有一定的周期。班主任素质结构一旦形成就具有一定的稳定性,在一定时期内保持一定的稳定状态。但是,由于班主任的主观努力以及对班主任所进行的培养、提高(参加各种形式的进修学习)和有效管理(如加强岗位责任制、严格晋级资格审查制度等),会使已形成的班主任素质也会发生变化。这种相对稳定性与可变性的统一,也是班主任素质的重要特征。这要求管理者用发展的眼光看待班主任的素质,从多个方面(进行督促、提供条件等)促进班主任素质的不断提高。

班主任自身素质在班主任劳动中的特殊作用

班主任素质在班主任劳动中具有重大的作用。这种作用主要表现在以下几个方面:

良好的班主任素质是有效教育的基础和前提

班主任劳动的对象是人。班主任的教育影响能否产生良好的实际教育价值,首先要看班主任的教育影响能否引起学生积极的反应,形成学生的自觉活动。而这往往取决于班主任的威信，取决于师生之间有没有相互信赖、相互尊重的关系。

教育教学的实践表明，只有德才兼备的班主任才能赢得学生的敬重和信任，才能在学生中享有威信，学生才乐意接受其教诲。教育实践中常常会出现这种情况：同一教育内容和要求，出自不同班主任之口，学生会以不同的态度加以对待，其教育效果因而大相径庭。对有威信的班主任，学生常常会心悦诚服地接受其教诲，并努力实现班主任的要求；对缺乏威信的班主任，学生对其提出的要求往往会不以为然，淡然处之，甚至阳奉阴违，拒绝接受。

班主任的威信是学生接受教诲的基础和前提。而班主任威信的形成主要是由班主任所具有的素质决定的。虽然班主任所处的教育者地位对学生具有一定的影响力，但这种影响力是建立在班主任的教育者身份所赋予的权威、权力上的，是一种自然影响力、自然威望，是极不稳固的。所以，班主任要获得真正、可靠的威信，具有真正的影响力，就要运用自己的学识、智慧、品格去获取学生发自内心的尊重与爱戴。唯有如此，班主任才能具有真正的权威性，才能使自己的教育影响产生巨大而深远的教育威力。

良好的班主任素质是成功进行教育的保障

班主任的劳动主要是一种精神劳动，是以"灵魂"去塑造"灵魂"的劳动。这种劳动有着质量和成果不易进行客观准确测定、很难用一种模式去限定班主任在教育过程中的行为的特点。因此，班主任劳动的质量往往是取决于班主任的自觉性、自我创造性等职业素质。为了保证教育教学活动的正常进行，学校虽然可以而且也必须对班主任提出有关的要求，制定相应的规章制度。但是，所有的要求和制度都不可能把复杂的教育现象都包括进去，也不可能限制或代替班主任自主选择具体态度和方法的权利，也无法控制班主任采取的具体态度、方法而产生的后果。

同时，班主任要认识、掌握、改变他的作为人的劳动对象，把人在发展上的无限可能性转化为既定(教育目的、培养目标所要求)的现实性，其所支付的社会必要劳动量几乎是难以估算的。教育工作具有时空无限性的特点，它就像一个无底洞，有看不见的深度，摸不到的广度。为了教会、教好一个学生，班主任需要付出长时期的巨大而艰辛的劳动。班主任劳动还是一种艰苦而细微的劳动，为完成一项教育教学工作，往往需要班主任超越社会所规定的工作日时界限，倾注全部心血。因此，对于班主任与教学劳动的关系,以及班主任在教育劳动中的行为,仅仅依靠经济手段、立法措施、行政规定来进行调节,是难以保证教育效果的。因为这些强制性手段只能"矫其枉",使人顺从,但不能使人产生自觉行为。班主任的劳动主要依靠班主任自身的调节。班主任的职业道德乃是班主任内心深处的"立法",是调节班主任教育行为的内在依据。它作为班主任的内动力,给班主任以有力的鼓励和鞭策,促使班主任充分发挥积极性和创造性,更好地完成教书育人的任务。

班主任素质本身具有强大的教育作用

班主任是通过调节、控制教育影响来发挥对教育对象的影响力的。虽然班主任对学生施加的教育影响要体现社会对教育的要求,但任何教育影响都需要经过教育者的选择和加工,才能进入教育过程与教育对象发生相互影响。教育者对教育影响的选择加工水平是影响教育影响效能的重要因素。而教育者对教育影响选择加工的水平主要是由教育者自身的发展水平决定的。只有具备较高的思想道德修养,具有扎实的专业基础知识、广博的科学文化知识、丰富的教育科学知识,具有良好的身体、心理素质,堪为社会楷模的人,才能选择最能体现社会发展要求和发展水平的内容,将这些内容进行适合不同年龄阶段学生身心发展特点的教育加工,再采取最有效的方式、途径传授给受教育者。

同时,班主任本身就是一种最经常、最有影响力的教育影响。而且这种影响在塑造受教者灵魂中的作用是其他方面的影响无可比拟的,是任何其他教育手段替代不了的。因为这是一种最现实、最生动、最鲜明、最有力的教育手段。它不仅更容易激起学生的感性认识,而且也捍卫着教育的严肃性,以实际行动向学生展示着由思想认识转化为行动的客观过程。尤其是在思想品德教育方面,班主任的"身教"具有更大的影响力。一个有着良好品格的班主任,他可以通过自己的行为,把好学多思、审时度势的工作作风;把诚实正直、任劳任怨的高贵品质;把勤奋实干、乐观无畏、锐意进取的奋斗精神传授给学生。如果没有班主任品德言行的示范作用,光凭口头说教,其影响力是相当有限的。不去做愿意做但不应该做的事,去做不愿做但应该做的事,这是班主任的高尚品质。这种品质对学生的影响力,是其他教育影响难以比拟的。

班主任素质对社会其他领域具有重大的调节作用

班主任历来都被视为净化社会空气、引导社会精神文明建设的楷模。如果班主任素质不高,不仅难当社会赋予的教育人的重任,而且还会对社会的精神文明建设产生不健康的影响。美国教育家福迪说过："如果我自己的表走得不准,受欺骗只是我一个人;如果城里的大钟走得不准,受骗的就是整个城区的居民。"班主任为人师表的社会角色、教育者的地位,使班主任的思想品德、言谈举止,不仅体现着班主任本人的精神面貌,直接影响着学生的精神状态,而且还通过班主任、学生的社会交往,对社会风尚、道德风貌等起着不可忽视的作用。

    综上所述,我们认为班主任的素质具有巨大的教育作用,提高、发展班主任的素质,是提高教育质量的一项根本性措施。

第二章

班主任的思想政治素质

　　创建和谐校园,是一个富有时代意义的新课题,校园作为培养造就德、智、体、美全面发展的社会主义事业建设者和接班人的摇篮,是构建社会主义和谐社会的重要阵地。班主任的政治素质和业务素质如何,不仅直接关系到教育质量的高低,而且直接关系到社会主义教育事业的成败。所以,对教育者首先进行教育是完全必要的。班主任良好的政治、业务素质,不是自然而然形成的,它取决于班主任队伍的建设,特别是思想建设。

提高班主任思想政治素质的意义

班主任思想政治教育的意义不仅在于对班主任队伍自身的重大影响，更在于对学生思想品德的形成，对坚持社会主义的办学方向有非常重大的影响，是关系到社会主义中国的前途和命运的问题。对班主任进行思想政治教育，不但要求班主任具有坚定的爱国主义信念，坚持四项基本原则，还要求班主任认真学习马列主义理论，掌握马克思主义的世界观和方法论，具有扎实的理论修养。

班主任工作有其自己的特性，其思想教育也有自己的特点。因此对班主任思想的教育与管理，既要遵循思想政治工作的一般规律，又要遵循班主任思想政治工作的特殊规律。特别是社会主义市场经济条件下，对班主任进行思想政治教育和管理一定要找到符合时代情况的新思路、新办法。

对学生思想政治的引导作用

把一个不谙世事、幼稚、天真的孩童培养成为一个信仰共产主义，热爱社会主义祖国，具有政治理论修养的建设者和接班人，是一个缓慢、艰巨的系统工程，需要社会各界的努力，但最主要的还在于学校的培养。班主任的培养，在学生思想政治教育中有不可估量的作用。在长时间的师生相互作用中，班主任与学生朝夕相处，班主任的世界观、思想意识、对生活和社会的态度，他的理想、信仰、追求常常通过言行表现出来，对学生产生影响。这就对班主任自身的思想政治管理提出了较高的要求。在这方面，班主任一定要"贤于弟子"。理论和实践告诉我们，假如班主任本身没有树立起正确的价值观，不但不能将学生引入正确的方向，还可能让学生产生困惑或误入歧途。

教育过程中，言教不可忽视，身教更值得重视。如果班主任言行不一或口是心非，阳奉阴违，他的教育注定会失败。班主任的世界观与人生观对学生有潜移默化的影响，班主任的一言一行，学生耳濡目染，有些影响甚至会在学生的一生中留有痕迹。许多教育家和优秀班主任都深深明白这一点。他们刻苦学习马列主义，树立科学的世界观和人生观，具有远大的革命理想。我党著名的革命家和教育家徐特立同志是这方面的光辉典范。他兢兢业业为中国无产阶级的教育事业辛劳一生，奠定了解放区教育的坚实基础。他的表率作用，带动和影响了他的学生和年轻一代。

班主任对学生的政治思想的引导作用还表现在：在学生面临人生重

大政治选择的关键时刻,班主任负有给学生以指导和鼓励的责任。班主任是学生选择政治道路的引路人。中外教育史上许多著名班主任都责无旁贷地承担了指导学生选择政治道路的使命,造就了一批促进社会进步、维护社会和平的栋梁之才。

1. 在对学生思想政治教育中,班主任具有主导性特征

所谓主导性是指在学校教育中,班主任决定着学生学习的目标、内容、任务、进程和施教的方法,影响或引导学生内心积极学习这一愿望的产生,认识的兴趣,学习的习惯和行为的和谐,以至于把学生培养成社会主义事业的建设者和接班人。思想政治教育的本质和职能就是要把党的理论化的政治意识,通过班主任灌输给全体学生,使其确立社会主义、共产主义的政治信仰,形成正确的世界观,并在社会政治行为中体现出来。

在对学生进行思想政治教育中,班主任具有明显的主导性特征,这是因为:

（1）班主任的主导性是由社会需要和学生要求决定的。作为教育者,班主任实际上代表着社会主义教育的方向和原则。班主任具体组织实施教育的计划,促使学生身心的发展,使他们系统地了解党的理论化的政治路线、方针、政策,代表了党和国家对学生的要求,可以说是受党和国家的委托而对学生进行教育,不是随心所欲、盲目地进行的。班主任虽然要顾及学生的特点和实际,但是不能因为学生有其特殊方面而失去其导向性。从学生方面来看,学生要把自己培养成为社会主义事业的建设者和接班人,就需要不断接受新的思想和知识,这就必须有一个正确的导向。班主任这种明显的主导性是引导学生朝着健康的方向发展的重要保证。

（2）班主任自身的特点决定了班主任在学生思想政治教育中具有主导性。班主任是教育活动的组织者、管理者,学生的导向者和启蒙者。班主任的政治觉悟、道德意识及学识水平优于学生,是经过专门训练与培养的教育工作者。学生则处于长身体、长知识,从不成熟向成熟过渡的时期,他们的世界观尚未确立,即使具有一定的知识积累,但由于阅历较浅、经验不足等原因,需要从思想政治上加以培养,这正是班主任对其进行思想教育的契机。教育者的活动是有意识的、主动的,带有很大创造性,也具有一定的示范性。他们已具备了为学生导向的能力和资格,具备了一定的政治思想理论素质和实践技能,他们采用最先进的思想,最恰当的方法去教育学生,作为一种影响源泉去引导学生的知、情、意、行,对学生的

发展具有明显的定向功能和调控功能。

2. 拥有良好的思想政治教育是做好学生思想政治工作的基本前提

毛泽东说过:"思想政治工作,各个部门都要负责。共产党该管,政府部门应该管。在以教育学生为主的学校中,校长、班主任更应该管。"学校中的思想政治工作离不开班主任,班主任在学生思想政治工作中的重要地位和作用,是由教学过程中客观规律所决定的。

教学过程是一种认识过程,它除具有认识过程的一般性、共同性之外,还具有自身的特殊性。在这个过程中,班主任既要使学生掌握知识、发展智能,同时又要有意识地对学生进行思想政治教育和道德品质教育。因此说,教育过程实际上是在班主任指导下,学生积极主动地掌握知识,发展智能,形成科学世界观和共产主义品德的过程。这就决定班主任在这个过程中,必须既教书又育人。

作为一个班主任,在其工作中总是自觉或不自觉地将教书和育人紧密联系在一起的。问题是站在什么立场上,用什么样的思想、观点去育人。要解决这个问题必须依靠强有力的思想政治工作。班主任的思想政治工作做好后,教育者才能首先受到教育,被教育者的思想政治工作就有了良好的前提,班主任就能够发挥各种有利条件,做好学生的思想政治工作。

(1)一定的科学知识是学生马克思主义世界观的形成,思想政治觉悟提高的基础。因为马克思主义是科学的世界观,是人类科学文化知识的高度概括和总结。一个人如果没有一定的科学知识,就难以真正理解和接受马克思主义。科学知识的教育是马克思主义世界观教育的重要途径,也是塑造学生共产主义思想品德的重要条件。班主任在教学过程中,通过传授知识,向学生渗透正确的政治观点,传授科学的思想方法,使学生在学习科学知识的同时,受到马克思主义世界观和方法论的教育。做好班主任的思想政治教育和管理工作,可以使班主任在教学过程中自觉地坚持科学性和思想性的统一,把思想政治教育渗透到知识教育活动中去,从而收到良好的教育效果。除了直接通过教学向学生施加思想政治教育外,班主任还可以利用接触学生机会了解和体察学生的情绪和思想觉悟等有利条件,不失时机地给学生以启迪、教诲和引导,达到对学生进行思想政治教育的目的。

(2)班主任在学生心目中占有特殊的地位。学生对自己尊敬、信赖的老师的一言一行,一举一动,甚至仪表风度,穿衣戴帽等,常常进行模仿。班主任的精神境界、信仰、情操、品德及他们的知识水平、治学态度，都会在学生心灵上产生潜移默化的影响。正如加里宁说的："一个班主任也必须好好地检点自己，他应当感觉到，他的一举一动都处在最严格的监督之下，世界上任何人也没有受着这样严格的监督。"做好班主任的思想政治管理工作，可以引导其加强自身修养，注重在各个方面当好学生的楷模，有意识地对学生施加积极的影响，有力地发挥身教言传在学生思想政治教育中的重要作用。

（3）深入科学的班主任思想政治工作，可以促进广大班主任树立正确的教育思想，提高教书育人的自觉性，增强学生思想政治工作的责任感和荣誉感。目前，一些班主任由于缺乏正确的教育思想，对教书育人的客观规律认识不足，因而对学生的思想政治教育不够重视，不够热心，有的甚至把做学生的思想政治工作看做一种负担。所以，必须通过思想政治工作，向班主任进行对学生全面负责的思想教育，使他们树立正确的教育观念，提高用共产主义思想教书育人的自觉性，以极大的热情投入到学生的思想政治工作中去。

对班主任职业活动的引导作用

班主任的思想政治素质，直接引导着班主任职业活动的方向。在不同的社会历史阶段，班主任职业活动有着不同的方向和内容。早在《共产党宣言》中，马克思、恩格斯就指出，教育是"由社会决定"。我们的教育事业是无产阶级革命事业的一部分，我们的教育要面向未来，面向世界，面向现代化，培养有理想、有道德、有文化、有纪律的人才。一代新人的培养主要靠学校教育，在学校中，科学、合理的教育要靠班主任来实施。教育目的实现离不开教师，特别是班主任的辛勤劳动。班主任是学校教育的实施者，社会主义办学方向能否坚持、社会主义教育目标能否实现，班主任至关重要。因此，对社会主义学校来讲，班主任思想政治管理工作绝不是可有可无的，它在学校工作的全局中居于十分重要的地位。

班主任的职业活动主要是教育和教学，这是一个复杂的系统。这其中涉及一个思想政治方向问题，这个方向与我们社会主义教育的成败密切相关。班主任是把握正确方向的舵手，班主任良好的思想政治素质又是当好舵手的充分必要条件。"班主任的义务是用自己的榜样来教育学生。"班主任首先是一个信仰共产主义，坚持四项基本原则，具有科学的方法论体系的公民，这样才能把学生培养成热爱党，热爱社会主义的一代新人。

1. 班主任的职业活动要坚持社会主义办学方向

建设社会主义现代化强国,搞好教育是根本。但我们的教育是社会主义性质的教育,它同封建主义教育和资本主义教育有着本质的不同。社会主义性质的教育要求:坚持办学的社会主义方向,坚持教育为社会主义中国的改革开放和经济发展服务,培养德、智、体全面发展的社会主义建设者和接班人。要真正坚持办学的社会主义方向,把它贯彻到学校工作的各个方面、各个环节中去,必须依靠广大班主任。因为班主任在学校教育工作中处于最前沿的地位,是未来人才的塑造者,不论思想政治教育,还是教学与科研工作,主要都是由班主任进行的。班主任的自身素质直接决定着学生的素质。班主任思想政治工作与管理的目的正是着眼于全面提高班主任的素质,保证社会主义教育目标的顺利实现。

(1)只有加强班主任思想政治教育与管理,才能保证党和国家的教育方针的贯彻执行。作为上层建筑的一部分,在阶级社会里,教育具有鲜明的阶级性。社会主义教育必须"为社会主义现代化服务,必须同生产劳动相结合,培养德、智、体全面发展的建设者和接班人"。要正确贯彻党和国家的这一教育方针,加强党对学校的领导是根本保证,但最终还须依靠班主任。班主任思想政治工作的重要任务,即是引导广大班主任认真学习和贯彻党和国家的教育方针,把班主任的思想统一到党和国家的教育方针上来,使班主任深刻认识到党和国家的教育方针集中体现了社会主义教育的本质要求,具有鲜明的社会属性和阶级性,从而使班主任在自己的教育教学实践中,自觉并全面地贯彻执行党和国家的教育方针。目前,在新的历史形势下,教育正面临着复杂的形势和严峻的挑战,教育要不要为社会主义现代化建设服务,要不要同生产劳动相结合,要不要把德育放在第一位等一系列问题,直接关系到教育的社会主义方向。班主任对这些问题的理解正确与否,离不开班主任的思想政治工作。不然,党和国家的教育方针在实际贯彻实施过程中,就会遇到思想障碍,甚至误入歧途。

(2)只有加强班主任思想政治工作,才能保证青年一代形成正确的世界观和人生观。由于我国的社会主义制度建立的时间不长,还很不完善,我们的经济体制和政治体制中还有一些空子可钻。在社会上,还不同程度地存在着资产阶级自由主义、无政府主义、个人主义等非无产阶级思想。特别是改革开放和社会主义市场经济体制建立后,西方资产阶级的腐朽思想部分传入我国,在许多人之中产生了享乐主义、金钱至上等观念。这些问题的存在,必然影响社会主义教育方面和广大青年学生正确的世界观和人生观的形成。要使学生能够抵制这些落后、腐朽的思想、树立坚定的共产主义信念，就必须通过班主任思想政治工作，使我们的班主任先树立起一种信念。要使青年学生站稳无产阶级立场，做社会主义事业的合格接班人，就必须先使广大班主任站稳阶级立场，以高度的政治责任感和自觉性去培养学生。

（3）只有加强班主任思想政治工作，才能保证教育改革的正确方向。改革是社会主义制度的自我完善和发展，是社会主义制度优越性的表现，随着社会主义政治经济的发展，特别是经济体制改革的不断深入，教育体制中出现一些与社会主义经济基础不适应的地方，是必然的，必须进行改革。但是在改革的问题上，还存在着两种根本对立的改革观。一种是社会主义的改革观，即认为改革是社会主义制度的自我完善和发展；另一种是资产阶级的改革观，要求"全盘西化"，其实质就是资本主义化。这两种改革观，必然要反映到教育改革上来。班主任的思想教育工作，就是要帮助班主任划清两种改革观的界限，坚持正确的教育改革方向，同时帮助班主任提高对教育改革的认识，排除思想障碍，正确引导班主任处理改革中出现的各种矛盾，积极地投身到教育改革的实践中去。只有这样才能保证教育改革沿着社会主义方向不断向纵深发展，才能充分发挥班主任在教育改革中的重要作用，才能保证各级各类学校培养出大批合格的社会主义建设人才。

2. 搞好班主任队伍建设的首要任务

培养一支德才兼备的班主任队伍，是班主任思想政治管理的基本出发点和目的。全面提高班主任队伍的思想政治素质，充分调动班主任培养社会主义合格人才的积极性，是班主任思想政治工作的主要任务。班主任的素质，包括政治思想素质、业务素质。在促进班主任素质全面提高的过程中，政治思想素质的提高不但必须依靠对班主任的思想政治教育与管理，而且在建设一支合格的班主任队伍过程中，班主任思想政治教育和管理占着首要的地位，具有决定性的意义。

（1）坚持把德育放在首位，是区别社会主义学校教育与资本主义学校教育不同本质的决定性因素。与此相适应，社会主义制度下的班主任也要求"把坚定正确的政治方向放在第一位"。社会主义制度和资本主义制度，都是建立在社会化大生产的基础之上的，这和现代生产力发展相适应，因而在两类不同制度的学校中，有许多共同的特征。区别两种社会制度不同教育本质特征的决定性因素，只有教育的指导思想和办学方向，也即是学校培养人才为谁服务,接谁的班。社会主义学校培养的是社会主义事业的接班人,这决定了德育在全面教育中占首要地位。否则,即使学校培养的人才具有再高的知识水平,也难以保证其成为社会主义事业的可靠接班人。教育直接担负着培养社会主义合格接班人的任务,坚持把思想政治工作放到首位,是社会主义教育的客观要求。

(2)政治素质决定着班主任全面素质的提高。班主任是通过培养人才来为社会主义建设服务的,没有较高的业务素质,就无法胜任培养人才的任务。但是没有正确的政治观点做统帅,就等于没有灵魂。社会主义教育的目的,要求班主任除了要具备较高业务素质外,还要坚持正确的政治方向,确立坚定的社会主义信念,坚持全心全意为人民服务的思想。这些是社会主义社会班主任的本质特征,是决定班主任整体素质的核心因素。

3. 提高班主任积极性的精神动力

对班主任进行思想政治教育和管理,除了有利于保证社会主义办学方向,加强班主任队伍的思想政治建设外,还是提高班主任积极性的精神动力。

*(1)班主任思想政治工作是调动班主任工作积极性的重要手段。*在广大班主任身上,蕴藏着极大的工作热情,有效的思想政治教育和管理,可以极大地调动这种工作热情,它能使广大班主任积极、主动地做好本职工作。特别是目前我国班主任的经济待遇还不算太好,这对班主任的工作积极性有一定的影响。因此,更需要发挥思想政治工作的威力,用更多的思想政治工作去激励班主任,使他们明白作为一个班主任的光荣和责任,激发调动他们的积极性,满足班主任精神上的追求,这常常能起到比物质刺激更好的效果。

*(2)班主任思想政治工作还是提高班主任业务素质的精神动力。*班主任除了要有高尚的思想政治修养,还要具备一定的业务素质,二者相辅相成,不可分割的。政治思想是班主任开发智力,提高业务素质的强大精神动力。因为:

①对班主任进行思想政治教育可以为提高班主任的业务素质提供精神动力。每个人学习和掌握文化科学知识,总有自己追求的目标。他所求的目标越远大越崇高,他的热情才能越持久,毅力也就越坚强。如果只为一时的热情所驱动,或为自己之私利而拼搏,就很难冲过前进道路上的障碍,即使取得一些成绩,也往往会因志得意满而过早失去智慧之光。班

主任思想政治工作在这方面的重要作用,就在于引导班主任把自己所从事的教育事业,同社会主义现代化建设事业,同共产主义远大理想联系起来,以崇高的思想引导和鼓舞班主任不断追求新的知识,从而产生巨大的精神动力,战胜种种困难,最大限度地调动自己的潜力,不断提高自己的业务素质。

②对班主任进行思想政治教育可以为提高班主任的科学思维水平和能力提供有益的指导。当今世界,科学技术发展迅猛,各种知识成倍增长。班主任的智力开发和业务水平的提高,不但取决于他们掌握的知识量的多少,更主要是取决于他们获取知识、运用知识和创造知识的能力。这主要包括逻辑思维能力、形象思维能力、创造性思维能力,还有想象力、判断力、分析能力、综合归纳能力等等。班主任思想政治教育工作,就是对班主任进行马克思主义理论教育,帮助他们用辩证唯物主义的理论武装自己,掌握科学的思维方法,提高分析问题解决问题的能力。

③对班主任思想政治进行教育,可以提高班主任的职业道德水平,提高班主任智力的社会效益。班主任要想成为本学科、本专业的专家,就必须对自己的业务刻苦钻研,精益求精。一般来说,一个人的知识愈丰富,能力愈强,他对社会的贡献也就愈大。每个人智力水平的社会效益事实上并不取决于他的业务水平,而在很大程度上同他的思想觉悟、职业道德密切相关。比如同样有较高学术造诣的两个班主任,如果他们工作态度不同,对学生负责的精神不同,职业道德水平不同,那他们培养学生的社会效果就会有很大差异,甚至会截然相反。由此可见班主任的职业道德是实现其智力的社会效益的重要保证。班主任的思想政治教育和管理,可以通过日常的、大量的思想教育工作,增强班主任的职业道德观念,提高师德水平,充分发挥班主任智力的社会效益。

班主任思想政治素质的内容

班主任的政治思想素质包括以下内容:

坚持爱国主义

爱国主义从来就是推动祖国历史前进的强大精神动力,是维系中华民族长盛不衰的巨大凝聚力。它如同浩荡的江河,日夜奔腾;沁人的春雨,滋润着中华儿女的心田。它培育了中华民族坚定的自尊心和自信心,激励着亿万群众为民族的命运和祖国的前途而抗争、拼搏、奋起。

爱国是报国的前提。中华民族历史上许多仁人志士,正是因为有了满腔的爱国热情,才能做出为了祖国不惜抛头颅、洒热血的壮举。今天,我们的伟大祖国已走上了发展社会主义的康庄大道,改革开放、经济发展取得了令人瞩目的成就。在祖国走向富强的关键时刻,每一个班主任,都应当责无旁贷地用自己的爱国之心去报效祖国,为中华民族的腾飞而努力。

学校是爱国主义教育的重要阵地,班主任是爱国主义的教育者,要向学生灌输爱国主义,首先必须对班主任进行爱国主义教育。

1. 什么是爱国主义

爱国主义是对祖国的忠诚、热爱和责任感,是经过长时期的培植并巩固起来的,对自己祖国的一种最深厚的思想感情。爱国主义又是一个历史范畴,具有阶级的内容。因此它也是一种政治原则和道德规范。

生活在世界上的人们是分属不同的民族的。祖国则是一个或若干个这样的民族长期共同生活的地域。人们由于生活在一个社会共同体中,活动在一个共同的地方,使用共同的语言,在某些方面或某种程度上有着共同利益,久而久之便形成了一个国家特殊的文化传统、心理素质和思想感情。爱国主义正是这种感情的主要内容。其主要表现为:热爱祖国的一山一水、一草一木;热爱祖国悠久的历史,灿烂的文化;热爱生长在这里的人民,关心祖国的前途和命运;具有强烈的民族自尊心和自信心,为了祖国的富强和独立愿意付出自己的一切等等。

爱国主义世代相传,随历史的发展而渐渐成为一个国家,一个民族的优良传统,成为人民内心的一种深刻的道德观念、道德情感和道德意志。而在一定社会的条件下,思想家们对它加以概括总结提高之后,并且又反过来作为对人们行为的一种基本要求时,它便成为一定社会的一种政治原则和道德规范,约束或指导着人民的行为。历史上,人们常用这种要求作为尺度,评价人们的行为和社会道德状况,这就使爱国主义包含了深刻的社会性质。当人们意识到这种要求并以之来指导自己行动时,它就成为调整个人与国家、个人与民族之间关系的一种政治原则和道德规范。

爱国主义的具体内容随着历史条件和历史阶段的变化而发展变化。在不同的历史时期,爱国主义有着不同的内容。

爱国主义作为一种道德感情和规范,是从各族人民所处的政治、经济和文化的环境中产生的,同时又给各民族人民的社会生活以巨大的影响,成为各民族历史发展的巨大凝聚力和向心力。

我国是一个多民族国家,自古以来,数十个兄弟民族在这片美丽的国土上生产和生活,共同创造了体现中华民族精神的灿烂文明,使我国成为世界上屈指可数的文明古国之一。长期以来,虽然历经风风雨雨的严峻考验,中华民族依然显示出蓬勃的生机和旺盛的活力,如同百川归海,聚汇成一个不可分割的整体。这是人类发展史上动人心弦的光辉篇章,是令人赞叹的奇迹。把这些民族聚集在一起的神奇力量,正是中国人民强烈的爱国主义精神。近百年来,我们中华民族虽历经内忧外患,始终维系不坠,靠的也是中华民族强烈的爱国主义传统和自强不息的奋斗精神。

爱国主义的强大力量鼓舞和推动着中国各族人民不屈不挠地进行革命斗争,而革命运动的发展,也不断地给爱国主义增添新的内容,使之不断得到充实、巩固和发扬。中华人民共和国建立以来,爱国主义的崇高思想,一直是推动我国前进的巨大力量,成为我国人民的基本觉悟,激励着中国人民为建设和保卫祖国,创造了许多可歌可泣的业绩。现在,正当祖国处于改革开放和现代化建设的关键之际,爱国主义将同样成为我们建设新生活,开创新局面的伟大动力。当然,也应成为学校班主任工作的伟大动力。

2. 新时期爱国主义的主要内容

随着改革开放的不断深化,社会主义商品经济的发展,我国历史进入了一个新的发展时期。在新的历史条件下,爱国主义的内容要求比以往任何时候都更加丰富,更有意义。除了要爱祖国壮丽的山河、悠久的历史、灿烂的文化之外,在社会主义时期讲爱国,还集中表现在热爱共产党领导的社会主义革命和建设事业,捍卫社会主义胜利果实和献身祖国四化建设的行动上。具体地说:

(1)新时期的爱国主义首先体现在贯彻执行党的路线、方针、政策,坚持"一个中心,两个基本点"上。"一个中心,两个基本点",即以经济建设为中心,坚持四项基本原则,坚持改革开放的总方针,这是党在社会主义初级阶段的基本路线的要点。"以经济建设为中心,大力发展生产力"是社会主义制度得以巩固的物质基础。我们讲爱国,必须肩负起为中华民族经济腾飞而做贡献的历史责任。四项基本原则是我国的"立国之本",坚持四项基本原则也就成了衡量爱国主义觉悟的基本标准。改革开放是我国的"强国之路",它开创了我社会主义事业发展的新局面,预示着我国人民美好未来和国家兴旺发达的希望所在。爱国主义发展到今天,已经同改革开放浑然一体,密不可分。一个具有爱国主义精神的班主任应该是一个改革者,一个拥护改革开放者。

（2）新时期坚持爱国主义要求增强民族自尊心和自信心。民族自信心和自尊心是一种爱国主义情感。民族自信心，是一个民族的、肯定的、向上的自我认识和自我评价。一个民族由于认识到自己在世界民族之林中的平等地位，认识到自己对整个人类发展的意义和价值，由此而产生的对于本民族生存和发展的能力及美好前景的信心，便是民族自信心。民族自尊心，是民族自信心在民族情感中的深化。从一定意义上说，民族自尊心就是民族尊严感。它一方面要求本民族的个体成员以实际行动维护本民族的尊严，不能做出有损本民族尊严的行为；另一方面又要求其他民族尊重这种尊严，不允许其他民族侵犯、亵渎这种尊严。

一个国家、一个民族，只有具备了强烈的自信心和自尊心，才能保持自己的独立自主、繁荣富强。一个人只有具备了强烈的自信心与自尊心，才能维护自己的人格、国格，为祖国的兴旺发达奋不顾身。可以说，民族自信心和自尊心是做人的最根本的品质。热爱社会主义祖国，发扬社会主义爱国主义精神，就必须树立起高度的民族自信心与自尊心，坚信我们中华民族有能力在自力更生的基础上，建设祖国，使祖国不断繁荣进步。一个班主任，只有具备了这种民族自尊心与自信心，才能在社会主义教育事业中积极贡献自己的知识与力量，并以此影响学生，使他们对祖国的前途和未来充满信心，为祖国的振兴而发奋学习。

（3）新时期坚持爱国主义，就要肩负起振兴中华的历史重任。社会主义的爱国主义具有鲜明的实践性特点，要求班主任不能仅把爱国停留在口头上，而应付诸于行动中，要树立为振兴中华而献身的责任感和义务感。

明代思想家顾炎武说："天下兴亡，匹夫有责。"这一至理明言精辟地概括了个人对祖国所负的义务和责任。目前关系到中华民族振兴的任务就是：把中国建设成为高度民主、高度文明的社会主义现代化强国。因此，作为班主任要首先在思想上把实现四化，振兴中华作为自己应尽的责任和义务，并要决心为此贡献出自己的全部力量。在实际工作中要时刻用主人翁的态度对待学习、工作、生活；对待社会主义建设事业，充分发挥主动性、积极性和创造性；保持高度的责任心和事业心，克服困难，以极大的热情去从事教书育人的工作，为振兴祖国而努力。

（4）坚持爱国主义，要坚持爱国主义与国际主义的统一。马克思主义认为，无产阶级的国际主义与爱国主义是统一的，因此无产阶级和共产党人在处理对外关系时必须坚持爱国主义和国际主义相结合的原则。

中国是世界的一部分,中国的前途与世界的前途息息相关。中国革命和建设的胜利对于世界走向进步和光明是有力的支持,而中国之所以能取得革命胜利,又同世界各国人民争取光明前途的奋斗、支持分不开。因此,中国共产党历来都把爱国主义和国际主义结合在一起。这对于中国人民的革命事业和世界人民的革命事业都具有重大的意义。

3. 对班主任进行爱国主义教育是时代的要求

每一个国度里的各民族,在长期的历史发展进程中都形成了热爱祖国这种共同的民族自豪感,形成了一定的民族气节。今天,深入开展爱国主义教育,是振奋民族精神的需要,也是培养社会主义社会班主任的必要环节。

(1)爱国主义作为一种社会意识形态,产生于各民族历史文化的基础之上,它随着历史的发展而发展,并反过来给予各民族历史的发展以重大影响。爱国主义犹如儿女对母亲的感情一样真挚牢固,它最能唤起各族人民的革命精神,同心同德地为祖国的繁荣统一而奋斗。中国面临着建没社会主义现代化的伟大任务,祖国的统一大业尚未完成。在这种形势下,从进行爱国主义教育入手,可以进一步激发广大班主任的爱国热情和民族精神,为祖国的统一,教育的振兴做出贡献。

(2)现在的班主任,没有经历过苦难的生活,对马克思主义理论知之甚少,缺乏辨别是非的能力,因此不能科学地分析和理解历史、现实中的一些问题。有的班主任忘记了祖国和人民交给自己的历史使命,干出有损民族尊严和丧失民族气节的事情来。因此,提高班主任的思想觉悟,培养有理想、有文化、有道德、有纪律的各级各类学校的班主任,成为爱国主义的一项迫切而重要的任务。

加强爱国主义教育,有助于向班主任灌输社会主义、共产主义的思想,激起他们对祖国和人民,对社会主义的深厚感情和强烈责任感;有助于培养班主任的革命精神,鼓舞他们的斗志,使他们积极投身改革创新,努力开创新的局面;有助于培养班主任的整体观念,维护祖国的利益和民族尊严。通过爱国主义教育,可以使班主任们正确认识中国的历史与现状,懂得当今的中国只有在共产党领导下走社会主义道路,才能达到国富民强。只有与全国人民一起艰苦奋斗,才能有中华民族的光辉未来。

坚持四项基本原则

邓小平同志指出:我们要在中国实现四个现代化,必须在思想政治上坚持四项基本原则。这是实现四个现代化的根本前提。四项基本原则是指:坚持社会主义道路;坚持无产阶级专政;坚持共产党的领导;坚持马列主义、毛泽东思想。这四项基本原则既是每个人现阶段必须遵循的思想政治方向,也是班主任的思想政治方向。

1. 只有社会主义才能救中国

中国的社会主义道路,是无数先进的仁人志士历尽千辛万苦才找到的,是把中国从苦难深重、水深火热之中解救出来的唯一正确道路;是在中国共产党的领导和马列主义毛泽东思想的指引下,经过艰苦的斗争,推翻三座大山的压迫而建立起来的。

社会主义制度在本质上具有资本主义制度无法比拟的优越性,是人类通向共产主义的必经之路。社会主义制度优越性最基本的标志是生产力的迅速发展,这是社会主义社会发展的必然要求和最终结果,是社会主义的首要任务。建国几十年来,虽然我们在发展、建设社会主义的道路上发生过曲折和失误,使得社会主义制度的优越性没有得到充分的发挥,但我们社会主义建设事业所取得的光辉成就,已经初步显示了社会主义制度的强大生命力。正如邓小平同志指出的,"只有社会主义才能救中国,也只有社会主义才能发展中国",这是"中国人民从'五四'运动到现在60多年的切身体验中得出的不可动摇的历史结论。"(《邓小平文选》第2卷)社会主义在中国的出现、存在和发展不是偶然的,具有深刻的历史根源,是完全符合中国人民的愿望和利益的,因而在中国的胜利也是必然的。

2. 人民民主专政是社会主义制度的本质体现

中国是以工人阶级为领导的、工农联盟为基础的人民民主专政的社会主义国家。一切权力属于人民。人民民主专政,实质上就是无产阶级专政,是对大多数人的民主和对极少数人的专政,是历史上最广泛的民主。

在民主的实践方面,由于种种原因,我们一直做得还不够。改革开放以来,随着社会主义经济的高度发展和拨乱反正工作的深入,我们党认识到民主在社会主义建设中的重要性,认识到没有民主就没有社会主义。因此,采取多种措施努力扩大党内民主和人民民主,提出把中国建设成为一个高度民主、高度文明的社会主义现代化国家的伟大目标。

坚持人民民主专政,要搞清以下几个方面的问题:

(1)民主的建设,和现代化建设一样,也要一步一步地前进。我们大力发扬民主,大力推广民主,大力建设民主,这是社会主义社会的必然要求。但民主建设要有一个过程,不能一蹴而就。特别是在中国社会主义初级阶段,民主建设只能随着社会主义的发展而不断发展。

(2)强调民主还要不忘集中,要坚持民主集中制原则。民主集中制是我们党的优良传统,也是党长期以来重要的工作方法。民主和集中并不是对立的,二者相辅相成。集中是民主基础上的集中,没有民主就没有集中;而没有集中,民主则会成为一盘散沙,成为实质上的"无主"。

(3)坚持人民民主专政,必须坚持民主和专政的统一。人民民主专政是指对广大人民的民主和对少数敌对分子专政的统一。这二者是并行不悖的,如果只讲民主,忘记了专政,忘记了对少数敌对分子,违法乱纪分子实行坚决制裁,广大人民的民主就会处于一种无保障、不稳定的状态。

(4)强调人民民主专政,不能恢复过去"左"的一套。决不能把民主与专政对立起来,借民主之名,行专制之实,破坏人民民主专政。坚持人民民主专政,必须在严格遵守宪法和法律程序的基础上进行,坚持严格区分和正确处理两类不同性质的矛盾。

3. 中国共产党是社会主义物质文明与精神文明建设的领导核心

国际共产主义运动的历史表明,没有无产阶级政党的领导就没有国际共产主义运动的胜利,也就没有社会主义革命和建设的成功。中国从鸦片战争以来直到今天的历史再度向人们证明了这个真理:没有中国共产党,就没有社会主义的新中国,就不会有改革开放的巨大成功和社会主义经济的迅速发展。

今天,国际上冷战已经结束,和平与发展问题成为世界的主题。中国要想利用这一千载难逢的大好机会大力发展社会主义生产力,大力发展社会主义商品经济,争取人民实现小康生活水平,争取在二十一世纪中期赶上中等发达的资本主义国家的水平,就一定要坚持中国共产党的领导,坚持中国共产党在中国进行社会主义物质文明和精神文明建设中的核心地位。这是因为:

(1)中国共产党的这种核心地位不是自封的,而是在长期革命斗争中形成的,是中国历史的必然选择。鸦片战争以来,由于腐败的封建统治和帝国主义的野蛮侵略,使中国山河破碎,国弱民穷。为了挽救民族危亡,不少爱国志士千方百计地寻求救国真理,都没有找到一条能真正救中国的道路。十月革命一声炮响,给中国送来了马克思主义。马克思主义传入中国后,与中国工人运动相结合,产生了中国共产党,从此中国革命的面貌焕然一新。正是在中国共产党的领导下,中国人民同帝国主义、封建主义和官僚资本主义的反动统治进行了几十年艰苦卓绝、前仆后继的斗争,才能使自己的祖国结束了一百年被践踏、被欺凌的历史,取得了民族独立和解放,使曾经被西方人称为"东亚病夫"的中国人民,以崭新的面貌屹立在世界的东方。

(2)没有中国共产党也就不会有现代化的社会主义中国,这是中国社会主义革命和社会主义建设的必然结论。建设社会主义现代化强国是一项长期而艰苦的工程,是一场涉及经济基础和上层建筑的革命。只有在中国共产党的领导下,运用马列主义、毛泽东思想、邓小平理论和"三个代表"重要思想的原则来指导我们认识中国建设的客观规律,才能制定正确的方针、路线和政策,使现代化始终保持正确的政治方向,才能使中国的经济建设不断地发展,使人民的生活水平不断地提高。

(3)中国共产党的这种领导核心地位,是由党的性质决定的。中国共产党是无产阶级的政党,是由中国工人阶级中的先进分子组成的,并用最先进的马列主义武装起来的。她的纲领是中国以至全世界实现社会主义和共产主义,她的根本宗旨是全心全意为人民服务,党的这种性质决定要在中国搞社会主义,只能在中国共产党领导之下,只能以中国共产党为核心。

目前,党内确实有少数党员以权谋私,腐败堕落,给党的脸上抹黑,但这决不能成为否定党的领导的借口。从主流上看,党的大多数成员是好的,是一心一意为人民服务的,腐败分子只是极少数。并且从十三届四中全会以来,中央对此采取了许多的措施进行反腐败工作,下决心要肃清党内的腐败现象。经过这些年的努力,已取得了很大的成就。这说明中国共产党是能够面对自己的不足,并且有能力纠正自己的不足的。中国共产党在中国社会主义革命和建设中的领导地位是不可动摇的。社会主义教育事业的领导核心也必须是中国共产党,这是每一个教师、每一个班主任应当确立的观念。

4. 马列主义毛泽东思想、邓小平理论、"三个代表"重要思想是中国革命与建设的指导思想

中国共产党是用马列主义毛泽东思想、邓小平理论、"三个代表"重要思想武装起来的。人民民主专政的理论依据是马克思主义的国家学说。我们所要建设的有中国特色的社会主义是马克思主义阐述的科学社会主义。这一切都离不开马列主义、毛泽东思想、邓小平理论、"三个代表"重要思想的指导,所以我们说,马列主义、毛泽东思想是四项基本原则

中的理论基础和指导。坚持马列主义、毛泽东思想、邓小平理论、"三个代表"重要思想是我们社会主义现代化建设的根本保证，也是坚持社会主义办学方向的根本保证。

马克思主义是工人阶级及其政党的世界观和方法论，是共产党人和人民群众认识世界和改造世界的强大思想武器，更是广大班主任学习、工作的理论指南。必须坚持用马克思主义的立场、观点和方法来指导我们的实践。中国和世界共产主义运动的历史早已证明，不论是社会主义革命还是社会主义建设，没有马克思主义的指导不行。但如果只对马克思主义做教条式的理解，在复杂的革命斗争中照搬马克思主义的条条框框，不把马克思主义的普遍原理同各国的具体实践结合起来，革命和建设也不会取得成功。中国革命的成功正是以毛泽东为主要代表的中国共产党人，运用马克思主义的基本原理并结合中国的具体实践，研究和解决了中国革命中出现的新情况、新问题，找到了"以农村包围城市，武装夺取政权"这样一条具有中国特色的革命道路，把中国革命引向胜利。并在长期的革命实践中，形成了毛泽东思想。

新中国成立后，我国开始了社会主义的直接实践。由于一段时期内对社会主义初级阶段缺乏足够的认识，对马克思主义某些方面作了教条化的理解，在一些根本问题上违背了实事求是的思想路线，违背了社会主义的主要任务是发展生产力的正确观点，因而造成了不少失误。历经二十几年的曲折，直到党的十一届三中全会之后，我们才恢复了马克思主义的实事求是的思想路线，把全党的工作重心转移到以经济建设为中心，大力发展社会主义生产力上来。运用马克思主义的基本原理，结合中国当前社会主义建设的实际，找到了一条适合中国自己国情的建设社会主义的道路，即建设有中国特色的社会主义。社会主义建设的实践使我们更加深刻地体会到，要建设有中国特色的社会主义，正确处理社会主义现代化建设和改革开放、发展社会主义市场经济中出现的新问题、新情况，同样必须用马列主义、毛泽东思想的立场、观点和方法去指导，同样不能生搬硬套马列著作中的现实答案，否则就会迷失方向。今天，以党的实事求是思想路线为指导，在教育中坚持社会主义的主要任务是发展生产力的观点，是社会主义教育方向的最好体现。

有人说，马克思主义已经过时了，不能解决今天的新问题了。确实，从时间上说，马克思、恩格斯离开我们已经有一百多年，这一百多年中发生了许多天翻地覆变化，如果企图生搬硬套马克思著作中的现成答案来解决马恩之后的社会主义革命和建设中出现的新问题，那就不可能解决"社会主义能否首先在一个国家取得胜利"的问题，也无法解决半殖民地半封建的中国能否超越资本主义直接进入社会主义，更不能解决中国改革开放和现代化建设中出现的各种复杂问题。马克思主义不可能在一切具体问题上给我们以现成的答案，它只是在立场、观点、方法上给我们揭示了一条放之四海而皆准的真理。正因为如此，我们学习马克思主义不能只是背诵马恩著作中的条文，不求甚解照搬照用，而应该学习其中的立场、观点和方法，并以此来解决我们遇到的新情况和新问题。特别是在改革开放和社会主义商品经济体制下，我们会遇到更多更复杂的问题，比如社会主义市场经济下如何加强精神文明建设、如何构建和谐社会等等。这些问题在马克思、恩格斯、列宁和毛泽东的著作中都没有现成的答案。

要解决这些问题，只有运用马列主义、毛泽东思想的基本原理，结合实践中遇到的情况，创造性地加以运用，从而得出符合实际的判断和结论。正如列宁在十月革命中发展了马克思主义，毛泽东在中国革命中发展了马列主义一样，马列主义、毛泽东思想也一定会在改革开放和建设有中国特色的社会主义实践中得到发展。

总之，坚持四项基本原则是立国之本，因而也是班主任政治思想管理的主要内容。在这一方面，山东省沂源实验中学的管理者们理解得是十分深刻的，他们在对班主任进行思想政治教育中，把马列主义、毛泽东思想的教育和坚定社会主义信念的教育放到了首位，有效地激发了广大班主任愿为教育事业贡献毕生精力的工作热情。

坚持共产主义信念

共产主义信念是共产主义思想品德的核心，是一切革命者能始终对革命事业忠心耿耿的精神支柱。它决定班主任的政治方向，是促进班主任不断前进的内在动力。树立了坚定的共产主义信念，就能产生勇往直前的巨大精神动力，就能不怕任何艰难困苦，具有最大的革命积极性和创造性，为祖国的繁荣、人民的利益做出更大的贡献。

我们的国家是无产阶级专政的社会主义国家，共产主义是我们的伟大理想。班主任是下一代灵魂的工程师，共产主义社会是班主任努力奋斗的最高目标，最崇高的理想。班主任对理想真诚的信仰，对人类社会发展趋势的科学认识，应该转化为坚定的信念，体现在班主任的职业活动中，那就是努力学习马克思主义理论，正确运用马克思主义基本原理，努力做好教育教学工作，把实现理想的满腔热情投入到为四化建设培养人才的工作中去,将坚定的共产主义信念转化为献身教育的巨大物质力量,从身边的具体工作做起,为下一代、为人民的教育事业贡献全部光和热。同时,培养年轻一代树立共产主义理想,帮助学生坚定共产主义必胜的信心,使他们成为具有坚定信仰,勇于为理想献身的合格接班人。

1. 共产主义信念的含义

所谓信念,是指为了实现某种理想,对某种学说、思想所抱的坚定不移的观念,真诚信服并坚决执行的态度。它是建立在认识和情感基础上的一种思想意识,一旦形成就具有稳定性,是世界观成熟的标志,也是人生观的核心。一定的信念是推动人们采取一定的政治、道德行为的巨大精神力量。它可以使人的道德行为表现出坚定性和一贯性,是思想品德形成的关键因素。

由于人们各自生活在不同的社会环境里,有着不同的境遇,受到不同的教育,因而对事物的认识和态度也存在很大的差异。表现在信念上就出现了正确与不正确之分。一般说来,正确的信念是建立在对客观事物正确认识的基础之上的,它在经受各种考验后,会愈发不可动摇;不正确的信念,是建立在对客观事物错误认识的基础之上的,是经受不住实践检验的。因此,正确的信念与不正确的信念有本质的区别。

共产主义信念,是指对科学社会主义的理解和真挚的信仰。它建立在对人类社会发展规律的深刻认识基础之上。具有共产主义信念的班主任,把对共产主义的信仰作为自己行动的准则,坚持共产主义必胜,并决心为之奋斗终生。这是无产阶级稳定的思想品质,它区别于任何阶级的信念,具有鲜明的革命性、科学性和深刻的社会内容。它使无产阶级的理论、思想与行为在为实现共产主义事业而奋斗的基础上达到和谐的统一。

共产主义信念包括共产主义的政治信念、理想信念和道德信念三个方面的内容。共产主义的政治信念,是坚信社会主义代替资本主义,全世界最终必然实现共产主义这一客观规律。共产主义的理想信念,是在政治信念的基础上产生的,它坚信共产主义社会一定会实现,并把它的实现作为自己的奋斗目标。共产主义道德信念,是坚信共产主义道德一定会成为人们自觉的行为习惯和准则,以完美的人格、楷模要求自己。

科学社会主义的产生是历史科学、经济科学和哲学领域最伟大的变革,是唯一科学的、彻底的社会革命理论。科学社会主义和马克思主义哲学,政治经济学是统一的不可分割的整体,构成了严密的完整的共产主义思想体系。共产主义思想体系使无产阶级的革命斗争有了远大的奋斗目标和以科学的理论作为指导,是无产阶级认识世界和改造世界的强大思想武器。

2. 班主任要有坚定的共产主义

人类历史上曾经出现过各种类型的理论学说。但是无论哪一种学说都不能同科学共产主义相提并论。有的虽然也曾风行一时,但很快成为明日黄花,被人们遗忘了,都远没有科学共产主义学说那样强大的生命力。一百多年来,否定共产主义学说的逆流始终没有中断过。资产阶级杜撰各种学说、思潮和共产主义相对抗,妄图削弱共产主义思想的影响。他们的攻击尽管曾给共产主义思想的传播和运动的发展造成种种困难,但并不能阻挡共产主义的胜利。相反,正是通过对资产阶级思想的斗争,愈加显示了共产主义的强大生命力。

对于什么是共产主义,毛泽东同志曾指出:"共产主义是无产阶级思想体系,同时又是一种新的社会制度。它有两个方面的含义:一方面指将来要实现的一种社会制度,另一方面指在共产主义思想指导下的实践,即共产主义运动。"

共产主义制度,是建立在没有剥削,没有压迫,生产力高度发展,物质资料极大丰富,人们的思想高度觉悟基础之上的,它以"各尽所能,按需分配"为基本目标实现共产主义制度不是一件轻而易举的事,而是一项艰巨的工程。从这个意义上讲,共产主义作为社会制度,要在我国得到完全的实现,需要经过许多代人的长期努力。

共产主义运动,在世界上已经是一百多年来活生生的事实,是亿万人民参加的最实际的运动。在我国,共产主义运动已有八十多年的历史了。自中国共产党成立之日起,每时每刻都在领导着我国的共产主义运动,这种运动的最终目的就是要实现共产主义的社会制度。今天,我们所从事的共产主义运动,已不是无产阶级尚未取得政权情况下的运动了,而是在已经建立起社会主义制度即共产主义初级阶段这种历史条件下的运动。从这个意义上说,共产主义已部分地在我国变成现实。我们现在及今后完成的每一项历史任务,所进行的每一项现实工作,都是共产主义运动的一个组成部分,都是共产主义事业的组成部分,都是向更好的共产主义社会迈进的一步。这一切也都是对共产主义思想体系的检验、丰富和发展,也是马克思主义永葆革命青春的根本保证。

但是,我们也应该清醒地认识到,要实现共产主义的远大理想,不可避免地要经历许多意料不到的艰难困苦。共产主义事业是前无古人、空前艰巨的伟大事业,不可能不遇到某些曲折,决不能因此而动摇自己的信念。特别是我国目前正在进行政治和经济体制的改革,一切都在探索中前进,社会主义的前途是光明的,但道路是曲折的,在前进的道路上必然会有众多的险滩、暗礁,我们一定要使班主任认清形势,坚定信心,增强共产主义信念,做一个清醒、坚定的革命和社会主义建设者,为伟大的共产主义事业做出贡献。

3. 把坚持共产主义信念与贯彻执行党的政策结合起来

任何宏伟大业都是一步一步地建立起来的,共产主义虽然是科学合理的理想,但要实现它,必须通过千百万群众的实践。正如毛泽东同志所说的,社会主义制度的建立给我们开辟了一条到达理想境界的道路,而理想境界的实现还要靠我们辛勤的劳动。树立坚定的共产主义信念,不能只停留在口头上,更要把崇高的理想和脚踏实地的工作结合起来,做实现共产主义的实干家。

班主任坚持共产主义信念,首先要坚持贯彻党在社会主义初级阶段的基本路线。共产主义实践是由若干阶段构成的,当前我国还处于社会主义初级阶段,最主要任务是大力发展生产力,大力发展商品经济,提高劳动效率,并改革我国原有体制中不适合生产力发展的部分。为此,我们党在现阶段的基本路线是:领导和团结全国各族人民,以经济建设为中心,坚持四项基本原则,坚持改革开放,自力更生,艰苦创业,为把我国建设成为富强、民主、文明的社会主义现代化国家而奋斗。党在社会主义初级阶段的基本路线是全党和全国各族人民进行社会主义现代化建设的行动指南。目前,谈到为共产主义理想而奋斗,就要落实到百折不挠地贯彻党的基本路线上来。

要贯彻党的基本路线,首先应该充分认识到在教育工作中贯彻执行党的基本路线是每个班主任的光荣职责。党的基本路线,是整个社会主义初级阶段必须坚持的路线,班主任在教学中坚持党的基本路线,并以它为指导去教育影响学生,可以使学生从小理解党的基本路线,为今后坚持党的基本路线打下基础。

坚持党的基本路线,还必须认真学习党的基本路线,并和日常的教育教学工作结合起来,做共产主义事业的实干家。不仅要想干、肯干,而且要会干、敢干。这就要求广大班主任干一行、爱一行、专一行,努力钻研业务,尽快使自己成为本职工作的专家、能手。在工作中能顶大梁,挑重担,并且有大胆革新的闯劲,善于调查新情况,研究新问题。勇于探索,大胆实践,不怕失败和挫折,不断开创工作新局面。

当前,在一部分人中流行一种崇尚空谈的习气,他们不愿从事各种具体平凡的工作,成天指手画脚,怨天尤人。对于这种消磨时光的空谈,鲁迅先生曾深恶痛绝地批评道:"空谈之类,是谈不久,也谈不出什么来的。"并说:"巨大的建设,总是由一木一石垒起来的,我们何妨做一做这一木一石呢?"每个班主任做好自己的本职工作,就是在为共产主义大厦添砖加瓦。

坚持学习马克思主义理论

马克思主义理论是科学共产主义的思想体系,是无产阶级认识世界和改造世界的强大思想武器,是中国共产党所领导的社会主义现代化建设的行动指南。班主任要想圆满地完成党和人民交给自己的光荣任务,把学生培养成为合格的社会主义事业的接班人,必须认真学习马克思主义理论。加强马克思主义理论学习,是加强班主任思想政治管理的重要方式。

1. 马克思主义理论的主要内容

马克思主义理论作为科学共产主义的思想体系,主要有三个组成部分。这就是哲学(即辩证唯物主义和历史唯物主义)、政治经济学和科学社会主义。

马克思主义哲学,是关于自然界、人类社会和思维的普遍规律的科学。马克思主义辩证唯物主义认为:世界是物质的,意识是物质的反映,这种反映是以实践为基础的能动的辩证的过程。对立统一规律是宇宙的根本规律,矛盾的对立面既统一,又斗争,由此推动事物的发展和变化。马克思主义历史唯物主义认为:社会主义历史的发展有着自身所固有的客观规律;物质生活资料的生产方式决定社会生活、政治生活和精神生活的一般过程;不是社会意识决定社会存在,而是社会存在决定社会意识,社会意识又反作用于社会存在;社会的发展主要是由社会内部的矛盾发展所推动的,生产力与生产关系之间的矛盾,经济基础与上层建筑之间的矛盾,是推动一切社会前进的动力;在阶级社会中,阶级斗争是推动社会发展的直接动力;社会发展的历史是人民群众实践活动的历史,人民群众是历史的创造者。辩证唯物主义和历史唯物主义是无产阶级的世界观与方法论,是我们观察、处理问题的立场、观点和方法。

马克思主义政治经济学,是以社会生产关系即经济关系为研究对象的科学。它阐明了人类社会各个发展阶段上支配物质资料的生产、交换以及与之相适应的产品分配的规律,特别是剩余价值规律的发现,揭露了资本主义生产和剥削的秘密;揭露了资本主义生产关系的本质和无产阶级与资产阶级之间阶级对立与斗争的最深刻的根源;揭示了资本主义社会的基本矛盾是社会化大生产与资本主义私人占有制之间的矛盾,从而充分论证了资本主义必然灭亡和社会主义必然胜利的客观规律;指出无产阶级的伟大历史使命就是埋葬资本主义制度,创建具有高度物质文明和精神文明,没有阶级、没有剥削的共产主义社会。马克思和恩格斯还对其他社会形态进行了研究,论证了资本主义以前的各种生产关系的基本特征,从而从一般到特殊,确立了适合于一切生产和交换的最普遍的规律。他们又根据共产主义必然从资本主义中产生和发展起来的规律性,提出了共产主义分为低级阶段和高级阶段的理论,提出了关于社会主义的一些基本原则。

马克思主义的科学社会主义,又称科学共产主义。是关于无产阶级运动的条件、进程和一般结果的理论。它使无产阶级认识自己运动的目的、性质和条件,以便采取正确的策略,自觉地通过无产阶级革命和无产阶级专政,去完成自己所肩负的伟大历史使命。马克思的两大发现,即唯物主义历史观和剩余价值学说,使社会主义从空想变为现实。因为唯物史观的发现,使正确了解人类社会发展的历史过程成为可能;剩余价值的发现,揭示了资本主义生产方式的性质及其必然灭亡的趋势。建立在这两个发现基础之上的社会主义,就再也不是人们头脑中的空想,而是一种有充分现实依据的,能够指导无产阶级研究、改造社会的科学理论了。

马克思主义的三个组成部分是互相渗透、紧密联系而不可分割的,它们形成了一个完备、严整的共产主义的世界观和科学体系,是经历了千百万群众的革命实践所证实了的科学真理。它不但使我们认识了世界,而且说明了世界是可以改造的,它是无产阶级认识和改造世界的理论武器。

2. 班主任为什么要学习马克思主义理论

班主任的理论修养,不仅关系到党的教育事业,而且是每个班主任不可缺少的素质和条件之一。班主任的职业决定他们既要教书又要育人,不但要把学生培养成有知识、有文化的有用之才,还要把学生培养具有共产主义信仰的合格接班人。为此,班主任自身必须首先进行马克思主义理论的学习,把自己培养成为一个坚定的马克思主义者。通晓并熟悉马克思主义理论,是班主任教育学生的前提。

(1)只有认真学习马克思主义理论,加强马克思主义理论的修养,才能正确地认识和改造客观世界。实现祖国的社会主义现代化。这无疑需要根据每个人的不同岗位,用不同的科学文化知识来武装自己。但不管你处于什么岗位,都有一门共同的必修课,这就是马克思主义。因为马克思主义给了我们一把正确地认识自然和社会的钥匙,向我们提供了观察、分析和处理问题的正确的立场、观点、方法,使我们能够透过各种纷繁复杂的自然现象和社会现象,掌握事物的本质,了解和认识事物的发展规律,正确地解决现实生活中存在的各种矛盾。学习马列主义理论,可以帮助班主任提高思想认识水平和理论水平,明辨是非,自觉地抵制资产阶级腐朽思想的侵蚀,防止和克服实际工作中的主观主义,不断增强工作的原则性、系统性、预见性和创造性,真正做到教书育人。很难设想,一个班主任对于马克思主义理论一无所知或知之甚少,而能顺利地完成党和人民交给的任务,把学生培养成社会主义事业合格的接班人。

(2)只有加强马克思主义理论教育,才能更好地改造自己的主观世界。毛泽东同志在《实践论》中指出:"无产阶级和革命人民改造世界的斗争,包括实现下述的任务:改造客观世界,也改造自己的主观世界——改造自己的认识能力,改造主观世界同客观世界的关系。"马克思主义理论,对于广大班主任改造自己的主观世界,逐步克服自己头脑中的各种旧思想的残余影响,增强自己抵制形形色色错误思想的能力,牢固树立共产主义的世界观和人生观,具有非常重要的作用。

(3)只有加强马克思主义理论的修养,才能提高贯彻执行党的路线、方针、政策的自觉性。因为我们党的路线、方针、政策是以马克思列宁主义、毛泽东思想为理论指导,科学地分析客观形势后才制定出来的。如果离开马克思主义理论的指导,就不可能正确地分析和判断客观形势,正确的决策也就不可能产生。因此,班主任只有具有较高的理论修养,才能深刻理解党的路线、方针、政策,忠诚党的教育事业,献身党的教育事业;才能在实际行动中严肃地、自觉地贯彻和执行,也才能把它贯彻到自己的教学实践中,准确、生动地传授给学生。

(4)只有加强马克思主义理论修养,才能自觉地、始终不渝地坚持四项基本原则。认真学习马克思主义,在当今有特殊重要的意义。因为只有这样,才能恢复马克思主义的本来面目,才能划清真正的马克思主义与假马克思主义的界限,划清科学社会主义与假社会主义的界限,划清人民民主专政与法西斯主义专政的界限,坚定自己对马克思主义和社会主义的信仰,坚持党的领导和人民民主专政,并且积极宣传四项基本原则,坚决反对从"右"的和"左"的两个方面怀疑和否定四项基本原则的错误思想,更加坚定地执行与拥护改革开放的政策,满怀信心地向四个现代化的宏伟目标迈进。

(5)只有认真学习马克思主义理论,才能为教育、教学和科研工作提供科学的理论指导。中国革命的实践证明,什么时候离开了马克思主义理论指导,中国革命就会受挫折,就会失败。同样,我们教育工作者的教育、教学、科研工作也离不开马列主义理论的指导,只有在马列主义理论的指导下,我们的教育、教学、科研工作,才有正确的方向,才能取得更大的成绩。

3. 坚持理论联系实际的方法,学习马克思主义理论

理论联系实际,是中国共产党一贯的思想原则和优良作风,也是我们学习马克思主义、毛泽东思想的根本方法。

要理论联系实际,首先要下苦功夫认真学习马列主义、毛泽东思想的一些基本原理,要认真学习和钻研马克思、恩格斯、列宁、毛泽东、邓小平等革命导师和老一辈无产阶级革命家的著作,领会其基本精神,系统地而不是零碎地、全面地而不是片面地理解其中的思想。要学习和掌握其立场、观点和方法,并以之作为分析问题和解决问题的指南。

其次要从如下三个方面着手做到联系实际:

(1)联系历史的实际。就是说,我们在学习马克思主义、列宁主义和毛泽东思想的时候,一是要和这些思想发展的历史、产生的历史背景联系起来,弄清楚每一个基本原理,是在什么样的历史条件下提出来的,是针对什么倾向提出来的,又是如何使之不断发展和完善的。我们知道,马克思主义的产生,已有一百多年的历史了,马克思、恩格斯等导师的著作,都是在不同的历史条件下,为着解决当时革命的理论问题和策略问题而写成的。由于时代不同,历史环境不同,各国实际情况不同,这些著作的内容各不相同。即使同一个问题,针对各个时期的具体情况和不同的倾向,得出的结论也不完全相同。所以我们只有联系历史进行学习,才能真正掌握其精神实质,才不会再闹出像十年动乱中那样对马克思主义某些观点、某些词句断章取义、生搬硬套的笑话。

(2)要联系现实的实际。就是说,我们在学习马列主义、毛泽东思想的时候,一定要和目前我们党、我们国家所面临的新情况、新问题结合起来,把学到的马列主义立场、观点和方法运用到我们的实际工作中去,分析解决实际工作中出现的各种问题。否则,学习马列主义、毛泽东思想就从根本上失去了意义。

(3)要联系思想实际。就是说,学习马列主义、毛泽东思想的时候,一定要联系自己的思想,注意自己世界观的改造。目前,我国各个方面还在一定程度上存在着资产阶级腐朽思想、封建残余思想和其他各种非无产阶级思想。这些思想会不断地侵蚀广大班主任的头脑,因此,每个班主任都应当认真学习马列主义、毛泽东思想,在改造客观世界的同时,努力改造自己的主观世界,使自己成为一个坚定的、清醒的马克思主义者。

加强自身思想道德修养

注重自身的思想修养是加强班主任思想政治教育的基本途径。所谓"修养"是一个含义很广的概念。从词义上看,"修"是指整洁、提高,"养"是指培养、陶冶。"修养"除了个人在政治、思想、道德品质和知识技能等方面,经过长期锻炼和培养所达到的一定水平之外,还包含举止、仪表、技能、情感等方面的陶冶,也包括待人处世方面的正确态度。

班主任的思想修养是班主任根据社会的要求和教育工作的需要,通过自觉的学习和参加社会实践,提高自己的思想认识水平和理论水平的活动。班主任思想修养的主要内容,就是要坚持四项基本原则,坚持马列主义世界观和共产主义理想。具体地讲,就是要忠诚党和人民的教育事业,有高度的事业心和责任感,懂得自己现在所做的一切工作,都是为了建设社会主义,最后实现共产主义服务的。

学习和实践的统一是班主任思想修养的根本方法。

1. 加强班主任自身的思想修养,必须认真读书,勤于学习

学习的主要内容,除了马列主义理论,还有党的路线、方针、政策。党的路线、方针、政策是在马列主义理论指导下,通过对客观形势的正确分析而制定出来的,它给人们指明了前进的方向。经常学习党的文件,了解党和政府现行的路线、方针、政策,并在教育实践活动中坚定不移地贯彻、执行,这是班主任思想修养不可缺少的重要内容。作为班主任还要学习教育科学理论,教育科学理论概括和总结了教育的规律,学习和掌握教育科学理论,可以增强班主任对教育工作的认识,使班主任了解教育事业在我国社会主义现代化建设中的地位和作用,认识到教育工作是造就人才的伟大事业。班主任的任务是光荣和艰苦的,从而增强事业心和责任感,树立为人民的教育事业而献身的思想,在自己工作岗位上辛勤劳动,呕心沥血,为社会主义事业教育和培养一代新人。

2. 加强班主任自身的思想修养,必须积极参加社会实践

马克思主义认为,实践是认识的基础。实践也是班主任思想修养的基础。脱离实践的修养,是唯心主义的修养。正如刘少奇同志所说:"我们是革命的唯物主义者,我们的修养不能脱离人民群众的革命实践。"(《刘少奇选集》上卷,109 页)人的正确思想来源于社会实践,只有在改造客观世界的过程中,才能实现对主观世界的改造。对此,作为一名教育工作者一定要积极参加社会实践,在实践中发现真理和坚持真理、否定谬误。

3. 要积极参加教育实践

教育和教学活动是班主任的最基本的实践活动,是班主任进行思想修养的重要课堂。教育科学理论是人类长期的教育实践经验的概括和总结,反映了教育教学过程中的客观规律。班主任遵循这些客观规律开展教育、教学实践活动,可以提高班主任的思想认识、培养班主任热爱和献身党和人民的教育事业的自我牺牲精神。教育实践表明,有些同志在当班主任之前,对教育工作不感兴趣,而当了几年班主任之后,通过教育实践逐步培养出了忠于党和人民的教育事业,对教育工作无限热爱的深厚的思想感情,并在教育工作的实践中做出巨大的贡献。

4. 要积极参加社会主义现代化建设的实践

社会主义现代化建设,是广大人民群众在中国共产党的领导下,改造自然和改造社会的伟大实践。我们每个班主任都要关心社会主义的现代化建设,关心正在进行的经济体制和政治体制的改革。同时,要积极参加以马列主义理论为指导的社会主义精神文明建设,努力为社会服务,并从中吸收丰富的知识营养。特别是在改革开放,建设具有中国特色的社会主义的新形势下,有着更丰富、更生动的新鲜内容,班主任更要在这样的社会实践中锻炼、陶冶自己,提高自己的思想认识水平,坚定共产主义信念,确立正确的政治方向。

马克思主义认为,理论和实践是辩证的统一。学习理论是班主任思想修养的前提,离开了理论指导的思想修养是盲目的修养,这种思想修养是缺乏自觉性的,当然也不可能达到高的境界。同样,实践是班主任思想修养的基础和目的,离开了实践的思想修养是毫无价值的空谈。因此,加强班主任自身的思想修养,一定要坚持学习和实践的统一。

此外,班主任还要严于解剖自己。严于解剖自己是班主任提高思想修养的重要方法。班主任提高思想修养的过程,就是班主任头脑中两种思想、两种世界观、两种教育观的斗争过程。因此,思想上要积极开展两种思想、两种世界观、两种教育观的斗争,不断地用真理去战胜谬误。要敢于自我批评,勇于自我批评。自我批评是班主任思想修养的自我监督机能,通过自我批评和自我反省,才能不断战胜自己头脑中的错误思想,克服自己工作中的缺点、错误。

总之,加强班主任自身的思想修养,是培养和造就合格的班主任的需要,也是培养和造就有理想、有道德、有文化、有纪律的一代新人的需要,有志于人民教育事业的班主任,应在这方面做出不懈努力。

班主任的人生观

每个人生活在世界上都有自己一定的人生观,所不同的只是有自觉和不自觉、高尚和卑下、先进和落后、正确和错误之分。人生观作为上层建筑的组成部分是由一定的经济基础决定的,并对经济基础有反作用。

班主任要树立共产主义人生观,首先必须了解人生观的含义及其同世界观的关系。

人生观的内涵

什么是人生观呢? 人生观是生活于一定的社会条件下和社会环境中的人们对于人生目的、人生价值和做人的标准等重大人生问题的根本观点和态度。它所回答的问题是:

1. 什么是人生

在人生问题上,自古以来有不同的看法。如宋朝的苏轼写道:"人生如梦,一樽还酹江月。"又如三国时期的曹操写道:"对酒当歌,人生几何?"再如康有为认为:"人世间是个苦海。"资产阶级代表人物鸠山认为:"人生几何,吃喝玩乐。"共产主义战士雷锋写道:"人的生命是有限的,可是为人民服务是无限的,我要把有限的生命投入到无限的为人民服务中去。"这些对人生的不同看法,构成了人生观的基本内容。

2. 人为什么活着

这个问题也有种种不同的回答。有的认为人活着是为了享乐。如17世纪英国唯物主义者霍布斯提出"人对人是狼",极力鼓励利己主义。18世纪法国唯物主义者爱尔维修认为人的本性是"趋乐避苦"。19世纪德国古典哲学家费尔巴哈把他最重要的伦理学著作命名为《幸福论》,以表明他的享乐主义是人生哲学的基本原则。认为人生的目的和意义在于追求享受,所谓"人生在世,'吃穿'二字"。有的更加露骨地提出"人不为己,天诛地灭",公开声称人活着就是为了自己。马克思主义者认为人活着是为了解放全人类,实现共产主义。马特洛索夫说得好:"一个人活着,是为了使别人活得更美好。"奥斯特洛夫斯基认为:"人的一生应当这样度过,把整个生命和精力,献给世界上最壮丽的事业——为人类的解放而斗争。"这些对人生目的的回答是人生观的核心内容。

3. 人应该怎样活着

有的人活着,浑浑噩噩、庸庸碌碌、贪婪、自私;有的人活着,奋发向上、开拓前进,为人类的进步事业多做贡献。这些对人生态度的回答,也是人生观的内容之一。

综上所述,可以看出人生观由人生目的、人生价值和人生理想构成,其中人生目的是人生的精神支柱。三者有机联系,缺一不可。

人生观对人的一生将产生重大影响或作用,因为人生观形成后,就成为一个做人的向导,决定着人的方向和道路。人的幸福观、苦乐观、生死观、荣辱观、审美观、恋爱观等等,都是人生观的具体表现。人生观不仅是每个人做人的向导,还是帮助人们确定生活方向、选择生活道路的行动指南,从根本上说它决定人生的归宿和人生价值。一个人如果树立了先进的人生观,就会有远大的志向、坚定的信念、高尚的思想境界和奋发向上的精神力量。先进的人生观是时代的精华,对于促进社会的进步具有重要作用,共产主义人生观是最科学的人生观。对于促进全面改革,促进社会主义精神文明和物质文明的发展,具有巨大的作用;而落后的腐朽的人生观,是束缚人们的精神枷锁,在社会的前进中起着阻碍作用。

人生观是历史条件和社会关系的产物,是由人们物质生活条件决定的。马克思曾经说过,在不同的所有制上,在生存的社会条件上,耸立着由各种不同情感、幻想、思想方式和世界观构成的整个上层建筑。由于人们所处的社会物质生活条件不同,政治经济地位不同,人生观也不同。

剥削阶级是私有制生产关系的代表者,他们占有生产资料,拥有国家机器,剥削和压迫广大劳动人民。剥削阶级的这种政治经济地位,决定了他们的本质是极端自私自利的,其人生观的核心是极端利己主义。历史上剥削阶级人生观的表现多种多样。如享乐主义人生观、权利至上人生观、实用主义人生观、悲观厌世人生观、存在主义人生观等等。这些都是在私有制基础上产生的,是剥削阶级利益和意志的表现,是同社会主义精神文明不相容的,是同共产主义人生观相对立的。

共产主义人生观的基本特征

班主任要树立共产主义人生观,首先必须明确共产主义人生观的基本特征。共产主义人生观,即无产阶级人生观,它是共产主义世界观的重要组成部分。它反映了人类历史发展的客观规律,是坚持共产主义运动方向和最终目的的精神力量,是共产主义者的人生支柱。它的基本特征表现在以下几个方面:

1. 把实现共产主义和解放全人类看作是人生目的

共产主义人生观是建立在对人类社会发展客观规律认识的基础之上的,因而是人类有史以来最正确最先进的人生观。从马克思主义诞生直至现在的一百多年里,共产主义思想在世界范围内广为传播,国际共产主义运动蓬勃发展,并且出现了一些社会主义国家。共产主义的伟大实践证明了马克思主义所揭示的人类社会发展规律是颠扑不破的伟大真理。共产主义人生观就是要把实现共产主义、解放全人类作为人生目的,并为实现这个伟大目标而努力奋斗。这是人类有史以来任何一种人生观不可比拟的。正如刘少奇同志所指出的:"共产主义人生观不是建立在保护个人和少数剥削者利益的基础上,而是建立在最后解放全人类、拯救世界脱离资本主义灾难和建设幸福美丽的共产主义世界的利益的基础上,建立在马克思列宁主义的科学共产主义的理论基础上。"

2. 把全心全意为人民服务作为人生价值

历史唯物主义认为,人类社会的历史是人民群众的历史。为人民服务应该是共产主义人生观的出发点和归宿。无产阶级是先进生产力的代表者,是历史上最进步、最革命的阶级,它的历史地位和历史使命决定,只有解放全人类才能最后解放自己。因此,共产主义人生观把为大多数人谋利益、全心全意为人民服务当作人生价值。

共产主义人生观认为为人民服务问题是个根本问题、原则问题。毛泽东同志曾提出了"为人民服务"的光辉思想,这集中地概括了革命者的人生价值。这同历史上一切剥削阶级把对财富的索取和占有当作人生价值是根本不同的。全心全意为人民服务也是衡量每一个革命者的政治觉悟和道德水平的重要标志,因而为人民服务就成为每一个为社会主义、共产主义而奋斗的人的一切言论和行动的出发点和归宿。

3. 把革命的乐观主义当作人生态度

共产主义人生观同剥削阶级悲观厌世、没落颓废的人生态度迥然不同,在任何情况下都充满必胜的信念,保持顽强的革命意志和乐观进取的革命精神,因而能经得起苦乐、生死的考验。

建设有中国特色的社会主义和实现共产主义的伟大实践,不可能总是一帆风顺的,而是一个充满矛盾和斗争的过程。在这个过程中有前进、胜利,也可能有困难甚至后退和失败,但是共产主义人生观坚信共产主义是正义的、前途是光明的。资本主义必然灭亡、社会主义共产主义必然胜利,这是不以人们意志为转移的人类历史发展的必然趋势,是任何人也改变不了的。班主任只有深刻理解和掌握了人类历史发展的客观规律,才能以革命的乐观主义去对待人生道路上的种种曲折和困难,才能满怀信心去克服和战胜它,并能最终取得胜利。马克思在回答他的女儿们所提出的问题时曾指出,他对待幸福的理解是"斗争"。在改革开放和实现现代化的今天,班主任要乐观进取,勇于拼搏,勤奋实干,才能排除前进道路上的障碍,为社会主义现代化建设培养又多又好的人才。

班主任要树立共产主义人生观

班主任必须树立共产主义人生观,其必要性和重要性表现在以下几个方面:

1. 由班主任的光荣职责和神圣使命所决定

班主任的光荣职责和神圣使命是为社会主义现代化建设培养人才。班主任不仅是文化知识的传播者,而且也是学生共产主义理想和道德的培育者,是社会主义精神文明的建设者。精神文明建设包括思想道德建设和教育科学文化建设两个方面。其根本任务是适应社会主义现代化建设的需要,培育有理想、有道德、有文化、有纪律的社会主义公民,提高整个中华民族的思想道德素质和科学文化素质。班主任的世界观、人生观如何,对受教育者世界观和人生观的形成有极其重要的影响和作用。总之,班主任的光荣职责是教书育人,班主任只有树立共产主义人生观,才能培养合格人才。

2. 由教育在国民经济发展中的战略地位决定

在社会主义初级阶段,发展社会生产力所需要解决的历史课题,是实现工业化和生产的商品化、社会化、现代化。现代科学技术和现代化管理是提高经济效益的决定性因素,是使我国经济走向新的成长阶段的重要支柱。从根本上说,科技的发展,经济的振兴,乃至整个社会的进步,都取决于劳动者素质的提高和大量合格人才的培养。百年大计,教育为本。必须坚持把发展教育事业放在突出的战略地位,加强智力开发。在社会主义初级阶段,教育所处的地位十分重要,从而班主任的作用也就十分重要。班主任的作用发挥得如何，又取决于班主任的政治思想素质和业务素质的情况如何，其中重要的一条是班主任必须树立共产主义人生观，才能适应这种新形势的要求。

3. 由共产主义人生观对班主任的作用决定

班主任的人生观主要通过服务于教育及人才培养对社会发生作用。生产关系的性质决定教育和班主任人生观的性质。同时，教育和班主任的人生观对于经济基础的巩固和社会生产力的发展又有着巨大的反作用。在社会主义初级阶段，班主任的共产主义人生观通过教育，培养一代新人对社会进步起巨大的推动作用，其主要表现在：一是通过科学文化知识的传播，促进社会生产力水平的提高和社会主义物质文明的发展；二是通过对受教育者思想道德的培育，促进社会主义精神文明的发展。班主任共产主义人生观的这种巨大作用是以往历代班主任的作用所不可比拟的。

班主任怎样树立共产主义人生观呢？首先，必须用科学的世界观武装自己。世界观是人生观的基础和理论指导。只有树立科学的世界观，即辩证唯物主义和历史唯物主义世界观，班主任才能选择正确的人生道路，确立正确的人生目的。其次，要自觉地识别和抵制各种错误人生观的影响。人生观作为一种意识形态，具有相对独立性。在我国，虽然产生剥削阶级人生观的经济基础已经消失，但剥削阶级的思想影响还会长期存在，各种腐朽没落的人生观在社会上还有较广泛的影响，还在毒害着我们。班主任必须自觉地消除各种错误人生观的影响，为树立共产主义人生观扫清道路。最后，在教育实践和社会实践中磨炼。马克思主义认为，人的认识来源于社会实践。这就为班主任探索人生的真谛，树立共产主义人生观指明了道路。共产主义人生观产生于社会实践，又指导社会实践。班主任要树立共产主义人生观，除了要参加教育实践外，同时还要参加各种社会实践。在实践中要勤奋学习，勇于探索，教书育人，为人师表，逐步树立共产主义人生观。

班主任思想行为规范

思想行为与思想政治工作不完全相同。简而言之，思想行为就是要研究人们的世界观、人生观和价值观如何影响人们的行为。要确切把握思想行为的含义，还须对什么是思想、什么是行为以及二者之间关系有所了解。

思想,亦称观念,是指理性认识。人们在社会实践中对客观事物的认识,开始是感性认识,这种感性认识的材料积累多了,就会产生一个飞跃,完成了理性认识,这就是思想。这说明:第一,客观事物是人的思想的来源;第二,社会实践是思想产生的基础;第三,思想是客观事物的主观映象。因而,思想就是人们的理性认识,是客观事物在人的大脑中的反映。

既然思想是客观事物在人的大脑中的反映,而现实中的客观事物又是千差万别的,因此人的思想表现形式必然是多种多样的。一般来说,我们认为思想的主要形式有世界观、人生观、价值观、思想动机、思想情感、思想意志和自我概念,它具有依赖性、能动性、独立性、储存性、选择性和渐进性等特点。

思想和行为的关系是:人的思想支配、制约人的行为,思想是行为的原因,行为则是思想的结果,思想是人的内在本质,行为则是人的外部表现。一般来说,一个人有什么样的思想就表现为什么样的行为,好的思想支配好的行为,取得好的效果,不好的思想支配不好的行为,产生不好的效果。

基于上述分析,我们可以认为,所谓思想行为,从广义上说就是个人自我通过自身思想进行控制、引导、调剂的行为;从狭义上来说就是人们的世界观、人生观、价值观影响下的行为,就是在人的思想动机、思想情感、思想意志和自我概念激发、导向和强化下的行为。

班主任的思想行为

要理解什么是班主任的思想行为,还须对班主任行为的实质有所了解。

我们知道,在伦理学意义上,行为是人的有意识的自觉的活动,是人所特有的能动性的表现。据此,我们可以对班主任行为的实质做如下理解:

1. 班主任的行为是班主任特有的生存和活动方式

随着生产力的发展,社会分工的出现,不同职业的人们都逐步形成了不同的较为稳定的行为方式,如工人、农民、科学家、文学家等。班主任的行为,在本质上是为社会培养人才的活动。培养人的行为活动,是班主任的特有的生存和活动方式。

2. 班主任的行为是自觉的能动的活动

首先,班主任所完成的培养人的活动,是按照一定社会所确定的教育目的进行教育培养的自觉活动。其次,班主任要自觉地按照一定的教学计划、教学大纲和教科书进行教学,组织管理班级活动,才能把学生培养成为合格的人才。再次,班主任在培养人的活动中要体现出主观能动性,即班主任在执行教学计划、教学大纲和采用教材及组织班级活动时,不是机械照搬,而是根据学生的年龄特征、知识水平和个性特点,灵活地决定教学及活动组织形式,恰当地选择原则和方法。

3. 班主任的行为总是受社会制约并为一定社会或阶级服务的

在教育活动的性质和方向上,班主任是无法选择的,他们只能根据社会政治经济的要求,通过培养符合需要的各种人才的活动,来为一定社会或阶级服务。

从以上分析,我们可以看到班主任行为的实质是:班主任根据一定社会的要求,在进行培养人的活动中所表现出来的自觉的能动活动,是班主任特有的生存和活动方式。

因而,所谓班主任的思想行为,就是指在班主任的世界观、人生观和价值观影响下的各种自觉的能动活动,即班主任所具有的动机、态度、情感和意志等如何控制、引导、调节班主任在培养人的活动中的行为。具体而言,班主任的思想行为可以包括:个人的政治思想、生活信念、道德观念、政治觉悟和个人利益等。

班主任的思想行为规范

班主任的思想行为规范是班主任行为规范的重要组成部分,它是一定社会或阶级对于班主任世界观、人生观和价值观等方面的要求。班主任的政治理想、生活信念、道德观念以及动机、态度、情感等都要受制于班主任的思想行为规范。班主任思想行为规范的基本内容有:

1. 马克思主义的世界观和科学理论是班主任一切行为的指南。

2. 班主任要树立崇高的政治理想,树立为实现共产主义而奋斗终生的坚定信念。

3. 人才的培养是个长期的复杂的事情,需要班主任勇于献身、甘当人梯拥有鞠躬尽瘁的献身思想。

4. 艰苦奋斗的创造精神。

5. 全心全意为人民服务的思想。

班主任的教育对象是学生,因此,就要全心全意地为学生服务,也就是说,班主任要竭尽全力教好学生,把他们培养成"四有"新人。这是全心全意为人民服务的思想在班主任身上的具体表现。

班主任思想行为规范的基本特征

班主任的思想行为规范,具有以下几个基本特征:

1. 鲜明的方向性

任何社会都要对班主任的思想行为进行规范,这种规范是社会占统治地位的阶级对班主任思想行为的具体要求,它具有明确的目标导向。班主任是人类知识的传播者,社会主义精神文明的建设者,是一代新人的培养者。我们实现现代化的人才来自学校,而学生又带着班主任的思想影响和道德烙印走向社会,从而影响各个领域、各个部门及各个行业的每一个人。班主任的思想行为是否规范,不仅关系到每个青少年能否健康地成长,还直接关系到现代化大业的成败,关系到社会主义事业能否兴旺发达,影响到国家和民族的未来。

2. 强烈的时代性

班主任思想行为规范在一定意义上属于广义的政治范畴,因而,它必然同时代的脉搏紧密相连。时代的或大或小的发展变化,都会在班主任的思想行为规范上敏锐地反映出来。不仅在不同时代、不同社会制度中班主任思想行为规范的基本内容有根本的区别,即使在同一时代、同一社会制度中,随着经济形势、政治形势、社会状况和社会主要任务地发展变化,也会引起班主任思想行为规范的变动。

3. 独特的示范性和表率性

与其他行业相比,班主任的各种行为规范具有独特的示范性和表率性,班主任的思想行为规范更是如此。班主任要把青少年培养成为有理想、有道德、有文化、有纪律、热爱社会主义祖国和社会主义事业的接班人。要使学生具有共产主义理想、共产主义道德等思想素质,班主任首先要以身示范,严格按照思想行为规范要求自己,做到既要"言传",又要"身教"。班主任个人对学生心灵的影响所产生的教育力量,无论什么样的教科书、什么样的思想、什么样的奖惩制度都是代替不了的。

4. 社会要求与班主任个人发展的一致性

班主任个人的发展,是指班主任除了智力和体力的发展外,还必须具有崇高的社会理想和道德情操、丰富的精神世界和健康的审美情趣等基本内容,这其中就包含着班主任思想行为方面的内容。各级各类学校的班主任思想行为规范的社会要求,归根结底是要促进班主任个体的发展。在教育劳动中,班主任思想行为规范的社会要求,不仅是教育事业发展的需要,同时也是班主任个人发展的需要。班主任思想行为规范的社会要求与班主任个人发展的一致性,主要表现在:班主任思想行为规范的社会要求与班主任个体思想行为的发展在内容和基本条件上的根本一致;遵循班主任思想行为的规范从事的教育实践与班主任个体思想行为的发展在社会途径上的一致等。

班主任思想行为规范的核心

班主任的思想行为规范包括许多内容,其中核心是树立共产主义思想。我们的教育工作者是社会主义精神文明的建设者和传播者,要为现代化培养人才,为共产主义事业造就接班人。班主任的思想行为如何,直接影响到人才的质量和素质。我们要培养的人才是"有理想、有道德、有文化、有纪律"的一代新人,班主任要担负起这个重任,首先自己就应该树立共产主义思想,以共产主义的世界观、人生观指导自己的实践。

共产主义思想对从事任何工作的人来说都是应该具备的,而对班主任来说具备共产主义思想更为重要。其一,班主任具有共产主义思想会对学生产生潜移默化的影响。社会主义教育工作是一项革命实践,教育学生不是靠"说教",而是要以身作则,做出榜样,以自己忠诚党的教育事业的思想感情,使学生受到熏陶。其二,班主任只有树立共产主义思想特别是科学的人生观,才能为从事教育教学工作奠定科学的指导思想,才能做到胜不骄,败不馁。教育事业是崇高的事业,更是艰苦的事业。教育的艰巨性正体现在培养人上,俗话说"十年树木,百年树人"就是这个道理。班主任不但要教书,更要育人,要有"园丁""蜡烛"和"人梯"的献身精神,以国家、民族和人民的利益为重,要有为振兴教育积极进取的人生态度,要以"甘为春蚕吐丝尽,愿化红烛照人寰"为座右铭,把自己有限的一生献给崇高的教育事业。所以说,树立共产主义思想是班主任思想行为规范的核心。

班主任一旦具备了共产主义思想,就会用它来指导自己的一切行为。班主任懂得了共产主义事业的正义性和历史必然性,就会把自己的事业和远大的社会理想有机地结合起来,忠诚党的教育事业,为培养一代又一代无产阶级革命事业的接班人而努力工作。在社会主义社会,班主任应该自觉地用共产主义的道德理想来教育学生,并以自己为人民教育事业献身的精神、无限热爱学生的感情和高尚的行为去影响学生。

班主任思想行为规范的作用

对班主任的思想行为进行规范,有利于指导广大班主任的实践活动,增强自觉性,减少盲目性,引导提倡积极的行为,预见控制有害的行为。

班主任的思想行为规范,对班主任的行为具有支配、调节和控制的作用。具体表现在:

1. 班主任思想行为规范对班主任的行为具有激励作用

规范班主任的思想行为,可以将正确的路线、方针、政策,强烈的革命事业心和政治责任感,以及为了祖国和人民的利益勇于牺牲自己一切的精神,灌输于广大班主任的头脑中,以转变和形成他们的思想观点、立场和方法。这样,就能把班主任的行为激励起来,在正确的思想观点、立场和方法地指导下,把他们身上蕴藏着的力量充分激发出来,献身于崇高的人民教育事业。从心理学角度看,激励是指在人受到激发和鼓励的情况下,发挥最大的积极性、主动性和创造性,产生最高的工作效率。这一目的,通过规范思想行为和耐心的思想政治工作是能达到的。

2. 班主任的思想行为规范对班主任的行为具有导向作用

班主任的思想行为规范具有很强的实践性。这种实践性可以加强班主任对自己行为的认识,从而对班主任的行为起到导向的作用。我们知道,人的行为在一定程度上是思想的反映。班主任的思想行为规范,对班主任行为的形成和发展具有方向性的指导作用。行为、习惯与认识、情感、意志、信念等因素所构成的系列关系都是思想品德不可缺少的心理因素。它们相互作用、相互依存、相互促进。一般地说,行为是终端环节,行为的转化在认识、情感、意志和信念的转化之后发生;同时人的行为习惯一旦形成,反过来又影响人的认识、情感、意志和信念。但是,行为的"转化"或"转变"都离不开思想行为规范的导向作用。班主任的行为当然也是如此。

3. 班主任的思想行为规范对班主任的行为具有制约作用

规范班主任的思想行为,可以对班主任的行为有所约束,纠正和预防错误行为的发生。马克思曾说过:"人们行动的一切动力,都要通过他的头脑,一定要转变为他愿望的动机,才能使他们行动起来。"然而,支配人们行动的动机,并不是头脑中固有的,而是受思想支配的。而支配行为的思想,又是要受人们所处的社会条件、生活条件、工作条件、知识素养以及环境客观条件所影响,也就是说人的行为是不断转化的。对班主任的思想行为进行规范,可以促使班主任树立正确的思想,从而使班主任改正其不良行为,促使其行为不断向好的方向转化。

班主任的政治行为规范

政治是经济的集中表现,属于上层建筑范畴,其表现形式为代表一定阶级的政党、社会集团、社会势力在国家生活和国际关系方面的政策和活动。政治行为是人类行为的一种,政治行为可以包括所有的政治思想、政治言论、政治态度、政治信仰、政治行动、政治运动及其各种政治活动,它的范围之广,几乎包括整个政治现象,包括个人或团体相互作用而产生的种种政治现象。简而言之,政治行为是在政治情境中的人类行为,它既包括可见的政治行动,又包括隐藏在人们内心世界的反应;既包括个体的政治行为,又包括团体的政治行为。政治行为是普遍存在的行为。从纵的方面来说,无论是奴隶主国家、封建国家、资本主义国家,还是社会主义国家,都存在着政治行为;从横的方面来说,政治行为几乎涉及到整个社会的各个领域,任何人都不能逃避政治行为的规范。广而言之,所有的政治现象都是行为现象,一切涉及政治的活动都是政治行为。政治行为是有关权力的行为。政治的核心和细胞是政治权力,治人和治于人、管理和被管理、命令与服从、强制与被强制,都是一种权力关系。政治行为是有目的性的行为。人的行为不同于动物的活动,动物的活动是一种本能,人的行为则有自觉意图、有意志支配的,因而是有目的性的。人们的政治行为,都是为达到一定的目标而努力。比如,各政党都有其政治纲领,每个党员都有履行纲领的义务;国家行为的目的,无论是行使政治职能、进行社会管理和服务性活动,最终目的都是为了维护经济上占统治地位的阶级的利益。

班主任的政治行为

班主任的政治行为是班主任政治行动表现的统称,它是在班主任的职业劳动中引申出来的。它一般包括政治态度、政治觉悟、政治品质、政治理论水平和政策水平。班主任的政治行为作为一种意识形态,是由一定的经济关系所决定,为社会上一定阶级服务的。我国班主任的政治行为一方面反映了社会主义教育的特点;另一方面,它又反映了社会主义的政治、经济制度和共产主义道德的基本精神,因而具有明显的阶级性。班主任的政治行为的阶级性主要表现在两个方面:第一,用什么样的道德来教育、影响学生;第二,要把学生培养成为什么样的人。在我国,社会主义政治的中心任务是大力发展生产力,建设具有中国特色的社会主义,并为实现共产主义创造条件。剥削阶级作为阶级已经被消灭,但阶级斗争还将在一定范围内长期存在,有时甚至激化。马克思主义十分重视政治对经济和社会生活各个方面的巨大影响,认为政治同经济相比,不能不占首位,政治工作是经济工作和其他各项工作的生命线,班主任的政治行为是最重要的行为,它指导和影响着其他各种行为。班主任是社会主义精神文明的传播者和建设者,是把青少年培养成为有理想、有道德、有文化、有纪律的社会主义新人的引路人,必须具有较高的政治修养,具有坚定的共产主义信念,正确的人生观和世界观,全心全意为人民服务的思想和高尚道德。简而言之,班主任应有鲜明的无产阶级立场、坚定的共产主义理想、强烈的社会主义事业心和高度的责任感,应襟怀坦白、光明磊落、坚持原则、崇尚真理。

班主任政治行为的特征

1. 鲜明的定向

班主任要在政治定向上正确、鲜明,其政治素质必须具备四个条件:

(1)坚决拥护和接受中国共产党的领导。班主任必须懂得,无产阶级教育是无产阶级政党领导的无产阶级事业的一部分,党的领导是教育事业始终坚持正确的政治方向的根本保证。自觉坚持教育的阶级性同党性的统一,自觉坚持忠于党、同忠于祖国、忠于人民、忠于社会主义制度的统一,自觉坚持党的领导同发展社会主义教育事业的统一,坚决维护党对教育的领导地位。

(2)始终不渝地坚持四项基本原则,具有坚定的马克思主义信仰和社会主义信念。做到对四项基本原则坚信不移,捍卫四项基本原则的正确立场坚定不移。

(3)在思想上、政治上与党中央保持一致,及时学习党的路线、方针、政策和党中央的一系列指示,自觉按中央精神统一思想。严格遵守政治纪律,在政治上始终与党中央保持高度一致。在教育教学中,与党的路线方针政策不相符合的观点不讲,有违教育教学政治思想指导原则的观点不讲,不利于培养学生正确立场的观点不讲。

(4)培养政治上合格人才的政治责任感、明确政治标准是学校教育的首要标准,培养政治上合格的人才,是班主任的首要职责。在行动上做到:用旗帜鲜明捍卫四项基本原则的要求规范一举一动,用保证培养政治上合格人才的要求约束一言一行。

2. 较高的内在强度

班主任政治行为要有较高的内在强度。首先,要强在马克思主义理论素质上。正确理论是科学世界观的基础。班主任们尽管个人的专业不同,但其政治理论素质一般应具备:基础性,通晓马克思主义基本理论,尤其是马克思主义哲学;贯通性,不仅掌握理论的内容结构,更要掌握其内部联系,做到融会贯通;系统性,不仅掌握基本观点,还要掌握包括共产主义理想、信念、精神、道德、作风内容的完整的共产主义思想体系;实践性,不仅学好经典理论,更要学好具有中国特色的社会主义理论,掌握实践中发展的马克思主义。其次,要强在主观世界的根本改造上。世界观的转变是一个根本的转变,也是政治素质内在强度的关键所在。要根据马克思主义哲学在社会各个领域的运用,掌握社会发展规律,树立共产主义远大理想,形成正确看待阶级斗争、政治斗争现象的马克思主义政治观,正确看待教育本质、遵循无产阶级教育规律的正确职业观,正确看待个人与社会、国家、军队关系的马克思主义人生观和价值观,从而掌握理性思维的"总开关",解疑释难的"金钥匙"。第三,要强在运用马克思主义立场、观点、方法分析和解决问题的能力上,即始终站在无产阶级和人民大众的立场上,从马克思主义对各种社会领域问题的基本观点出发,运用辩证唯物主义和历史唯物主义方法,善于分析和解决现实生活中的具体问题,不断丰富马克思主义学识;善于分析和解决教学实践问题,在履行育人职能上实现教学内容与主观愿望的统一,在坚持育人标准上实现理论知识传授与提高实际运用能力的统一,在保证育人质量上,实现眼前效果与长远效果的统一。

3. 稳固的根基

政治行为的根基稳固,主要取决于在教育教学再创造过程中,能够抵御、批判各种错误思潮影响,捍卫马克思主义的政治纯洁性。为此,必须打好两个基础,提高四种能力。其中需要打好的两个基础,一是理论批判基础。不仅要了解马克思主义理论本身,还要通晓其产生、发展的曲折经历,了解形成马克思主义的基础理论、马克思主义在发展中与之斗争的形形色色的敌对理论,以及无产阶级政党内部"左"和"右"的错误倾向,掌握识别真假马克思主义、批判反马克思主义思潮的思想武器。二是实践认识基础。即坚持革命理论与革命实践相结合,掌握马克思主义的灵魂。即运用马克思主义基本原理,既能解释理论问题,又能说明现实问题;既能解释抽象问题,又能说明具体问题;既能解释老问题,又能说明新问题。注重提高的四种能力是:

(1)辩证思维能力。杜绝片面性、绝对化,始终坚持两点论,在强调一个问题、纠正一种倾向的时候,防止走向另一个极端,保证在指导思想上不发生失误。

(2)对错误思潮的辨别、抵制和批判能力。对否定党的领导、否定社会主义方向的错误思潮,能够透过现象,及时加以识别;对封建主义、资产阶级腐朽思想的诱惑,能够坚决予以抵制;对资产阶级的自由、民主、人权等货色,能够运用马克思主义正确观点,理直气壮进行批驳。

(3)马克思主义对学科建设的指导能力。排除"学派论"干扰,坚持马列主义、毛泽东思想对各学科建设的指导地位。学科指导思想遵循马克思主义,学科内容结构突出马克思主义理论的重要地位,学科教学过程贯穿、渗透马克思主义立场、观点和方法。

(4)正面引导能力。在教学中能够有效实施有力的正面引导,包括化感性认识为理性认识的引导,化理论批判为弘扬真理的引导,化消极因素为积极因素的引导,等等。

4. 良好的行为养成

班主任育人的特征是言传身教,不仅要有内在的良好素质,还要同时具备这种素质的外化体现,用人格化的马克思主义育人。这就要求班主任的政治素质,不仅内功深达,还要见诸言行,即注重良好政治素质的行业养成,这是班主任政治素质必不可少的标准。首先,行为养成本身就是一个思想政治要求。孔子曰:"有德者,必有言,有言者,不必有德。"言传身教,为人师表,就要说到做到,知与行统一,这本身就是一个质的飞跃。因此,行为养成是认识标准,也是政治标准的升华,是对思想改造程度最直接的检验。再者,师表不过是行为化了的政治素质。如热爱教育事业,它首先是政治观念的派生物。正如邓小平同志讲的爱国就要爱社会主义制度的中国一样,只有热爱无产阶级教育事业,这一志向才是正确的。"蜡烛精神""奉献精神"无一不是蕴涵马克思主义真知的行为典范。可见,师表并非无源之水、无本之木,而是一种政治素质修养。此外,师表还通过育人自觉性,依赖于政治素质。有了坚定正确的政治信念,才能树立培养政治上合格人才的高度责任感,而这种责任感,正是师表的内部动因。作为班主任,只有在掌握理论知识的同时,自觉提高用马克思主义世界观改造自我、塑造自我的能力,具备与理论要求相一致的行为养成,才能使自身的政治素质适应育人职业的要求。

班主任的行为养成,必须在不断加强主观世界改造的同时,实现政治素质的人格化、行为化。

一是加强政治行为的修养,既做党的路线方针政策的宣传者,又要率先做执行者。正确处理提高理论素质与坚定自身立场的关系,无论在任何情况下,都能积极主动地、理直气壮地宣传、捍卫四项基本原则和党的路线方针政策;正确处理育人目标与实际效果的关系,帮助学生解决对马克思主义理论、四项基本原则、党的路线方针政策"真信""真跟"的问题;正确处理口头保持一致与行动保持一致的关系,用实际行动影响和教育学生。

二是加强道德行为修养,既做共产主义思想道德的教育者,又要率先做实践者。常人能做到的,自己更要首先做到、做好,比如遵守社会公共道德,发扬教育工作者的职业道德,常人不易做到的,自己要带头实践。比如树立全心全意为人民服务的思想,见工作就上,见荣誉就让,成绩归于集体和他人,问题和困难留给自己,过好荣誉关;个人利益服从整体利益,眼前利益服从长远利益,顾全大局,勇于自我牺牲,过好利益关;同志之间讲友谊、讲支持,求大同、存小异,减少内耗,过好团结关等等。

三是加强职业行为修养,既做教书育人的"美誉"家,又要率先做实干家。教书,忠诚于党的教育事业,热爱学校,甘为人梯,无私奉献,做刻苦钻研并精通业务的表率;育人,牢记班主任的崇高职责,坚持正确育人方向,熟悉学生特点,提高思想工作技艺,把有效的思想政治工作贯穿于教学全过程,引导学生抵御资产阶级腐朽思想的渗透和侵蚀,自觉改造世界观。

四是加强作风行为修养,既做马克思主义学风的倡导者,又要率先做弘扬者。坚持实事求是,讲究知识的真理性、实在性;坚持理论联系实际,注重实践性、可行性,做到知行统一。

班主任政治行为的作用

班主任的政治行为主要通过服务于教育及培养人对社会发生作用。生产关系的性质决定着教育和班主任的政治行为的性质。同时教育和班主任的政治行为对经济基础和社会生产力的发展又有着反作用。在社会主义条件下,班主任的政治行为通过社会主义教育,通过培养一代新人对社会进步起到了巨大的推动作用。

1. 保证我国学校的社会主义性质和方向

列宁曾经指出:"在任何学校里,最重要的是课程的思想政治方向。这个方向由什么来决定呢? 完全只能由教学人员来决定。"班主任在教育教学活动中,有意识地对学生进行无产阶级世界观和共产主义理想教育,增强坚持四项基本原则的自觉性,使学生认清坚持改革开放与坚持四项基本原则、民主与法制的关系,坚定他们的信念,成为共产主义事业的接班人。否则我们的学校就会偏离社会主义方向,改变社会主义性质。

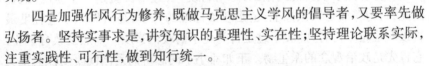

2. 引导学生思想品德的形成和发展

社会主义意识具有相对独立性,旧的思想意识和道德观念绝不可能随着旧制度的推翻而自动地退出历史舞台,在现实社会中,仍不可避免地存在着封建主义的思想、道德残余和资产阶级思想等不利于学生思想品德发展的消极因素。所以,班主任政治行为的作用是使青少年健康成长,加强学校中的政治教育,对社会影响加以筛选及培养学生辨别是非、真假、善恶和美丑的能力。

3. 通过学生影响社会

班主任劳动的"产品"是人,班主任政治行为对社会的影响,主要是通过班主任所培养出来的学生而实际体现出来的。在社会主义条件下,班主任所培养的是有理想、有道德、有文化、有纪律的社会主义新人。这种新人对社会的安定团结、对社会生产力的发展、对社会道德风尚的影响是很大的。表现在:对共产主义的信仰,学生所具有的高尚的共产主义道德品质,学生对社会主义祖国的热爱等,必然会对他的同学、邻居、兄弟姐妹发生影响,学生走上工作岗位后,必然会在工作岗位上对周围发生影响。

4. 通过班主任亲自参加社会活动而影响社会

许多班主任,怀着对建设祖国的强烈事业心,积极参加各种社会活动,或著书立说,或发表演讲,或投书报刊杂志,宣传马克思主义,宣传社会主义制度的优越性和四项基本原则,有力地促进对社会环境的改造。班主任的政治行为规范对家庭、亲戚、邻居也有很大影响。

班主任的政治行为规范

班主任的政治行为规范是班主任从事教育活动时必须遵循的各种政治规范的总和。为了实现党和国家的政治目标,坚持教育工作的社会主义方向,培养有理想、有道德、有文化、有纪律的社会主义新人;为了传播马列主义和社会主义精神文明,坚持四项基本原则;为了保证社会主义的教育思想、教育方针的贯彻实施,维护正常的教育教学秩序,对各级各类学校班主任规定的必须共同遵守的政治行为规则、标准和方向。班主任是承担教育工作的国家工作人员,他们的一切活动都必须同党和国家在政治上保持一致。每一名班主任的政治行动、言谈举止都必须符合政治行为规范,每一名班主任都应在规定的政治行为规范以内活动,绝不允许超越政治行为规范的随意行动。我国是共产党领导的社会主义国家,在各级各类学校从事教育教学工作的班主任,是国家对公民特别是青少年进行教育活动的主体。班主任的政治行为,决定和影响着民族的兴衰、精神文明的建设和国家的未来。因此,在政治觉悟上,要有坚定正确的政治方向、热爱社会主义祖国、坚信马列主义和共产主义,有顽强的革命意志和乐观主义精神等。在现阶段,这种政治觉悟应具体表现在坚持四项基本原则,坚决贯彻执行党的十一届三中全会以来的路线、方针和政策,拥护并贯彻执行党中央进行的各项重大改革,坚持一切工作都自觉地服从于和服务于党的总任务、总目的。在政治品质上,要坚持革命原则,忠于党、忠于人民,不见风使舵,不徇私情,要襟怀坦白、光明磊落,不阳奉阴违,不投机钻营;要敢于坚持真理,勇于修正错误,不文过饰非;要有宽阔胸怀,不拉帮结派,不以个人一时的好恶去待人。在理论水平和政策水平上,要会运用马克思主义的基本原理和科学分析方法,运用党的方针政策做学生思想政治工作;要掌握和熟悉教育领导机关、学校及有关部门对学生管理中的一些基本要求和规章制度。必须遵纪守法,服从政令、服从组织,为人师表。

班主任政治行为规范的基本特征

班主任政治行为规范的最基本特征表现在以下几个方面:

1. 具有原则性和方向性

政治行为规范是关于班主任政治活动的原则和规矩,是班主任维护和宣传党和政府的政治原则、政治方向和政治路线的行为准则。政治行为规范的这种原则性和方向性,决定了它在班主任的各种行为规范中,居于首先和重要的地位。政治是经济的集中表现,政治所要处理的关系是上层建筑的关系,包括阶级内部的关系、阶级之间的关系、民族关系和国际关系等。其表现形式为代表一定阶级的政党、社会集团和社会势力在国家生活和国际关系方面的政策和活动,无产阶级政治是在共产党领导下,夺取政权以后,把社会主义推向前进,大力发展社会主义生产力,建设具有中国特色的社会主义。我们根本的政治任务是最终实现共产主义。为了实现这一根本的政治任务,党的十一届三中全会明确了以经济建设为中心,坚持四项基本原则,坚持改革开放的政治路线,明确党和国家的政治方向和政治原则,这也是班主任必须遵守的政治行为规范,它是国家意志的反映、人民利益的体现,是最根本的政治行为的规范。政治行为规范的这一特点,要求班主任在从事教育教学活动中,要同党中央保持思想上、政治上的高度一致,维护和宣传党和国家的重大决策,坚决贯彻执行党的路线、方针和政策。

2. 具有严肃性和强制性

政治行为规范是关于班主任政治原则、政治方向方面的规矩,是一项极为严肃的规范,而且政治纪律、组织纪律、法律法规和政治原则又都具有强制性,并具有惩戒的作用。纪律的强制性是依靠政府和各级单位的组织力量保证实施的,是以班主任自觉服从和遵守为前提的,采取自觉和强制相结合的手段,主要靠班主任的觉悟、对国家的信任和对教育事业的忠诚来维护。

3. 具有广泛的约束性

班主任的每一行为规范的约束力,仅限于班主任在某一方面的活动,只有政治行为规范不同,它不仅约束着班主任的政治行为,对班主任的其他行为也有约束作用。政治行为的这一特性,是由政治行为的本质特点和作用所决定的。班主任是社会主义精神文明的传播者和建设者,他的一切言论、举止和行动都必须限制在党和国家的政治主张和政治原则允许的范围内。其政治行为、政治言论要符合政治行为规范,要受政治原则和政治纪律的约束。教学行为、语言行为、仪表行为和人际关系行为等要符合政治原则的要求。班主任的各种行为规范,都要以政治行为规范为基础,都要受政治行为规范地制约和约束。

班主任政治行为规范的核心

忠诚党的教育事业、贯彻党的教育方针是班主任正确处理个人利益与教育事业和社会利益关系的一个重要准则,是对班主任的政治行为最基本的也是最重要的核心的要求和规范。

1. 忠诚党的教育事业

教育事业是一项神圣的事业,它关系到党和国家的命运、民族的兴衰。班主任必须忠诚党的教育事业,这是社会主义国家的性质所决定的,是广大人民的根本利益对班主任的要求。其具体要求有:

(1)坚持坚定正确的政治方向,维护国家的尊严,维护教育的尊严,忠于职守,一心为公,把整个身心和全部精力奉献给教育事业,正确处理个人利益和教育事业的关系。

(2)坚守教育岗位,认真工作。班主任要把忠诚党的教育事业的高度热忱同科学的教育方法与实干精神结合起来,处理好教与学及德、智、体、美、劳等多种关系,认真细致、兢兢业业、勤勤恳恳地进行教学工作。

(3)不讲条件,不计较待遇,积极工作,无私奉献。班主任工作十分辛苦,责任大,任务重,必须认清班主任的历史使命和社会责任,以强烈的事业心和高度责任感,自觉地将国家的需要、人民的利益放在第一位,不计较个人得失,唯求培养一代新人,提高全民族素质。

(4)努力学习,精通教学。班主任忠诚党的教育事业,必须不断努力学习政治理论,以提高思想政治素质;努力学习教育理论和教学业务,以提高业务素质;努力学习专业理论、知识和技能,以提高教学质量,从而胜任教育工作,卓有成效地完成教育工作任务,使忠诚党的教育事业落到实处。

(5)开拓进取,勇于创新。教育是塑造人的工作,社会主义的教育事业是一项崭新事业,班主任必须有强烈的创新意识,敢于走出新路子,开拓新领域,以改革的精神去从事教育工作,进行教育教学活动。

2. 贯彻党的教育方针

党的教育方针是无产阶级教育理论在我国的具体化,它规定了教育的根本任务,是做好教育工作的指南,也是班主任从教的指导原则。它对班主任的基本要求是:

(1)认真学习和领会党的教育方针,掌握党的教育方针的内涵及实质,从教育的社会性及其内在的规律性,加深对党的教育方针地理解,从而全面、准确地贯彻执行党的教育方针。

(2)正确处理德育、智育、体育的关系。党的教育方针是"应该使受教育者在德育、智育、体育几方面都得到发展,成为有社会主义觉悟的有文化的劳动者"。班主任贯彻党的教育方针必须把德育放在首位,德育对智育和体育起着保证方向、增加动力、坚定意志的作用,是起领先的、决定的作用;智育既是社会主义建设所需要的,又可为德育奠定基础。班主任必须在智育中做到有的放矢,引导学生联系实际,自觉地从科学文化知识中吸收思想营养,并能化为正确的观点和信念;体育可使学生获得健康的体魄和充沛的精力,不仅可以为今后从事社会主义建设奠定体力基础,也有利于德育、智育地顺利进行。

(3)贯彻教育方针,遵循教育规律。教育过程是一个特殊的认识过程,应以传授间接经验为主,但要处理好间接经验和直接经验的关系;在传授知识的同时,要重视培养学生的能力;既要发挥班主任的主导作用,又要调动学生学习的主动性和积极性。

(4)贯彻教育方针,总结教育经验。班主任在贯彻教育方针,进行教育教学活动的过程中,应认真地总结贯彻教育方针的经验和问题,按照无产阶级的教育理论和党的教育方针以及社会主义经济建设的客观要求,确立面向现代化、面向世界、面向未来的教育思想,并研究建立以辩证唯物主义的认识论为基础的启发式的教学方法。

(5)明确培养人才的标准。应该培养新时代需要的有理想、有道德、有文化、有纪律,热爱社会主义祖国和社会主义事业,具有为国家富强和人民富裕而艰苦奋斗的献身精神,不断追求新知识,实事求是,独立思考,勇于创新的人才。

班主任的政治理论素养

政治理论是论述国家、阶级和政党的理论。作为教育人、培养人的班主任,要教育培养出社会主义建设的合格人才,必须首先具备政治理论素养。政治理论素养居于文化知识素养、管理理论素养和教育理论素养的指导地位。班主任没有政治理论素养,就失去了政治灵魂,也就失去了教育的方向。

班主任的政治理论素养,首先要求班主任要有党的四项基本原则的理论。四项基本原则是我国革命和建设经验的科学总结,四项基本原则规定了我国现阶段和今后的发展方向,规定了国家的体制、共产党的领导地位以及社会主义革命和建设的指导思想。四项基本原则是全党全国各族人民团结的共同的政治基础,是指导社会主义现代化建设事业顺利进行的理论。班主任掌握四项基本原则的理论对培养社会主义革命和社会主义建设事业的接班人是至关重要的。

班主任的政治理论素养还体现在马克思主义哲学的理论素养。马克思主义哲学,即辩证唯物主义和历史唯物主义,是对自然界、人类社会和思维发展的最一般规律的科学总结。它是无产阶级的世界观和方法论。马克思主义哲学的产生是哲学史上的伟大革命。它在本质上不同于过去的一切哲学,是人类哲学思想发展的全新的阶段。它具有两个最显著的特点:一是阶级性,公然申明自己为无产阶级和广大人民的解放事业服务;二是实践性,第一次把实践的观点引入认识论,强调理论对实践的依赖关系,理论的基础是实践,又转过来为实践服务,并接受实践检验。马克思主义哲学既有高度的革命性,又有严格的科学性,不但科学地说明世界,而且指导人们改造世界。班主任要具备马克思主义哲学素养,要善于教育学生坚持唯物主义,反对唯心主义,坚持辩证法,反对形而上学。引导学生确立无产阶级的世界观、人生观,防止唯心主义横行,把对一切事物的认识纳入到科学轨道上去。

班主任的政治理论素养还包括掌握马克思主义政治经济学理论,它是由马克思和恩格斯创立的研究社会生产关系即经济关系的科学。它阐明了人类社会各个发展阶段的支配物质资料生产、交换和分配的规律。马克思和恩格斯运用辩证唯物主义和历史唯物主义,批判地继承古典政治经济学的研究成果,全面、深入地研究了社会经济关系,特别是资本主义的经济运动规律,使政治经济学建立在真正科学的基础之上。马克思和恩格斯为人类揭示出资本主义必然灭亡、社会主义必然胜利的社会规律,指出无产阶级的伟大历史使命就是推翻资本主义制度,实现社会主义和共产主义,最后消灭私有制和阶级。在帝国主义和无产阶级革命时代,列宁创立了关于帝国主义的理论,提出了关于社会主义革命和社会主义建设的许多新原理,把马克思主义政治经济学推进到一个新的阶段。马克思主义政治经济学在我国社会主义革命和建设中仍在继续丰富和发展之中。马克思主义政治经济学是革命性和科学性的高度统一,是无产阶级政党制定路线、方针和政策的理论基础,是实现社会主义、共产主义的强大理论武器,所以说,马克思主义政治经济学不能不包括在班主任的政治理论素养之中。用马克思主义政治经济学理论武装班主任头脑,认识社会发展规律,明确奋斗方向,坚定为共产主义奋斗的信心,对教育学生具有重要的意义。

班主任的政治理论素养还包括共产主义道德理论的修养。共产主义道德理论是无产阶级的阶级地位、阶级属性和历史使命上升到理论上的认识。我们的社会是以共产主义高级阶段为前进目标的,我们必须在全社会大力宣传、提倡用共产主义道德理论教育人,调整人与人之间、个人与社会之间关系的行为规范。班主任是精神文明的建设者,对广大青年学生进行共产主义道德教育,团结友爱、互帮互助、尊重别人、先人后己、舍我为人、舍己为群、舍私为公等教育,都要拿出自己的道德理论的水平,不要就事论事,要以事论理,以理服人。这样无产阶级道德理论才能变为调整人与人之间、个人与社会之间关系的起行为规范作用的精神力量。

综上所述,班主任的言行举止包含着丰富的内容,在教书育人工作中发挥着重要作用。班主任要努力提高这方面的修养,使之不断充实、丰富和完善,使其对学生产生更大的魅力,引起仿效的心理倾向,增强教书育人的楷模性,为党和人民的教育事业做出更大贡献。

第三章

班主任的道德素质

　　何为和谐校园？和谐校园就是要创建诚信、友爱、人与人、人与物和谐相处的稳定有序且充满创造力的校园。创建和谐校园，要努力提高全校师生的道德素质。道德水平的好坏直接影响着学校综合素质的高低，也直接关系到一所学校能否建成和谐校园。班主任应该通过加强"学会做人"的教育，培养学生的基本道德素质。引导他们逐步确立科学的人生观、世界观，并不断提高社会上义思想觉悟，使他们成为构建和谐社会的一员。

品德的构成及实现过程

品德的形成过程是一个动态结构,它包含定向、操作和反馈系统。

品德的定向系统

品德的定向系统是社会道德规范的个体身上内化而形成的。这种内化表现为个体的社会化。所谓社会化就是个体在实践活动中,在环境和教育影响下,不断掌握社会经验和道德规范,形成与社会相一致的个性特征,并取得社会成员资格的成长过程,也可以说是个体不断纳入社会关系系统的过程。外部的社会道德规范以直观形象的或间接抽象的、语言的或非语言的、简单的或复合的等多种方式作用于个体,个体在与其他社会成员交往过程中,通过一系列心理活动把外部的这些作用转化为认识性的、情绪体验性的和意志性的经验或子系统,并形成具有个性特色的意向倾向子系统,即道德需要子系统,用以指导和调节自己的行为。正如朱智贤教授所指出的:"一个人出生以后只有天然的神经类型,还没有稳定的个性……儿童的个性最初是受外部事物制约的,是受个体的生理需要制约的。"因此,他的行为只能从属于当前的直接愿望。在儿童青少年身心发展的基础上,在环境和教育的影响下,他才形成是非观念、道德理想、道德信念、道德原则和观点,以至开始形成初步的有系统的人生观和世界观,他的行为逐步由服从当前的直接愿望发展到能够服从远大理想、信念、道德原则和观点。

品德的操作系统

操作系统是个体在具体的道德环境中,产生道德行为的一系列内部和外部过程组成的一个系统。它包括同化、外化和具体化三个过程。

1. 同化道德环境

当个体面临具体的道德环境时,把当前道德环境的内容纳入主体已具有的品德的定向系统中,行为定向系统对进入的信息进行加工,若符合原有道德经验(即原有心理水平),就把同化的结果转化为具体的道德动机;若不符合原有道德经验,要么停止活动,不产生相应的道德动机;要么根据反馈信息修改原品德的定向系统,产生新的定向系统。同化道德环境又可分为如下三个过程:一是认知当前情境,把自己纳入人际关系系统;二是认知情境结果与品德的定向系统联系的过程;三是自我设想过程。

2. 外化过程

同化过程是把外部具体的道德情境转化为一系列内部过程,那么这一系列内部过程怎样转化为外观的行为呢? 这就是外化过程。这外化过程一般又包括下面四个过程:一是明确道德问题。道德行为是一个人理解和解决道德问题的有目的的活动,它总是在一定道德需要的作用下,从指向道德活动对象开始的。二是确认道德途径。一种道德途径的确认,主要取决于道德动机的斗争的状况和道德习惯的作用的程度,在这两个因素的支配下,主体确定怎样的行为途径才是道德的。三是做出道德决策。一个道德活动往往由以下三个变量组成:人、任务(或目标)、策略。决策问题或策略问题,是品德水平的直接体现,是道德行为的基础。四是实施道德计划。体现品德价值的,最终是从具体的道德计划到道德行为的实现。实施道德计划是付诸道德行动的前提。

3. 具体化过程

具体化过程是把外化过程产生的内部的结果转化为外观的行为,通过行为产生的社会效果达到自己的道德目的。但是不是所有情况下的外化过程的结果都能具体化,常常有知行脱节现象。知行脱节说明即使儿童有道德认识,甚至有道德动机时,不一定都有相应的道德行为,他的道德动机可能会被其他动机取代,从而做出违反原动机的行为。道德行为的核心是自我调节技能,自我调节技能的水平高低又直接取决于品德的定向系统的发展水平。

操作系统的同化、外化、具体化三个过程只是按道德行为产生过程的时间顺序的逻辑分析,并非在具体道德情境中,个体都要通过每一环节的细小过程。这是要对具体道德问题而做具体的分析。操作系统的三个环节是相互联系的,同化与外化是具体化的基础,具体化产生的影响对前二者又有反作用。这种联系和相互影响表现为在操作过程中伴随有反馈调节现象。

品德的反馈调节系统

这种子系统在个体产生道德行为、达到目的的过程中是客观存在的,而且是不可缺少的。个体根据反馈信息来不断调节自己的行为,使之符合道德规范,满足道德需要。

品德的反馈调节系统的分类尽管复杂,但不外乎是两种:反馈从其信息的来源上分类,可以分为自我反馈和他人反馈。前者是个体在活动中,根据对自己或他人行为影响及其后果的认识来调节自己的行为。后者又叫"镜像自我",它是通过别人的态度和评价,并通过别人的态度和行为按角色期望不断调节自己的行为或塑造自己。反馈从其在行为产生过程中发生的时间上分类,可以分为预期反馈和倒摄反馈。前者发生在行为具体化之前的环节中,在主体同化道德环境之后,在道德动机驱使下制定行动计划时对行为后果的设想,并根据设想的行为结果来确定行动计划。后者多发生在具体化过程中,主体已形成的行为产生了影响,通过他人的评价反作用于主体,使主体调节自己的行为。无论是自我反馈或他人反馈,还是预期反馈或倒摄反馈,都必须通过自我意识才能达到调节行为的作用。而如何调节行为取决于反馈性质和自我意识水平;反馈的性质决定于品德的定向系统对环境的加工,如果外部道德要求与定向系统一致则产生正反馈,加强行为动机,否则减弱或消除行为动机。

品德结构的组织形式中的三个子系统相互联系、相互制约,构成了一个较大的系统;同时这个系统又与外在的道德环境发生联系,构成了一个更大的系统。

班主任道德行为作用的过程

马克思主义认为,任何存在的基本形式是空间和时间。师德及其作用存在于广阔空间的不同领域,同时又存在于不同的具体过程。

行为过程

师德在教育和自我教育过程中的作用不是抽象的,而是体现在具体的行为过程。班主任的行为具有不同的形式和层次。有目的有意识的行为可称为社会行为;在一定道德意识支配下表现出有利或有害他人的行为叫道德行为,道德行为往往是同其他社会行为相结合的。班主任在教育过程中的行为可分为道德行为和具有道德意义或社会意义的一般行为;前者如班主任对学生、对同事、对集体、对个人利益的态度和行为,后者包括具体的教育教学工作、学习进修等。班主任的行为选择取决于道德修养和道德意识。

道德不是仅在行为的某一时间或某一阶段起作用,而是在行为的全过程起积极作用。其一,产生动机。动机是启动班主任有目的行为的内部动因和动力。由道德义务感、责任感引起的行为,就是道德动机,它是班主任的多方面、多层次的动机系统的重要组成部分。班主任具有共产主义道德意识和品质,就会产生自觉维护学生、他人和社会利益的愿望、倾向和力量。其二,确定目的。目的是由动机引起的某一社会行为所必须达到的目标或要求,道德原则和规范对行为目的起着导向作用,促使班主任根据现代化育人的总目标,确定具体的行为目的,选择适当的行为方式,采取正确的方法和手段。其三,调节行为。班主任行为的目的实现是比较复杂的行为过程,多种因素互相影响、互相作用。例如一项教育工作,既有家庭、社会的外部因素的影响,又要受到学校教育条件、学生基础等内部因素的影响,还要受到班主任的知识、能力、身体等主观因素的制约。这就决定了行为过程的复杂性,需要道德意志、情感发挥命令、控制和调节作用,使行为过程持续到目的的实现。其四,评价行为。道德评价是调节班主任行为符合道德规范的手段,也是自我教育和修养的重要形式。班主任以一定道德规范和价值尺度为标准,坚持动机与效果的辩证统一,就可以对自身行为的是非、善恶、美丑、荣辱等进行褒贬扬抑,从而自觉选择正确的行为。上述几种作用在行为过程是互相联系的,不可截然分开。同时,师德在不同行为过程的作用不是同等的,它对道德行为起决定作用;对一般社会行为起着调节、促进、推动作用。

行为影响过程

师德不仅直接作用于行为过程,过程结束后,道德意识和行为的影响仍然存在。精神现象不同于物质现象,精神生产不同于物质生产劳动。在改造自然界的物质生产中,过程消失在产品中。包括教育在内的精神劳动产品则是"劳动与劳动过程结合在一起的"。教育劳动的产品是能够继续自我发展的人,而班主任对这个人的影响是不会消失的。

师德行为影响也是多方面、多渠道、多层次的。首先,从自我影响来看,道德认识具有迁移性。班主任行为过程所展现的道德认识、意识、意志、情感等,不仅继续存在,并且通过自我体验和评价而提高或深化,如坚定内心信念、加深道德情感、强化道德动机等。而这些道德因素又能导致新的道德行为,并对新的行为过程产生积极影响,例如,一个班主任实现了转化一个差生的愿望,可能引起转化多个差生的动机和行为。其次,从交往双方看,师德具有交流性。它体现在师生之间、班主任之间、班主任和他人之间的道德场合和交往过程。如班主任尊重家长,会引起家长尊师重教,交往双方都会受到道德的感染而紧密配合。第三,从人的多边交往来看,师德的影响和作用具有广延性。班主任的道德意识和行为还会通过双方各自的多边交往及道德舆论而影响学校以至社会群体。班主任为人师表的影响力取决于行为的社会效果和社会意义,优秀班主任崇高的精神境界和道德品质能够对教育系统和社会发生广泛的影响;取决于道德舆论,能扩大班主任的师德影响的时空范围;也取决于道德信息接受者的筛选和反馈。

职业活动过程

师德对班主任职业活动的作用不仅作用于班主任工作的初期或某个时期,它具有终身性。班主任的职业活动是不同时期各种道德行为和社会行为的总和。职业道德始终和职业相联系,它在班主任的不同时期的作用不是时隐时现的,只是由于主客观条件不同,师德的具体作用会有所不同而已。班主任的青年时期,精力充沛,思想活跃,但思想情感容易受到外界影响,不善于处理复杂的道德关系,需要道德的指导,不能锐意进取。班主任的中年时期,年富力强,是事业的最佳年龄期,但负荷重大,家务繁重,需要道德的力量,才能大有作为。班主任的老年时期,经验丰富,但身体渐衰,需要道德的支柱,才能继续为教育事业努力工作。可见,班主任的不同时期是师德的形成、发展和完善过程,也是师德持续不断地发挥积极作用的过程。

师德的职业过程作用的终身性是由其作用的独特性决定的。师德的作用不因班主任年龄的增长而削弱。年龄增长是自然过程,道德修养及其作用是社会过程,不会自然增长或削弱。师德水平及作用取决于一定客观条件下的自我努力。如果班主任不断加强自我修养,其道德品质也会随着年龄增长而逐步发展、成熟,在处理复杂的道德关系时的行为选择,就会具有高度的自觉性和倾向性,而不是艰难和痛苦的选择,就能把更多的精力集中在学习和事业上,而不至分散在"精神消耗"中。这正是师德作用充分发挥的表现。师德的作用不因班主任工作经验的积累而降低。丰富的工作经验有助于提高工作效率,但工作经验不等于道德经验,业务素养不等于道德素养。决定工作成效的主观因素也是多方面的,道德的动力作用、调节作用是其中的重要因素之一。经验丰富而道德低下的班主任不可能在事业上大有长进。师德的作用也不因班主任生活条件的逐步改善而递减。我国社会生产的发展水平速度高,个人的物质需要也在不断变化,因此个人利益与整体利益的矛盾还会发生,同时不同职业的福利待遇的差别也会存在,而它在此外的作用领域十分广阔。总之,班主任终身以育人为业,在其整个教育教学过程和自我教育过程,师德的调节、指导、教育、批判等作用是独特的,不可代替的。

班主任必须注重自己的道德行为

班主任之所以必须注重自己的道德行为,是由下述原因决定的:

第一,从班主任工作的性质看:班主任培养人的工作性质,决定了为人师表是班主任职业道德的一条重要道德规范。所谓"师者,人之模范也",就是说当班主任的应做人的表率。因为班主任的一言一行、一举一动对青少年学生都具有教育性、示范性和影响力,时时处处都对他们起着耳濡目染、潜移默化的作用。我国各级各类学校的班主任,为了完成党和人民交给的为现代化建设培养合格人才的重任,必须时刻检点自己的行为,看看自己的道德言语、道德行为、道德习惯是否堪当表率;必须以身作则,严格要求自己,凡是要求学生做到的,自己首先做到,凡是要求学生不做的,自己绝对不做。只有这样,才能有效地教书育人。

第二,从身教重于言教的角度看:我国古代教育家孔子说:"其身正,不令而行,其身不正,虽令不从。"说明身教的重要。对班主任教育学生来说,言传固然重要,但身教更重于言教。班主任的身教,是实践着的形象化的直接、具体的行为,看得见、摸得着,具有较大的感染力和说服力,是班主任教育学生的重要力量与手段。学生对老师不仅"听其言",而更要"观其行"。有位治学严谨、教学认真的老教师,为了不耽误学生的课程,在学校教师紧缺的情况下,经常带病坚持上课,有时晕倒在课堂上,这位老师的这种举动,赢得了学生的尊敬和爱戴,激发了学生的学习责任心。每当这位老师来上课时,学生就在讲台后摆好一张椅子,让他坐着讲。而且他所带班的学生不仅课堂上认真听讲,并且课后还经常议论如何以学习好的实际行动,来报答老师的辛勤劳动。相反,如果班主任行为不端,言行不一,在学生面前是不会有威信的。

第三,班主任的行为受着最严格的监督:班主任要处处为学生做出表率。在学校,学生密切地注视着班主任的一举一动,把班主任的言与行相对照,把班主任的言行同公共道德标准相对照,严格地评议班主任。对此,加里宁作了形象的比喻:班主任每天都仿佛蹲在一面镜子里,外面有几百双精细的、富于敏感的、善于窥视出班主任优点和缺点的孩子的眼睛,在不断地盯着他。世界上没有任何人受到这样严格的监督。在校外,班主任的行为还要受到家长、社会的监督和评价。因此,作为班主任,比任何从事其他职业的人更需要严格要求自己,更必须注重自己的道德行为。

总之,班主任注重自己的道德行为,是为了不断完善自身的道德品质,并运用道德行为这种教育手段,有效地教书育人。对此,班主任要有高度的自觉性,要不断增强自己道德行为的责任感,严格要求自己,把自己始终置于学生、家长和社会的监督之下,使自己的道德行为日臻完美,更好地完成党和人民交给的教育教学工作任务。

班主任的基本道德行为准则

以身作则、为人师表是班主任的基本道德行为准则。主要体现在以下方面:

由职业性质决定

1. 以身作则、为人师表是由班主任劳动特点决定的

班主任从事的工作是培养人、塑造人的工作,班主任劳动最有影响力的手段是"言传身教",也就是说,班主任是用自己的学识、思想品质,用自身的人格、言行举止来作为言传身教的内容对学生进行教育,无论哪个层次的学生都自觉不自觉地以班主任为榜样,班主任是学生做人的重要参照对象。人们常说的"班主任是镜子,学生是班主任的影子",就充分说明了班主任的言行在学生发展中的作用。这正如俄国教育家乌申斯基所说:"班主任的人格对于年幼心灵的影响是任何教科书、任何道德格言、任何惩罚和奖励制度都不能代替的一种教育力量。"班主任的人格如何,是决定培养什么样人的关键。因此,班主任劳动的表率性、主动性、示范性决定了班主任必须做到以身作则、为人师表。

2. 以身作则、为人师表在学生人格发展中的作用

一般来说,中小学生都有"向师性"。任何一个学生都愿意和班主任接近,都愿意听从班主任的教导,和班主任交流自己学习和生活中的感受,和班主任交朋友。有人形象地说:"学生就好像花草树木趋向阳光一样,趋向教师。"据调查,学生对班主任有亲近、感激与仰慕的心理,在心理的比重上约占80%。在小学生中班主任更是绝对权威,尤其是小学低年级的学生。

(1)以身作则、为人师表是"无声的教员"。青少年学生正处在接受教育能力最强的时期,学生经常与班主任接触,班主任的道德风貌、思想情操、举止行为无一不起着直接的影响和熏染作用。要照亮学生,班主任心中首先要充满光明;要点燃学生,班主任心中首先要有火种。班主任希望把自己的学生引向光明的人生道路,激发学生对真善美的执著追求和全心向往,就应该先具备这些品质,以自己作为榜样去教育和影响学生。

从教育心理学的角度来看,班主任以身作则、为人师表,是形成班主任榜样的决定性因素。如果一个班主任品德高尚、治学严谨、衣着整洁大方、举止文雅、语言文明、言行一致、礼貌待人、以身作则、为人师表,很自然地就会成为学生心目中的典范和榜样。班主任的仪表、生活作风和习惯,对班主任榜样的形成有重要影响,因为班主任的仪容体态,对幼儿园、小学、中学生影响较大。班主任仪容不整,反映其精神面貌不好,身着奇装异服,也有损严肃端庄。只有仪表大方、衣着整洁、朴素自然,才能引起学生的尊重和好感。所以,仪表体态和榜样形成息息相关。

当然,班主任的榜样也不是一成不变的,它可能继续保持也可能逐步上升,也可能逐渐下降。关键在于班主任以身作则、为人师表的程度。实践证明,班主任要恢复已经失去或降低了的威信,必须付出极大的代价。在多数情况下,恢复自己已经丧失的威信,要比获得威信困难得多。

(2)班主任以身作则、为人师表,是有效地影响学生的前提条件。一般说来,一个班主任以身作则、为人师表的程度越高,他的威信就越高,对学生影响就越大,教育教学效果就越好。加里宁曾经说过:"班主任的世界观,他的品行,他的生活,他对每一现象的态度,都这样或那样地影响着全体学生……"可以大胆地说,如果班主任很有威信,那么这个班主任的影响就会在其学生身上永远留下痕迹。对儿童教育来说,班主任的思想与他个人品质是分不开的,一个受学生爱戴的班主任所说的话,和一个与他们格格不入的且受他们鄙视的班主任所说的话相比,学生们接受起来是完全不同的。从后者口中说出的即使是最崇高的思想,也会变成可憎恨的东西。班主任的以身作则、为人师表之所以有巨大的教育作用,这和学生情感的倾向性有关,尤其是低年级学生,当班主任在学生心目中"神圣化"了时,他不仅佩服班主任的人品,而且也相信班主任讲的道理,他们会"对自己所尊敬的班主任的一切言行都会毫不怀疑地接受和仿效"。即使班主任的言行有某些不周或失误,他们也往往从积极方面理解。

由工作要求决定

以身作则、为人师表是教育、教学工作得以顺利进行的重要条件。班主任对学生的教育是多样化的,但归根到底不外乎"言传"与"身教"两大方面。孔子是我国教育史上第一个提出"以身作则"教育原则的教育家,他说:"君子耻其言而过其行。"又说:"子帅以正,孰敢不正?"同时主张"无言"以教。孟子也曾指出:"教者必以正。"如果自己"身不行道",受教育的人就会提出非议:"夫子教我以正,夫子未出于正也。"这样就难以沟通师生间的感情,也就难以使教育教学工作顺利进行。西汉教育家董仲舒则主张:"善为师者,既美其道,又慎共行。"唐代教育家韩愈也强调"以身立教",认为只有这样进行教育才会"其身之正其教存"。

在我国现代教育史上,著名的人民教育家陶行知以"捧着一颗心来,不带半根草去"的高尚情怀,献身教育。他一向提倡"教师应当以身作则""以教人者教己"。著名教育家叶圣陶主张"身教最为贵,知行不可分"。他指出:一个学校的班主任能为人师表,有好的品德,就会影响学生,带动学生,使整个学校形成一个好校风,这样就有利于学生德、智、体全面发展,对学生的成长大有益处。

作为一名班主任,在教育教学中若能做到以身作则、为人师表,学生就会产生一种"亲其师,信其道"的心理倾向。在这种前提下,班主任对学生思想品德的培养和文化知识的学习等方面的要求,就可以较容易地转化为学生的自身需要,从而加强学生在学习和修养过程中的主动性、积极性。有了以身作则、为人师表这个条件,班主任的表扬就能唤起学生欢愉的情感,并使其产生要学得更好和做得更好的意愿,班主任的批评就会使学生感到惭愧和内疚,从而唤起改正错误和提高自己的决心和毅力。如果班主任不能做到以身作则、为人师表,学生就会以不信任甚至鄙视的态度来对待他,对于这样的班主任,学生受到表扬时不以为然,受到批评时则会敌意顿起。

班主任道德行为的选择

班主任道德行为的选择包括以下几个方面:

班主任道德行为选择的界定

要研究班主任道德行为选择的性质,揭示班主任道德行为选择的机制,首先要弄清选择的含义。选择的字面含义是"挑选",指在两个或两个以上的对象中间做出取舍。选择作为一种现象,可分为自然选择和社会选择。自然选择是自然条件发展变化引起的,比如生物为了适应自然界的变化的优胜劣汰、遗传变异等。社会选择则是社会规律发展的结果。社会选择的主体是人,故而社会选择说到底是人的选择,是人在各种的可能性中反复进行比较、权衡,选出最符合主体意志,最能达到主体目的的东西,社会选择是社会发展的必要环节和手段。

选择活动是人类自我意识产生之时开始的,在人类社会早期,由于人在自然必然性面前始终处于受支配的地位,这样受到极大的限制,人们还没有形成自觉的选择意识。随着人类劳动分工越来越细,人与人之间由于社会交往的日渐频繁而确立了多种多样的关系,也形成了多种多样的要求,从而不仅有了选择的可能,而且选择的范围也逐渐扩展。在近代,资本主义生产方式更加拓展了人的活动范围和视野,商品经济滋生了人的价值意识和选择愿望,于是选择受到了更加广泛的重视。以达尔文为代表的进化论把选择应用于人的历史,认为人是进化的产物,是适者生存、劣者淘汰的结果,这就是著名的"自然选择说"。但这种选择忽视了人作为进化主体所具有的能动的自我选择性,过分强调自然支配,以致把自然规律直接应用于社会,形成了社会达尔文主义。康德最终完成了自然规律与社会规律分开,把前者归于必然,而把后者归于选择。康德认为,认识和道德是两个截然不同的领域,道德高于认识。道德的对象是自由的规律,是人的实践精神自我立法和自我选择、出乎人的善良意志的行为,只有经过人自由选择的东西,才是道德的。

从自然必然性过渡到人的自由选择,是人类精神的又一次飞跃。马克思主义通过论证这一飞跃的实践基础而肯定了它的革命意义,这就是以自由选择为特征的认识主体和实践主体,是人类社会完善的推动者,社会的发展主要是通过人的自我选择实现的,有目的有意识的选择促进了人的智力和体力、社会组织、社会生活有序发展。社会中的每一个成员都负有选择的使命和责任,放弃这种使命,就是放弃做人的资格,就是把自己降到物的水平。

社会不断发展,社会生活日趋复杂,人的选择也越来越具有多样性。从选择的全体看,有个人的选择和群体的选择;从性质上看,又有主动的选择和被动的选择;从过程上看,还有认识选择、情感选择、行为选择和交往选择等等。这些选择互相影响,构成不同生活领域里的选择,如政治选择、法律选择、经济选择、宗教选择和道德选择等等。

道德选择是一种特殊的社会选择,它渗透于人类道德的一切领域,不仅包括行为动机、意图、目的选择,而且包括行为的方向、过程、结果的选择;不仅表现在主体道德行为的外在方面,如行动、交往调节等道德实践活动,而且表现在主体道德行为的内在因素,即认识情感、意志等精神活动上。反过来讲,人类道德的一切内容无不具有选择的意义。人生观、人生价值是对生活方式的选择;人生理想、人生信念是对生活道路的选择。不仅道德原则、道德规范指导着人们的行为选择、交往选择,而且道德认识、道德情感也标志着人的选择方向和选择手段。班主任道德行为选择就是班主任在一定的道德意识支配下,根据一定的道德标准在不同的价值准则或善恶冲突之间所做的自觉自愿的抉择。它把班主任内在的价值观念、道德品质等以行为活动的形式呈现给自己或别的人,同时又表现出班主任为达到某一道德目标而主动做出的价值取向。

班主任道德行为选择的心理机制

班主任道德行为选择是班主任认识、权衡、取舍的复杂心理活动过程,是班主任完全自觉进行的。班主任道德行为选择的进行来自于认识的选择性,又依赖于情感,还要借助于意志。知、行、意是人类心理活动的三个基本因素,它是班主任道德行为选择的心理活动过程。以它们为基础,构成班主任道德行为选择中最直接作用的心理机制。

1. 班主任道德行为选择来自于认识的选择性

认识是人类最早发展起来的一种选择活动,也是道德选择的基本心理依据。认识是认识主体对客观世界与主观世界的一种反映形式,它通过感觉、知觉和表象等感性认识及概念、判断和推理等理性认识而实现的。认识是能动的,它不是镜子的客观反映,总是带有鲜明的指向,选择性正是认识能动性的一种表现。

认识的选择性,表现在班主任信息感知模式上。班主任总是从自身的角度出发去感知客观外界的,这就决定了对外来的信息并非全部接收,而是有选择的对待,仅仅接收那些符合自己感知模式的信息,对于那些不符合自己感知模式的信息他往往会视而不见,听而不闻。感知模式是班主任经验积累的结果。在道德领域,班主任的道德经验往往积淀为一定的价值感知模式,形成自我独特的取舍标准。凡是与这一模式一致的行为关系、规范就会受到认同,并迅速地纳入到自己的知识结构之中,成为认识成果;反之,就要受到排斥。

认识的选择性也表现为认识的定势和期待。定势是指认识发生前的心理准备状态,是一种心理倾向。这种带倾向性的心理状态使认识具有一定的方向性,使认识一开始就指向特定的对象和一定范围,去捕捉特定的信息,而绝不是不着边际,在道德认识中,心理的定势表现为道德的定势。班主任往往根据自己的道德修养,按自身的道德习惯去对待事物,获取程度不同的认识结果。比如在自我认识这一问题上,人们一般能够比较正确地认识自己的长短,对自己负责,而道德境界比较高的班主任不仅能对自己的行为进行反思、内省,还在道德行为上表现出强烈的使命感。

对待同一道德榜样,从学习其行为到学习其精神,也表现出不同的方式,这就是班主任认知定势在起作用。认知定势使班主任能认识到特殊的对象,从而选择地接受信息。但是不正确的或过强的定势,又会使班主任产生偏见,妨碍班主任的全面认识。

认识的选择性还表现在班主任的注意上。注意使班主任在认识过程中,专心致志向着认识的目标前进,走向认识的深刻与透彻。注意与感知模式和认知定势的不同在于它具有暂时性和变动性。人不可能长时间保持注意,也不会只是注意某点。正由于注意不断变化,才使我们的认识面逐渐扩大。在道德认识中,注意也同样影响认识内容、对象和程度。注意自身道德修养的老师,往往会当心自己行为的道德价值和影响;注意建立良好人际关系的班主任,往往会细心观察,认真研究人际关系的特点,从而学得这方面的知识。

2. 班主任道德行为选择又依赖于情感

情感是主体对客体的感受、体验,进而发生兴趣,建立感情,并在各种情境下通过情绪表现出来。情感是人类道德发生的直接心理基础,也是班主任道德行为选择的重要心理依据。班主任道德行为选择中的情感通常由兴趣、情绪和情感三个环节组成,每一个环节都具有独特的选择作用。

兴趣,是人在外界感受、体验的基础上,由欲望转化而来,动物的欲望不过是求生本能的驱使,人的欲望却是有指向、有目的的,这种指向性和目的性使人对某一对象发生兴趣,然后,就会专注于这个对象,产生对它的情绪上的吸引力。在人的体验中,不自觉地选择了这个对象,因此,兴趣又代表着主体的价值取向,反映了主体的需要和所处的社会条件,在主观性的态度中包含着某种客观性的内容。

情绪和情感更具有选择意义。情绪和情感是有区别的。情感是个性的稳定结构和特点,是比较深层的、稳定的东西,是不能测量的,只能通过情绪感受它;情绪是情感的外在表现,是情感在特定情境中的流露,并随情境转移而变化。情绪又是起伏不定的,一定的情感,可以表现出各种不同程度、不同形式的情绪来。人的情绪不同于动物的情绪,人的情绪具有社会性。马克思说:"激情、热情是人强烈追求自己对象的本质力量。"

情绪通常表现为两极:喜悦—悲伤,爱—憎等等,因而情绪选择的基本形式也相对有肯定和否定两种。情绪性选择具有三个特点。其一,强烈性。一旦对某对象表现出选择情绪往往会发展到极端,主体将会有自己全部身心力量维持这种情绪,如平常所讲的"怒发冲冠""恨之入骨""喜上眉梢"等等。其二,感染性。对一个对象,单个人的情绪选择表现为某种态度,这种态度会迅速感染周围的许多人,使之也持大致相同的态度。其三,弥散性。爱、憎、悲、喜等情绪,往往在不自觉中扩展了范围,喜欢某人,常常会"爱屋及乌",而讨厌某事,也会连带着讨厌所有与此相关的东西。不仅如此,而且情绪持续越久,对象范围扩展越大。

情感,包括道德感、理智感和美感,是个体情感中的最高层次,也是最具有社会性的情感,其选择作用尤为突出。以道德感为例。道德感是人们自觉学习、修养、实践而获得的稳定品质,具体有责任感、是非感、荣誉感、羞耻感等等,其中每一种都具有特殊的选择意义。例如,是非感使人自觉规范行为,选择符合社会道德准则的行为并谴责相反的行为。责任感使人自觉履行责任和义务,谴责不负责任的行为和事件。

3. 意志就是根据自觉确立的目的来支配、选择、调节自己行为的心理过程

它不满足于认识和体验、意念和情感,而且把内部的情感、主观的认识转化为外部活动。它通过决定和选择,使主体的认识和情感互相作用,形成一定的倾向和目的。这个决定和选择,是在多种可能性中,经过理智而审慎的权衡比较而做出的,完全符合主体的认识和情感倾向,而绝不是盲目的。选择和决定的过程中,意志的独立、果断能帮助主体排除各种干扰,坚定选择和决定的信念和决心。黑格尔说:"意志通过做出决定而设定自身的特定个人的意志,把自己与别人区别开来的那种意志。不做什么决定的意志不是现实的意志。"可见,意志表现出主体的自主、自控状态,为班主任道德行为选择奠定了基础,是一种直接的、现实的选择机制。

班主任道德行为选择的社会机制

班主任道德行为选择不仅具有一定的心理机制,而且具有一定的社会机制。所谓机制,就是一种结构和活动原理。班主任道德行为选择的社会机制就是班主任道德行为选择是怎样在社会结构中进行的。因此,我们必须从社会生活中来把握班主任道德行为选择的特点、过程和规定性。

社会是由多层次并存、多领域互接所组成的有机体,每一个层次都有相应的道德要求,依据社会层次在社会中地位的高低不同而要求的标准高低也不同,高低不等的层次形成了由低到高的道德规范体系。同时,社会的各个领域也有各自不同的具体道德要求,如全民共同的社会公德、家

庭中的家庭婚姻道德、各行各业的职业道德等等。在教育领域里主要表现为班主任职业道德。这些不同的道德既各自独立，又相互联系和相互影响，组成了横向的道德关系网络。纵向的道德规范体系和横向的道德关系网络两者相互交织，为班主任道德行为选择提供了可能性和必要性。

从可能性上看，多层次和多方面的道德要求，构成班主任道德行为选择的客观条件，班主任道德行为选择因此有了具体的场所、对象和依据。这种可能性随社会的进步、社会生活的日益复杂化而日渐增多。在人类社会发展的初期，单纯的生产关系决定了狭隘的道德交往，人们只能在有限的可能性中开展自己的活动，不可能进行道德上的选择。随着人类活动的分化，社会交往的频繁，人与人之间逐渐确立了多种多样的关系，也形成了多种多样的要求，从而为人们进行选择，特别是道德选择提供了场所和可能。但班主任道德行为选择的可能性不仅取决于社会生活，而且取决于社会制度。社会制度越专制，班主任道德行为选择的可能性越小。不打破社会的专制，班主任道德行为选择可能性就不能从极端的限制中解放出来，班主任道德行为选择也就失去了客观的前提。

从必要性上看，班主任是生活在一定的社会生活中，随时随地、每时每刻都面临很多可能，必须进行道德行为选择，这就是班主任道德行为选择的必要性。社会决定了班主任的身份和地位，也给每个班主任提供了各种选择的可能性，但这些可能性中哪一个可以成为现实，必须由班主任自己来决定。有的价值大些，有的价值小些。有的为班主任所喜欢，有的为班主任所讨厌。但道德行为上的选择并不仅仅出于情绪，而是根据自己的道德信念而进行的。比如，班主任不可能同时遵守各行各业的职业道德，而只能按班主任的职业道德要求来支配自己的行动。但不论怎样，只要生活在社会中，班主任就得做出选择，因为只有经过选择的生活才是他自己的生活。

班主任道德行为选择是一种特殊价值取向，它不仅仅必须面对多种可能性，而且要在价值冲突中进行，在不同的价值准则之间做出取舍，非此即彼。这无疑把班主任推向两难的境地，增加了班主任道德行为选择的困难，扩大了班主任道德行为选择的意义和作用。

价值冲突表现在班主任身上，是班主任所承担的道德义务的冲突。当一个班主任扮演一个角色或同时扮演几种不同的社会角色时，往往会在不同的道德义务之间造成冲突。根据引起冲突的原因不同，班主任的价值冲突有以下几种形式：

第一，由于社会或他人对班主任的期待或要求不一致所引起的班主任内心的矛盾。比如，作为一个朋友，应该互相帮助，履行对双方承担的诺言，这是社会对朋友这一角色规定的义务。但同时，社会又要求人做一个诚实的人，无论谁做了有损于社会利益的事情，都应加以阻止和告发。这两种义务反映到班主任头脑中，在特定的情形中会出现义务之间的冲突。

第二，由于班主任改变角色而形成的新的角色所承担的义务之间的冲突。比如一个普通班主任被提拔到领导岗位后，社会对他的要求就不仅是忠于职守，而且要正确决策，遇到该下决定时瞻前顾后，或不敢承担责任，就不能履行领导者的义务，从而在内心中形成冲突。

第三，由于社会的复杂性，一个班主任往往身兼几种社会角色，不同的角色往往赋予其不同的义务，从而形成义务间的冲突。比如，一个班主任在工作上要求承担教学和管理班级的义务，对家庭要履行赡养长辈、抚育后代的义务，对亲朋好友要履行互尊互助的义务，如果他是共产党员或共青团员，还应履行党章或团章的义务等等，而在特定时间同时履行这些义务，往往十分困难，从而造成义务间的冲突。在以上种种冲突的情况下，个人往往要做出选择，而究竟做何选择，又要依班主任的价值倾向、修养水平、理想信念而定。

价值冲突表现在社会中，呈现出两种性质不同的形式：一种是同一价值体系的不同道德要求之间的冲突，是大善与小善、高层次的义务与低层次的义务之间的矛盾；另一种是不同价值体系之间的对立，是善与恶、履行义务与不履行义务之间的冲突。

在同一价值体系中，存在着由低到高不同层次的道德要求，比如社会主义道德体系就是由包括一般的社会公德、社会主义人道主义、集体主义原则等在内所组成的梯级结构，这些不同层次的要求在本质上是同一的，但在特定环境中又会出现矛盾，形成价值冲突。又如班主任作为家庭一员、学校一员和社会一员，都承担着不可推卸的责任，家庭、学校和社会提出的要求又是不同的，履行对学校和社会的义务，就可能放弃家庭的责任。这种价值冲突同样迫切需要班主任做出选择。在复杂的社会生活中，普遍的道德要求与特殊的道德要求有时也会发生矛盾和冲突。如诚实守信，不说谎话是社会成员的基本道德品质，也是社会普遍的道德要求，但班主任面对狡猾的罪犯就不能完全诚实，这是对敌斗争的需要。

在同一价值体系内不同要求的冲突中，班主任要做出正确选择，需要如下几个条件：

其一，要确立从高到低的选择标准。任何道德体系都是由高低不同的价值准则组成的，以较高的准则作为选择的依据，就可以使选择者站在新的高度，判断出冲突各方的优劣。

其二，认清选择所要达到的社会目的，根据这一目的，把冲突各方分为有利于达到这些目的的和不利于达到的这些目的的。进而把前者再分为主要的和次要的，从而确立最有利于目的实现的选择。

其三，要培养和提高自身的选择能力，这是重要的条件。只有较高选择能力的班主任，才能在复杂的价值冲突中正确选择。选择能力的构成，除知、情、意三个要素外，经验是其中的重要成分。

在不同的价值体系之间同样存在着激烈的冲突。在社会主义社会，除了占主导地位的社会主义道德之外，还有历史遗留下来的封建道德和资产阶级道德。虽然后者在经济基础上和政治地位上已经丧失了体系的原有含义，但它们作为与社会主义价值体系根本不同的道德，仍在支配、左右着一部分人的思想观念、理想和行为。由于这几种性质上根本不同的价值观的存在，反映在具体行为中，反映在班主任的头脑里，就形成了价值的冲突。这种冲突与前一种冲突的不同之处在于它不是发生在价值与价值之间，而是发生在正与邪、善与恶之间。在这一种冲突中，主体或者择善去恶，或者趋恶远善，做何选择最能反映出主体的道德价值。由于社会发展的局限性，社会主义道德虽然有强大生命力，但还没有达到完善，生产力和生产关系决定了一时还不能消除腐朽道德的影响，所以，不同道德体系之间的对立还将是长期、广泛的。对于那些受不同道德体系影响的人来说，感受面临着这种冲突，常常会做出不符合社会期望的选择，而对于那些信奉社会主义道德的人来说，选择并不总是毫不犹豫的。

冲突要求班主任思考、抉择，这就是班主任道德行为选择的社会机制。

班主任道德行为选择的标准

班主任道德行为选择总要依据一定的标准才能进行。然而，任何标准本身的地位又是不确定的。在某种选择情况下，这一标准可能是最高的标准，而在另一种选择情境下，它又成为次要的了。因此，在班主任道德行为选择过程中，首先就会遇到标准的确定性与不确定性问题。

任何班主任道德行为选择都是根据一定的标准进行的，这就是班主任道德行为选择的确定性。一定的标准在价值体系中的地位是确定的，较低的价值则应从属于较高的价值准则,较小的标准应取决于较大的标准。标准的作用也是确定的,它决定着班主任的取舍,决定着班主任选择的价值。在价值冲突中,该标准促使班主任执行某个道德准则而违背另一道德准则,实现某种道德价值而舍弃另一种道德价值。正是由于标准的地位和作用的确定性,才使这一标准成为班主任某一选择过程中的确定依据。班主任道德行为选择的不确定性是指:首先,标准的确定依赖于班主任的认识。认识不同,或认识所达到的水平不同,班主任进行选择所依据的标准也不同。其次,标准的作用取决于它在道德体系中的地位。地位越高的价值准则,对选择的作用也越大。但由于价值准则之间存在着相互依赖、相互制约的关系,因此班主任道德行为选择的准则往往都不是绝对的,都不能包揽所有的道德选择。第三,标准的作用在具体的选择之中得以显现,不同的选择对标准的要求不同,而相同的选择也可以确定不同的标准,既没有可以普遍使用的抽象标准,也没有永恒不变的固定标准。只有在具体情境中发挥具体作用的具体标准。

班主任道德行为选择标准的确定性与不确定性是统一的。首先,两者是相互渗透,相互包含的。不确定性包含着确定性,否则价值准则就无法成为选择的标准,而确定中又包含着不确定性,因为确定的选择标准是从不确定的价值准则来的,只有确定性,选择标准就会僵化,变成形而上学的教条,最终束缚班主任的行为选择;而只有不确定性,选择标准又会无从把握,变成主观随意性的产物,使班主任选择丧失依据。其次,两者是相互转化的。不确定的准则一旦为班主任所确认,就会成为确定的选择标准,在这个范围内,标准具有最高的权力,决定着取舍。但一超出这个范围,此标准又会成为不确定性的,受其他准则制约和支配。

班主任道德行为选择的标准是班主任所确定的,这就又有一个主观性与客观性的问题。

选择标准的主观性决定了标准是具体的。班主任在进行选择之前,必须从自己的需要出发,确立标准,因此标准带着个人的色彩。班主任的感性欲望、理性情感、意志信念,都可以成为确定标准的因素。而诸多因素中最重要的是理性和理想。班主任道德行为选择是一种价值决断,仅靠感性的东西不行,必须把感性上升到理性,把需要上升到理论。理性、理想已经摆脱了个人的有限性,而进入到有限与无限相统一的领域。从现实与理想的结合出发而确定的标准不仅具有个人的主观性,情境的特殊性,而且还包含着社会的客观性、选择的普遍性。只有如此,标准才不再是个人意志的产物,而且个人与他人、个人与社会相互作用的结果,是班主任把握道德选择规律的结果。

选择标准的客观性决定了标准都是普遍性的。每一标准能够选用一类情境,而不是只可适用于一种情境。没有普遍化性质的标准,就不是道德行为选择的标准。客观标准是不承认个性的,它将一切选择都经过客观的审判,符合者方予以通过。但普遍性的标准最终必须落实在一定的选择中,成为具体的标准,从而多少具有个性特殊性和个人的主观性,也即把客观的道德规范化为人的内在要求,变为个人自觉的选择活动。因此,班主任的道德行为选择标准既不排斥主观性,也不排斥客观性,而是将主观性与客观性融于一体,达到二者的统一。

道德的基础是利益,班主任道德行为选择归根结底是利益的选择。因此,我们考虑班主任道德行为选择标准因素,又不得不考虑标准的功利性和超功利性。

所谓功利性,是说任何道德行为选择的确立,都是反映着人与人之间一定的利益关系的,都是为了达到某种利益的,离开了利益,班主任道德行为选择就失去了动力和依据,就会变成空洞的或虚伪的东西。马克思主义伦理学认为,世界上不存在纯粹的无功利的道德,道德是人们利益关系的反映,是受社会物质生活条件制约的。道德准则不过是利益的特殊表现形式或达到利益的特殊手段。由于这种准则转化而成的选择标准自然有了强烈的功利性。但是,选择作为班主任的一种完善的意志决定,所依据的不是眼前的班主任个人的利益,而是长远的整体的利益,是整个人类完善(其中也包括个人完善)的利益。

但班主任道德行为选择的标准又具有超功利性。首先,班主任道德行为选择的标准虽然来自利益关系,但它又具有相对的独立性,有着自己特殊的地位、职责和使命,这是由人类道德发展本身造成的,而与利益关系不是直接的、一对一的决定关系。其次,班主任道德行为的选择标准虽然反映着利益的要求,但正如上面所说的,这种利益是社会整体的利益,而不仅仅是班主任个人的利益。标准上面并不包含着具体的个人利益,不能指望它给自己带来好处。再次,班主任道德行为选择的标准在许多场合不但与班主任的利益无关,而且是刚好相反。标准要求班主任去选择那些具有很高价值的可能性,这种选择总是或多或少地需要班主任做出点个人牺牲。班主任道德行为选择正是在这种牺牲中显示出超功利性的光辉,也正是在这种超功利性中包含了最大的功利性。

班主任道德行为选择的功利性和超功利性通过班主任的实际选择而达到统一,追求功利往往是达到超功利即完善的目的的必要手段。同时由于社会生活中各种因素的交互影响,班主任道德行为选择的标准不能独立于其他标准之外,它的超功利性必须通过自觉地追求功利的选择来实现。一个只包含着功利性,将班主任引向各自利益的标准,和一个让班主任在选择时完全放弃利益的标准,都不是真正的班主任道德行为选择的标准。

总而言之,班主任道德行为选择的标准不是主观随意制定的,也不是纯粹的客观规定,而是确定性与不确定性的统一,主观性与客观性的统一,以及功利性与超功利性的统一。

班主任道德行为选择的意志自由

班主任道德行为选择的可能只是外在的自由,这种自由能否实现,还依赖于班主任的选择,班主任的意志自由是班主任道德行为选择的内在自由,也是班主任道德行为选择的较为重要的前提。

班主任道德行为选择的意志自由表现了人的能动性、主动性,它使班主任在多种可能性中根据自己的需要、信念和理想进行选择。社会提供的选择条件是确定的,每个班主任在这些确定的条件下都可以做出自我独特的选择。正是这种选择使班主任获得独立的地位和人格。意志自由的班主任按照自己的意愿而不是屈从于外界的压力去选择自己的生活方式、行为方式,并体现自己的价值。班主任道德行为选择得以进行,依赖于班主任的意志自由,意志自由又赋予班主任以道德责任。在道德冲突中,班主任需要辨别真伪、是非和善恶,需要择善去恶,意志自由在班主任道德行为选择中的作用尤为明显。

恩格斯指出:"如果不谈所谓自由意志,人的责任,必然和自由的关系等问题,就不能很好地讨论道德和法的问题。"意志自由是班主任道德行为选择的重要的前提,但必须对它做具体分析。意志自由一方面是人的自决能力,另一方面又是被决定者。意志自由与不自由集于一身,表现出与其他心理因素不同的特性。

首先,班主任道德行为选择的意志自由不是抽象的自由,不是摆脱了一切欲望、冲动、需要等束缚的纯粹的精神自由,也不是只存在于幻想之中的虚无缥缈的境界,而是具体的现实自由。现实的自由来自班主任行为的过程。在行动中班主任的需要与满足需要的对象达到了统一。这种班主任的需要不仅具有外在的形式,而且具有现实的内容。通过这种需要和需要的满足,班主任摆脱了自己的抽象性,而成为活生生的人。班主任也由需要的奴仆变成需要的主人,成为支配、控制自身的一切感性东西的活生生的人。

其次,班主任道德行为选择的意志自由也是普遍性和特殊性的统一。意志作为个人的东西,是特殊的。意志的出发点是特殊的个人需要,它所要达到的目的也是个人规定的、特定的。而自由则代表着意志中的普遍规定性,反映着普遍的规律,因而意志必须由特殊上升到普遍才能达到自由,意志和自由的结合就是特殊和普遍的结合。意志在特殊中表现自己,又不能受特殊的束缚和限制,必须在特殊之中保持普遍的本性。

最后,班主任道德行为选择的意志自由还是从主观进入客观、从必然进入自然的过程。班主任道德行为选择作为具体的过程,是与班主任的愿望、意向、决定分不开的,是一种意志活动向行为活动的过渡。这种主体对象化的意志活动是选择自由的最基本的特性。选择从主观的需要出发,又不停留在随心所欲、为所欲为的"任性"上,它必须把偶然、有限、特殊变为自己对立物,即必然、无限、普遍,变成从主观要求向客观要求的过渡,才能为自己的自由创造前提。通过道德行为选择,班主任实现了从抽象到具体的过渡,从特殊到普遍的升华,达到了主观与客观的统一,也就获得了自由。

班主任道德行为选择意志自由又表现为班主任的选择和决定能力。班主任不仅能认识道德必然性,分辨善恶,面且能择善去恶。根据认识去自主地选择行为方式,是班主任是否自由以及自由程度如何的主要标志。选择和决定不是偶然的、任性的,而是建立在认识基础上的实践能力的表现。意志可以选择,也可以不选择(不选择也是一种选择),还可以把已经决定选择的东西再予以放弃。意志自由尤其是一种自觉行动的能力。一种认识,一个抉择,只有落实在行动上,才能完成其使命,才能表现为个人的主动性、创造性,才能转化为现实的自由。马克思主义伦理学更是强调积极、自觉的行动对意志自由具有根本的意义。一个班主任如果只是把自由喊在口头上,停留于观念中,而不在具体的道德实践中表现出来,就不能说他具有意志自由。因为意志的本性就是超出主观进入客观,使主观见之于客观,而意志自由也只有在主观见之于客观的活动中才能形成和发展。

班主任道德行为选择的社会自由

社会自由是班主任道德行为选择的外在可能性,它使选择具备了客观现实的自由天地。做任何选择,首先必须有至少两个以上的选择对象,只有一个选择对象,即只有一种外在可能性,那只能叫规定,而不叫选择。班主任道德行为选择的可能性是由社会提供的,是社会发展的内部结构造成的。因此,班主任道德行为选择的可能性与自由度取决于社会发展程度,社会越发展,班主任选择的可能性越丰富,班主任选择的自由才越大。反之,社会关系越落后,班主任活动的限制就越多,选择的自由度也就必然越小。

马克思主义认为,人是环境的产物。人的选择受客观必然的支配。不管个人在主观上怎样脱离各种关系,他在社会意义上总是这些关系的产物。尽管在具体的选择环境中,班主任可以超越某些条件的限制做出自认为正确的道德行为选择,但从整体上看,班主任的道德行为选择要受社会所提供的各种可能性的制约,这些制约表现在以下方面:

第一,班主任道德行为选择的对象不是主观臆想的,而是客观的,由社会产生的。班主任只能在社会所能提供的可能性之间进行选择。马克思说过,人们创造自己的历史,但是他们并不是随心所欲地创造的,并不是在他们选定的条件下创造,而是在直接碰到的、既定的、从过去继承下来的条件下创造的。这些条件也决定了班主任选择的范围,班主任只在条件允许的范围内进行选择,而无法超出这一范围。

第二,班主任选择的方式要受到社会的、政治的、法律的和道德的限制。一定的社会有与自身的生产力相适应的、特定的上层建筑,为了维护一定的社会秩序,国家、法律、警察等强制机构和道德体系、社会舆论等手段会严格限制班主任的道德行为选择方式,超越界限,不合规则的选择也会受到法律的惩罚和舆论的谴责。

第三,班主任道德行为选择能力不是与生俱来的,而是在社会中发展起来的。班主任的道德选择能力的高低,从个体角度讲,是由于生活的环境、所受的教育、个人努力的程度等等方面的差异造成的。道德选择能力越高,个体在选择中的自由度越大。从整体上看,班主任选择能力的发展又要依赖于社会和集体。只有在集体中,才能体现出个人的自由,班主任才能获得道德行为选择的机会和手段。同时,班主任的发展也离不开一定社会中群体的发展,离开了和个人直接或间接进行交换的一切人的发展,班主任的发展是不可能的。

存在主义者萨特从"存在先于本质"的前提,得出了人绝对自由的结论。他认为"人之初,空无所有",这时人的存在还只是一种"潜在",是一种可能性。至于这种可能性能否成为现实以及成为怎样的现实,就完全看个人如何设计自己,如何创造自己了。"除自己之外,无所谓其他的立法者。由于他处在孤寂之中,他必须凭自己决定。"这就完全否认客观现实对人的选择的规定性。除了历史和阶级根源之外,"绝对自由论"错误的根源是把客观必然与自由对立起来。人是社会历史环境的产物,道德上的自由就在于对客观必然性的认识和对社会现实生活的改造。通过认识,将道德发展的规律内化为道德行为的指导原则,又通过实践,积累了丰富的经验,这样就获得了在几种可能性中进行选择的自由。人是受历史必然性支配的,人的活动又是相对独立的,自觉的。人一旦认识了社会发展的内在必然性,就会自觉利用它来达到自己的目的。绝对自由论理论上的错误在于把社会条件与人的自由对立起来,用后者否定前者。

班主任道德行为选择的前提是自由的,但这种自由是社会自由与个人自由的统一,是必然与自由的统一。要获得这种自由,一方面要投身到认识世界、改造世界的实践活动中去,推动社会的发展和进步,为自由选择创造社会条件,又为选择自由创造主观条件;另一方面又要努力进行自我培养、自我锻炼和自我修养。

班主任道德行为选择的规定性

班主任道德行为选择的过程中,渗透了理智和意志的因素。理智不仅要确立选择的标准,而且要探讨选择的起因,研究选择的过程,进行权衡思考,从而为道德行为选择确立标准、方向和目标。但是,班主任道德行为选择并不只是理智的事情,还必须有意志参与,意志与理智相结合,构成了自主、自决、自控等班主任道德行为选择的规定性。

1. 自主

它是班主任道德行为选择的基本规定性,这一规定性决定了班主任道德行为选择只能是主体的活动,而不是主体以外的、外在的活动。班主任道德行为选择的自主性有三个方面的含义:其一,班主任道德行为选择是有目的的,这个目的就是"善"。唯有求善的选择才是班主任自主的选择。其二,道德行为选择是"我"的选择。因而班主任道德行为选择成为班主任人格的组成部分。其三,班主任道德行为选择始终是一种主动的选择。班主任选择从一开始就是一种主动的选择。班主任由于具有向善的目的,由于具有完善社会与完善自己的愿望,所以他不会迫于外在压力去做违心的选择,也不会屈从于内心欲望而不去选择,他是理智和意志的结合体,他必须按自己的信念和理想对待选择,并实现选择。

2. 自决

自主性从出发点和性质上规定了班主任道德行为选择的内容,而这一内容就是意志自决,这种自决使选择成为班主任自主的选择。只有自决的意志才是现实的道德意志。从表面上看,人人都以为自己的选择是自决的,似乎自决是道德行为选择的不言而喻的品性,但实际上自决是一个极为艰巨的任务。只有道德的意志,在理智指导下的意志才能面对冷峻的现实而不畏惧,投身价值冲突之中而不怨不艾,班主任唯有通过决断,才投入现实,不论做出决定对他来说是怎样的艰苦。没有道德意志的班主任,常常把选择权交给他人、权威或习惯,而只有具有道德意志的班主任才把自决看做不可推卸的责任和使命。自决和自主一样,不是盲目的,它建立在班主任明察、深知的基础上,是班主任根据道德的本性、客观的规律以及现实条件做出的决定,它着眼于长远的目标和理想的境界,把每一次决定都看做自我道德完善的一个步骤,而绝不是盲目的。

3. 自控

班主任道德行为选择在性质上自主,在内容上自决,在过程中则是自控的。自控是保证班主任选择顺利进行的机制,意志引导选择的同时又控制选择。失控的选择就是偏离了原来的方向和目的,就是否定了自主和自决,从而就不算是真正的道德行为选择。班主任道德行为选择的自控性主要表现在以下几个方面:首先是选择开始时的控制。道德意志的决定尽管是理智的、审慎的,但也有失误的时候,班主任发现这种失误,就会使用自控的机制,停止或改变自己的决定。同时,由于班主任自身的复杂性以及周围环境相互作用的复杂性,常会出现把外在决定当做意志自己决定的情形,这时班主任也可用控制的手段,暂缓选择的进行。其次是在选择过程中的控制,选择从决定到实施再到结束,是一个十分复杂的过程。在这一过程中,意志由于"身在庐山中"而带有一定程度的盲目性,或由于外在的干扰,或由于外界事物发展变化,会出现偏差,为了防止"失之毫厘,差之千里",班主任也要经常审时度势,随时调整,以控制整个选择过程。再次是在选择结果上的控制。选择结果标志着某一具体选择的结束,但从班主任人生的全过程或某个阶段来看,它又不过是其中的一个环节,如何使之尽快从一个环节转向另一个环节,也常常是自控的一个重要任务。

班主任道德行为选择的过程

班主任道德行为选择,是道德行为的前奏,因此班主任道德行为选择的过程也就是道德行为形成的过程,具体表现为道德动机的选择、道德目的的选择、道德手段的选择等。

任何行为都是有动机的,动机是推动个体活动以达到一定目的的直接的内部动力。动机是行为的开端,也是决定行为目的的重要因素。因此,班主任道德行为选择的第一个环节就是动机的选择。

班主任之所以能够选择动机,一方面是由于班主任有自由选择的能力;另一方面动机本身也提供了选择的可能。动机的好坏对行为的善恶往往起着决定性的作用,但是动机与行为的关系不是一对一的,同一类行为可能动机各不相同。比如,班主任对教育事业的执着追求,可能是由于出人头地、成名成家的愿望,也可能是由于对成就感、价值感的需要,还可能是出于报答师长关怀报恩之情等等。这些动机虽然都能形成同样的行为,但其道德价值却不同。从道德上讲,无论班主任行为动机有多少,都大致可以分为三类:一是符合社会主义道德的动机,如有利于他人、维护社会整体利益等等;二是不符合社会主义道德的动机,如损人利己、损公肥私等等;还有一些动机介于两者之间,如利己不损人、人我两利或人我两不损等等。社会主义道德认为,第一种动机是善的,是每一个道德之人都应该选择的。而第二种动机是恶的,应该加以摒弃。第三种动机的善恶要根据具体情况具体分析。

不同动机产生同一行为还有另一种表现形式,即几种动机共同发生作用形成了某种行为。比如,对教育事业的执着追求既是出于出人头地、成名成家的愿望,也有对教育事业的热爱,希望的寄托,还有成就感、价值感的需要,这时,行为虽然有好几个动机,但这些动机中必有一个占有主导地位,起着支配的作用。在这种情况下,班主任道德行为选择就表现在主导动机上。如果班主任选择的主导动机是恶的,不符合社会的道德规范,那只能导致失败,是早晚应予摒弃的。

动机的复杂性还在于同一动机也可以产生不同的行为,因为动机只是行为的直接原因,而不是目的,它推动人去行动,但又没有明确行动的途径和手段。这一现象告诉我们,动机选择的道德意义是有限的,班主任道德行为选择还是进一步发展,由动机过渡到目的。

目的是班主任通过行为所需要达到的结果。漫无目的的行为是没有任何价值的。目的是行为的灵魂,规定着行为的方向,因此显得更加重要。目的在行为中的地位与使用选择正确的目的成为班主任道德行为的关键环节和主要使命,也决定了班主任目的选择的重要性。目的不是与行为相对而言的最终结果和状态,而是从动机转化而来的,与班主任的主动欲求相关,是行为追求的对象,这种对象并不是客观存在的,而是以观念形态在班主任头脑中生成所表现出来的,从而能够起指导行为的功能和作用。

目的不仅是主观的,实质上它是客观的关系在人头脑中反映的结果,是主观与客观的统一。作为客观规律的目的,人是无法改变的,作为人的主观反映,目的又是可以选择的,只有经过主体选择以后,成为"我"的目的,才能支配"我"的行为。

不同的目的共存和对立,使目的的领域充满矛盾和冲突,在这种情况下,班主任在选择目的时不得不格外谨慎。选择目的,既是班主任选择活动自主、自决性的突出表现,也是班主任道德责任的主要依据。

目的必须通过手段来实现,手段是实现目的的方法、途径或方式,是由目的的本身的性质规定的。因此,班主任选择目的同时也就是选择手段,目的制约和支配着手段的选择,高尚的目的必然由正当的、合乎道义的手段来实现,而卑劣的目的常常不择手段。不过这是从根本上而言的,不能无限夸大,思想史上所谓的"目的证明手段"的理论,就是从此出发,认为只要目的正当,可采用任何手段,从而走上道德虚无主义的。

选择目的与选择手段的关系是辩证的。一方面,由于目的是行为的灵魂,目的支配着手段,确定目的决定着选择手段。另一方面,手段也不是消极的,完全听命于目的。手段本身是一种积极能动的力量,因为目的必须靠手段来实现,没有手段的目的只是一种主观的观念,而不可能转化为现实。同时也因为手段又可反作用于目的,手段的价值可以增加、减少以致改变目的的价值,由此而知,手段的选择也是班主任道德行为选择中不可忽视的重要环节。

目的与手段是密切相关的。在目的既定的情况下,手段选择具有极为重要的意义。首先,正确地选择手段才能尽快完满地实现目的。由于目的手段的相关性,所以手段必须与目的在性质上一致时,才能有助于目的实现。其次,选择手段又能强化班主任道德行为选择的责任。无论是动机还是目的,都是作为主观的东西存在的,对它们的选择经常是在观念中进行,是思想上的矛盾斗争。这种观念,意识上的选择对形成班主任的品质是极为重要的,但由于它只停留在主体头脑中,并没有表现出来,所以选择的责任尚不明显。经过手段选择之后,目的、动机就开始由观念形态向现实形态转化,从而班主任有了明显的道德责任。最后,选择手段可以扩大班主任的自由。在现实生活中，为达到一个目的，可以通过多种途径和各种方式，因而，手段与目的相比要丰富得多。在诸多的手段中进行抉择，既表现了班主任现有的自由度，又为班主任选择自由的增加奠定了基础。

班主任道德行为选择经过动机、目的、到达手段、发展到自己的顶点。这时，班主任某一具体的班主任道德行为选择也就完成了。

班主任道德行为选择中的道德责任

班主任道德行为选择的道德责任，一方面是指班主任要发挥主观能动性，努力使自己所选择的行为，符合一定社会的道德原则和道德规范的要求，有利于学生和社会；另一方面，是指班主任所选择的行为如果损害了学生或社会的利益，就要对此负不道德行为的责任。

我国各级各类学校的班主任，在行为选择中应加强道德责任感，选择好自己的行为。

首先，要不断地去认识合乎客观规律的道德原则和规范。这是正确选择道德行为的前提。在社会主义社会，集体主义是合乎社会客观规律的道德原则，它的最根本要求，就是一切以无产阶级和人民群众的整体利益为出发点和归宿，为社会主义和共产主义事业服务。只有不断地去认识和掌握社会主义的道德原则，规范共产主义的道德要求，才能选择有利于学生和社会的道德行为，也才能获得道德行为选择的一定自由。

其次，要慎重选择自己的道德行为。认识和掌握社会主义的道德原则和规范，为道德行为的选择奠定了基础，提供了标准，但要能按社会主义道德原则、规范选择好行为，在行为选择中还必须持慎重态度，必须认真地分析和处理好各种矛盾，特别是要处理好以下的几种矛盾：

一是要处理好社会、集体、个人之间利益的矛盾。这种矛盾在班主任工作单位的调动、工作任务的分配、调资晋级、职称评定、进修提高等问题上是经常出现的，班主任在行为选择中遇到这种矛盾，应坚持个人利益服从社会、集体利益的原则。

二是要处理好目前利益和长远利益的矛盾。班主任某些行为从眼前利益看是合乎道德要求，具有道德价值的，但从长远利益看，将会给学生和社会带来损害。例如，班主任采取加班加点和题海战术的方法，虽然暂时能让更多的学生升学，使部分学生和家长满意。但这样做，加重了学生的课业负担，不仅削弱了学生的思想教育，而且严重影响了学生身体健康，这对学生和国家的长远利益都是有害的。班主任只有摆正眼前利益和长远利益的关系,坚持眼前利益服从长远利益,才能选择有益的道德行为。

三是要处理好利益价值和道德价值之间的矛盾。一般说来,班主任行为的利益价值应该是同行为的道德价值相一致的,但在具体行为中,也有两者相矛盾的情况,例如,有的人认为班主任,特别是年轻的班主任舍身挽救少年儿童的行为,是"得不偿失"的行为。从局部现象上看,这里虽然确有一个利益大小的问题,但是班主任舍身救人的高尚行为,对学生和社会道德水平和道德境界的提高将会产生巨大的影响,它给社会所带来的利益是不能用物质价值来衡量的。所以,只有处理好利益价值和道德价值的矛盾,才能自觉选择好道德行为。

总之,各级各类学校的班主任,要不断加强自己行为选择中的道德责任感,要按照社会主义的道德原则、规范和共产主义的道德要求,慎重选择有利于学生或社会的行为。研究班主任伦理学的目的,也正在于不断增强班主任的这种认识能力和自觉程度,从而获得愈来愈多的道德行为选择的自由,为社会主义教育事业做出更大的贡献。

第四章

班主任的文化素质

　　班主任的科学文化素质和智能水平直接关系到学生的发展,关系到和谐班级与和谐校园的创建。班主任是一个班级的管理者,也是一个教育者,在知识方面的要求应更高、更完整、更系统、更扎实。

班主任需要掌握本专业及与教育管理相关的专业知识

现代科学技术发展非常迅猛,新知识不断涌现,书本知识不断更新。学生们的求知欲也不断增强,知识面不断加宽。而且现在的学生大多都是独生子女,在家里都会受到父母亲朋的宠爱,容易养成他们娇惯任性的性格,现在班主任们普遍都感觉,学生越来越不好管了。在这种情况下,班主任单凭原来在学校学到的知识,是远远不够用了。应努力拓宽知识面,尽力掌握和驾驭新知识,向学生传授新知识。这就要求班主任努力学习,博览群书。但是,一个人的精力毕竟是有限的,特别是中小学班主任,工作忙,生活和学习的负担重,所以,应统筹安排,挤出时间看书学习,并注重提高学习效率。

专业知识的作用

1. 专业知识是班主任业务水平的标志

教师是人类社会永恒的职业。他们是学校中"传道、授业、解惑"的专业工作者。凭借着掌握一门或两门学科知识,进行着教书育人的伟大工程。因此,有无专业知识是衡量他们能否当好教师、当好班主任角色的主要标准。就中学的班主任而论,他们只有经过严格的高师学历教育,有了专业定向,获得相应的专业知识和技能,才能成为训练有素的教学专业人员。而在教育实践中,他们专业知识和技能水准的高低,则又是能否取得高一级专业职称的重要依据。不同类型与级别的学校,班主任的专业知识领域是有区别的。由于具有不同的专业知识范围,又界定为不同的专业人员。

学校中主要的是教学专业人员,他们以自己所掌握的专业知识,从事着教学工作。但是从广义讲,学校里管理人员、德育工作者,都应是学校中的专业人员。若把他们划在专业人员之外,实际上是轻视或忽视德育的思想反映。

2. 专业知识是班主任从事教育教学工作的保证

专业知识是班主任作用对象的资本,是用以对学生"加工"的材料。是班主任能够教书育人所必备的业务素质。班主任如果缺乏专业知识,教学过程就无法进行。班主任以其所掌握的凝聚着人类数千年文明的知识,内化到学生的心理结构中去,转化为学生所拥有的精神财富,赋予他们新的品质,都有赖于班主任专业知识的数量和质量。任何一位班主任,要完成一门课程的教学,缺乏教学理论,没有专业知识、技能传授给学生,犹如建造大厦少了砖、瓦、灰、沙、石一样。倘若一名教语文班主任,不懂字、词、句、篇章结构,不会听、说、读、写诸方面的技能,何以教书育人?同时,要保证教学任务的顺利完成,实现教书育人的目的,所有班主任的专业知识水平,应当不断地"爬坡""登高"。

3. 专业知识是班主任影响力的源泉

什么是影响力?就是班主任在与学生交往中,激励或改变他们心理和行为的能力。班主任的影响力来自何方?除了品格、才能、感情因素外,最重要的就是知识。知识是连接班主任与学生的中介和纽带。班主任博古通今,专业知识和技能的水平高,课讲得好,又能理论联系实际地解决学生的疑难问题,就能赢得学生的信赖,就可以使班主任与学生在心理上更为接近,从而获得更高的威信。班主任的影响也就能更多地渗透到学生生活的一切领域中去。班主任能够具有多层次、多序列、系统的专业知识结构,必然赋予班主任一种强烈的综合的影响能力。在专业课教学中,不仅能使学生获得某种自然、社会、思维领域的规律性知识,而且还可以给人以思想道德方面的启迪、美的享受。在进行思想教育过程中,也不是把道德作为一种枯燥的说教,而是使学生从科学知识中懂得人生的真谛,从文学艺术的形象中获得思想的陶冶,从语言文字的训练中,使情操、意志、性格受到潜移默化,熏陶感染。可以说,具有广博精深专业知识的班主任,将给那些正要走上人生征途的青少年带来何种程度的震动,这却是无法估量的。早已传为佳话的沈元老师的匠心,迎来了陈景润日后摘取数学皇冠的壮举,就是一例。

4. 专业知识是班主任创造力的基础

班主任从事的不是简单的精神生产,而是创造性的智力劳动。只是这种创造力反映在班主任身上,有大小、高低、层次的区别。影响这种区别的原因是复杂的,但其基础还是专业知识的因素。创造力是一种特殊的能力,它能把已知的信息,包括有联系的知识和经验,甚至无联系的知识和经验,通过加工、改造和联想,组成适应于某种要求或用途的新组合,引出正确的结论。但是,如果没有合理的专业知识为基础,就不可能建造创造力这一奇妙的宫殿。专业知识愈广厚丰实,其结构愈合理,创造力发展的可能性就愈大。从一定意义上说,创造力"起家"于知识,而知识在一定条件下可以转化为创造能力。从美国心理学家瓦拉斯提出的创造四阶段论(准备期、酝酿期、豁朗期、验证期)知道,第一阶段主要还是知识的准备,寻找进行创造思维的有力工具。其他三个阶段也都离不开知识这个起码的条件。在教学过程中,没有专业知识,班主任的正确观点难以形成,认识问题、分析问题、解决问题就缺乏依据。班主任要进行科学创造、技术革新、教学改革以及创造思维能力的发挥,也都失去基础条件。所以,我们讲专业知识是发展班主任创造力的根基。但是,应当了解专业知识并不能等同于创造能力,后者在深度和广度上要求更高。

5. 专业知识是班主任自我完善的要素

班主任素质的自我完善是特定的全面的高标准的。它直接决定着班主任能否适应时代的要求,培养出全面发展的一代新人。从某种意义上讲,班主任素质是教育和班主任职业的灵魂。这就要求班主任必须坚持自身素质的完善,遵循由低级向高级,由不完善向完善的发展过程,使之逐步升华。班主任坚守教书育人的岗位,献身教育事业,无私地奉献自己的专业知识,将它化为启迪学生心扉,开发学生智力宝库的金钥匙,以此参与历史的创造,实现着人生的最大价值,从而获得一种自我实现的满足感、幸福感,更加激励完善自身素质的强烈愿望。

班主任的品德素质、智能素质、身心素质构成了有机的结构体系。而其中专业知识正是班主任素质不可缺少的基本部分,是班主任人格全面而和谐发展的重要内容。缺少了它,不仅是班主任素质的重大缺陷,而且也影响素质结构和整体功能,削弱了班主任的社会价值。在班主任整个教学生涯中,班主任的专业知识素质,应当伴随其他素质,均衡协调地发展,互相促进,相得益彰。这应该在班主任的身上得到充分的完美的体现。

班主任需掌握专业知识的内容

1. 丰富的知识结构

(1)结构与知识结构。

①结构。"结构"是物质存在的方式和它的基本属性,最一般的理解就是"事物由什么构成和怎样构成"。在汉语中,它既有"构造"之意,又有"各部分配合、组织"之意。遗憾的是,在我们日常使用"结构"一词的时候,往往只把它与"成分"等同起来,忽视了"怎样构成"以及它们之间的关系。人才学家王通讯以水分子结构为例进行的研究发现,结构的内涵包括:

第一,任何一个结构都有构成它的基本元素;

第二,基本元素有质的差别和量的差别;

第三,除此之外,还有诸元素间一定的配合方式。

②知识结构。"知识结构"是指知识体系的结构。任何一种知识体系都有其自身的结构。脑力劳动者的头脑就是科学知识的物质载体。他们要把学习所获得的各种知识,内化在自己的头脑中,按照一定的联络方式形成自己的结构。

(2)班主任的知识结构。

班主任从事着传播人类文明，开发人类智慧，塑造人类灵魂，影响人类未来的崇高事业。这种高尚的社会职业地位，赋予了班主任角色的特殊性。班主任所承担的教学任务和工作范围千差万别，必须成为发展人类文明的精英，应当具备一个比较完善的知识结构。

①班主任知识结构的现状。目前，班主任队伍中知识结构，主要呈三种类型：一是金字塔型；二是横一型；三是竖 1 型。所谓金字塔型是一种塔形结构。它指某些班主任有广博的基础知识（塔基），在此基础上形成了较大的专业基础知识（塔身）和尖锐的专业知识（塔尖），整个形状如古埃及的金字塔。所谓"一"形是一种平式结构。指某些班主任有一般基础知识，并且知识面较宽，但缺乏深度。在此基础上也形成某些专业知识，但不厚实，知识结构形似一条横杠杠。所谓"1"形是一种纵式结构。指某些班主任有明显的专业知识，并有一定的深度。但"孤军深入"，缺乏基础知识，知识面偏窄。

塔式知识结构的人，以中老年班主任为多。成为当前班主任队伍的主体。由于他们忙于工作和家务，不少人缺乏相应的边缘学科、邻近学科、交叉学科的知识，面对当今知识高度分化又高度综合的新趋势，面对世界新的科学技术革命的挑战，势必缺乏专业知识的必要延伸和发展的能力。况且，专业知识过狭、过精，在实际工作中适应能力就不强，特别是从事基础教育的班主任在这方面表现得尤为突出。

平式知识结构的人，大都是那些"半路出家""改行"的班主任，或是有一定社会经验和教龄，但没有经过专业训练的班主任。他们缺少主干知识，往往只能从事较低层次的专业工作。如果年轻，有培养前途，可以鼓励其脱产或业余进修。

具有纵式知识结构的主要是毕业不久的青年班主任。他们"十年寒窗苦"，取得了大学文凭或硕士学位，有突出的专业知识，但是明显的缺少学校实践、社会实践知识和广博的基础文化，所学的教育理论也多是"纸上谈兵"，教育应用知识更为贫乏。在这种情况下，从事教学业务工作，发挥专长，必然受到局限。只有增强这方面的知识，过好"实践关""基础关"，才能弥补知识结构的缺陷。

上述三类班主任，虽然各有所长，各有其用，不同程度的适应着眼前的教学工作，但是，他们的知识结构都有不足之处，有的缺少"核心知识"，有的缺少"知识根基"，有的缺少"外围层次"。鉴于这种不完善状态，难于达到"知识单元"的有效组合,形成"知识纤维",进入"知识硬核",也不可能发挥知识结构内各部分相关互补作用。不可能在知识结构形成、凝聚的矛盾运动过程中,呈现整体的功能。因此,这些班主任在教学工作中所表现出来的教育能力是较弱的。必须围绕目标实现,进行动态调节,以期达到合格的知识结构,使他们成为胜任教学和科研工作的称职班主任。

②班主任知识结构三要素。以马列主义作为指导,建造各级各类学校的班主任人才的知识结构,这是与以往任何社会的人才的知识结构的根本区别之处。今天,无论从事社会科学、自然科学、思维科学,都离不开辩证唯物主义世界观和方法论。只有坚持并贯彻马列主义的基本理论于各种教学之中,才能保证学科知识体系的方向性、科学性,才可以造就具有丰富的知识和良好智力的班主任队伍。

合格班主任知识结构的三要素是:基础文化知识、相关学科知识、学科专业知识。运用知识结构理论加以分析,不难看出,前二者是外围知识,后者是核心知识。我们不妨将这种知识结构设计为一种"Ⅰ"形模型。它的下"一"代表基础文化知识;中"丨"是学科专业知识,上"一"表示相关学科知识。这三种知识构成了一种立式结构。它是高度概括了班主任应当具备的合理的知识结构模式。

这种"Ⅰ"型结构的每一个组成部分,都是相对独立的,有其特有的范围,发挥着独特的作用。

第一,基础文化知识决定了班主任的知识圈。它是班主任专门化的业务根底,是能够给予学生"复合维生素"、产生综合效应的土壤。这一知识越宽广,就越能启迪思维,开阔思路。它一般包括广泛的文化常识、学校实际知识和一般基础知识。广泛的文化常识是作为一个现代文明人,应该具有的自然和社会常识、做人的学问、交际的礼仪、审美的情趣以及文学艺术、生理卫生、音乐体育、时事政策、娱乐家政等知识。总之,凡是教育对象感兴趣的,班主任均应有所涉及。学校实际知识指党和国家对学校工作的方针、政策、要求;学校教育的规范、程序;教育的历史和现状,以及教学工作的常规和教学改革的动向等。一般基础知识是指按照新的体系建立起来的,从小学到高中的知识。以从事基础教育的班主任为例,他们在学科基础文化知识方面,应当是数理化、语政外、体音美、史地生,样样都来得"两下子"。

第二,学科专业知识,这是班主任专业化的标志,是从事教学、作用教育对象的资本。每个班主任由于从事的专业不同,他们的学科专业知识是千差万别的。

第三，相关学科知识，不是指那些漫无边际的知识，而是围绕专业相关性很强的知识积累。这种相关性有两种，一是直接相关，二是间接相关。直接相关是指班主任应当掌握的学科专业知识的延伸和拔高，与学科专业知识联系紧密的学科知识。例如，教小学算术的班主任，应有中学代数的学科知识。教中学语文的班主任，要有大学汉语写作、文学、语言学等知识。教中学思想政治课的班主任，应有哲学、政治经济学、科学社会主义、法学、政治学、伦理学等方面的知识。间接相关是指与班主任所授的专业知识联系不密切的各方面的知识，这是进一步提高班主任素质的高标准的要求。

班主任知识结构的三要素，它们是相互作用、相互渗透的能动关系，并且，在一定条件下可以互相转换。

2. 合理的专业知识结构

（1）班主任专业知识结构的三要素。

班主任专业知识结构可以分解为三个要素，即专业基础知识、专业主体知识和专业前沿知识。

①专业基础知识是为学好专业，能够从事某种学科教学打基础的知识。它是专业主体知识的根基。这个层次的知识越扎实、宽厚，就越能促使专业主体知识的发挥。以教中学物理的班主任为例，他应当具有理论力学、电工学、电子学等课程的基础理论。掌握初等数学知识，懂得普通化学，了解物理学发展史。掌握普通实验仪器使用、保养与维修的知识。精通物理教材教法，并能指导学生开展本学科课外小组的活动。

②专业主体知识是进行某门专业的本钱，是胜任教学工作的基本功。它包括本学科体系的基本理论、基本规律、基本概念、基本技能、基本资料、基本工具，仍以教中学物理的班主任为例，包括掌握普通物理学中的力学、电磁学、热力学、光学、原子核理论部分的基本概念、基础理论和基本解题方法。熟练掌握各年级物理实验的技能技巧。精通物理教学大纲、教材，把握教学中的重点、难点、疑点和关键知识，运用自如地解题。这种知识越丰富、越过硬，教学效果就越好，就能够有所建树，有所创新。教学质量的提高就得到保证。

③专业前沿知识，一是指专业发展的前景，包括对所教学科专业发展趋势的分析与预测，从而了解未来的变化要求，班主任做哪些知识储备，做好规划，超前积累。面对知识成几何级数的剧增，科学技术飞速发展，老师应有充分的思想准备和知识的更新。特别是今后随着教育现代化的

进展,电化教学手段的广泛运用,班主任跟不上形势,就可能变成"科盲",成为新的"不合格"。二是指学科知识的改革动态。任何一门学科的知识体系、结构、范畴、概念和实践环节的设计等,都是经过长期的锤炼而形成的。但是,随着时代的发展,经验的不断丰富,改革的深化,需要不断地充实、调整、提高。这就要特别重视优秀班主任、班主任带头人,各科学术带头人所进行卓有成效的改革,将他们的成果引入自己的教学之中,不断探索新路子。在课堂教学、教材编写、教学方法、考试方法等方面推陈出新。倘若一个班主任不善于捕捉本学科最新的信息,把握改革的动向,划地为牢,自我封闭,夜郎自大,这将会窒息自己的生机和活力。三是与专业知识直接相关的新兴学科知识。由于这一部分知识与专业主体知识相关系数极大,直接作用于专业主体知识,制约着班主任专业水平的"爬坡"。在贯彻"三个面向",服务于社会主义经济建设,努力提高全民族素质,造就跨世纪人才,实现社会主义现代化的重任面前,班主任应当从单纯的"知识传授型",转变为"教育专门家"。因此,只有不断用新兴学科知识武装自己,才有可能高瞻远瞩,走向成功的彼岸。

(2)班主任专业知识结构中的技能。

班主任专业知识的获得和运用都离不开技能。技能是班主任掌握专业知识过程中,通过锻炼而巩固下来的所必需的自动化的活动方式。它只是这一活动过程的一个组成部分(另一部分是有意识、有目的的)。故而,我们没有将技能作为一个独立的成分,在专业知识结构中分列出来。只把它看成是专业知识结构中,每一要素所不可分割的组成内容。

专业知识三个要素的存在与发展,以及它们之间能够相互渗透、相互促进,技能是非常重要的条件。只有在发挥专业知识的过程中,才能获得技能。同时,也只有在掌握技能的过程中,才可以加深对专业知识的理解。

技能一般分为动作技能和心智技能两大类。动作技能是一种表现于外的实际活动的方式。心智技能是人脑内部的认识活动方式。它们在班主任的实践活动中是互相交织、互相补充的。以从事自然科学教学的班主任为例,其基本技能包括:查阅资料、构思设计、实验演示、讲解表述、实践指导、组织管理等。

班主任专业知识提高的途径

1. 把握班主任专业知识的特征

班主任的专业知识与其他脑力劳动者相比,有其自己的特殊性。要求每一位班主任,都应当首先从总体上加以认识,然后,才谈得上去优化自己的专业知识。

（1）在方向上，围绕学科教学目标建造专业知识特色。合理的专业知识是依据班主任教学目标而建立的。学校里所有的班主任，按照编制，定岗定位，分别确定担任若干门类课程，这实际上就是为班主任划定了专业知识范围，圈定了学科专业发展的方向。班主任明确了目标和主攻方向，便是给自己设计出专业知识积累和系统化的蓝图。每个人根据自己的条件，围绕教学的需要，有卓识地进行优势积累，才可能建造具有个性化的专业知识结构。在教学上教授不同专业的班主任，必然有不同专业知识的功底；相同专业的班主任，由于他们自身的条件和所处的环境不同，在学习、掌握、形成专业知识的过程中，也会是千差万别的。特别是，班主任教学目标的期望值高，而实现的可能性又大，那么，班主任对于构造自己更富特色的专业知识的积极性，就会更大。

（2）在方式上，强调深厚的核心专业知识和广博的专业知识领域相结合。班主任的专业主体知识是他们专业知识的核心，是最基本的、相对比较稳定的、且智力价值大的知识。有了它，班主任就有资格承担某种课程的教学。但是，班主任要能够真正胜任教学，提高教学质量，全面影响学生德智体的发展，并将影响渗入学生活动的一切时间和空间中去，就要求班主任占有更为广阔知识的领域。因此，班主任在有了深厚的专业主体知识之后，必须具有广博的专业基础知识和专业前沿知识。深厚与广博的有机结合，相辅相成，才能够相得益彰，发挥专业知识的整体功能。这样，班主任的专业知识就会处于"最佳"的状态。

（3）在分布上，理论的基础部分密集度更大些。班主任的专业知识是人类文明宝库的精华，其突出体现在教科书中。班主任就是将这些已经"加工""浓缩"的智慧财富传授给学生，作用于教育对象，而不是直接用于改造自然和社会。因此，一般说来，班主任的专业知识的理论性要大于实践性。同时，这种专业知识还具有较强的基础性。学校教育要求把人类历史上积累起来的丰富知识的基本部分，教给学生。要求学生掌握各门学科知识的基本结构、基本原理、基本概念、基本定律，这是知识转化为能力的中心环节。为此，要求班主任具有基础性较强的专业知识结构，具有一定稳固性和宽广度的基础牢固的特点。特别是从事中小学教育的班主任，基础知识在其专业知识结构中所占的比例更大。

（4）在排列上，有序的系统性更大一些。班主任完成一门课的教学任务，必须按照学科的知识系统和学生认识发展的顺序进行，使学生系统地掌握基本知识和基本技能，养成系统周密的思维能力。为此，班主任就应当掌握知识体系的来龙去脉，向学生由浅入深、由低到高、由具体到抽象地传授，并且还要考虑到知识的内在联系，循序渐进地进行。这种有序性、系统性不仅仅反映在教完一门功课，而且还体现在教学的各过程。具体的体现在一个章节、一个单元，甚至一堂课的过程之中。班主任专及一点，囿于局部，只具有支离破碎、杂乱无章的知识，是不可能圆满地完成教学任务的。鉴于这种客观需要，无论哪一个层次的班主任，他们的专业知识在排列上，都具有较强的有序性、系统性的特征。

（5）在数量上，班主任所具有的知识含量应远远超过教科书的知识含量。《学记》说："记问之学不足以为人师。"这是讲知识少了做不了老师。前苏联教育家苏霍姆林斯基讲过，班主任要给学生一份知识，他的头脑里就应该有这一份知识的 *10* 倍的储备。教科书的知识含量，对班主任来说，应当是知识视野中的起码常识。只有当班主任的知识比教材宽广得多的时候，班主任才能成为教育过程的真正能手。如果班主任所具有的专业知识，只限于向学生传授书本上的那一点含量，仅仅是"现学现卖""照本宣科"，是无法驾驭教材，选取知识的精华教给学生的，更不能发掘教材中的智力与教育的价值。班主任专业知识在数量上的这一特征，有人用"一杯水和一桶水"来比喻，这是有道理的。

2. 优化班主任的专业知识结构

优化班主任的专业知识，是依据上述对专业知识的理性认识，依据于在新的形势下对班主任的更高要求而提出的。然而，这种"优化"不应以固定的程式去进行，只能因人、因时、因情况而定。前面在叙述专业知识及其结构时，偏重于一般的、静态的剖析。实际上，班主任专业知识的积累与发展，始终处于一个不断充实，不断完善，动态的变化过程之中。追求专业知识的优化，是为了求得"最大""最佳"的功能。

所谓班主任专业知识的优化，它既包括在班主任整体素质中，处于相对优势地位，也包括在班主任知识结构之中居于核心位置，还包括班主任专业知识自身发展的合理性。那么，如何实现这种优化呢？需要寻求科学的途径和方法，探索它的基本技能。

（1）冲破封闭性，开阔知识视野。"传统型"的班主任，往往把自己局限在书本、课堂、学校狭小的天地里，埋头于教材和教学参考书的消化，忙于传授旧的知识体系，难以走出校门到社会的大课堂去。这就在很大程度上使自己的专业知识缺少新意，教学往往脱离时代，脱离生活，显得十分的狭隘、贫乏和陈旧。只有冲破自我封闭的桎梏,适应当前社会主义商品经济的发展,才利于专业知识的优化。一方面,通过自学,努力吸收本门学科的最新研究成果,学习优秀班主任的先进经验,增强与自己教学专业相关的边缘学科知识的了解,借他山之石攻玉。不断地将新学科知识融入专业知识体系之中,在牢固的基础知识之上,向"博、大、精、深"迈进。能够使本人的专业知识结构博采众长,自成一体,独具特色。让具有教育主动权的班主任,真正成为专博相济,一专多通,一专多能,主精辅熟的"通才"。

另一方面,必须发挥群体优势,开展横向联系,活跃学术交流,以此来弥补专业知识的不足,增添专业知识的新鲜血液。在今天,教育界的各种学会、研究会、学术刊物、观摩和交流活动,如雨后春笋,一扫过去的关门办教育,各自为战搞教学的沉闷空气。同行之间互相切磋,彼此促进,友好竞争的风尚已经蔚然成风。根据时代的要求,班主任甚至要大胆地跨出校门,与教育机关、科研部门、工矿企业、军队、农场,乃至于专业户挂起钩来,在社会实践中学习,拓宽专业知识的视野。

(2)重视哲学修养。哲学是使人聪明的学问。学习哲学,无论与教授社会科学还是自然科学的班主任,都密切相关。且不说哲学在改造一个人的主观世界过程中,在确立一个人思想认识路线上的重大意义,就是班主任要建造合理的专业知识结构,也必然离不开辩证唯物主义哲学的指导。

首先,哲学修养决定着一个人理论思维水平。恩格斯指出,要想发展和锻炼理论思维,除了学习哲学,没有别的手段。哲学修养是一切专业工作者从事教学、科研的方法论。任何学科领域的教学与研究,都离不开辩证的思考方法。那种认为哲学与教自然科学的班主任关系不大的观点,是狭隘的。他们有了哲学武器,就能树立正确的自然观和采用科学的方法。这就可以大大缩短探索的过程,并能启迪理论思维能力。

其次,哲学修养能够为掌握和运用专业知识的智力劳动提供"脚手架"。爱因斯坦有一个精妙的比喻,他说,科学的理论体系,好比建筑师要盖的楼房、修的大桥,哲学推导、哲学思维好比盖大楼、修大桥时必不可缺的"脚手架"。要是不用任何支架,那就不可能建造房子,也不可能架设桥梁。

再次,哲学修养能为掌握和运用专业知识的智力劳动提供更宽广的思路,并提高人的智力水平,改善人的知识结构。

(3)坚持有目标的专业知识的优势积累。专业知识的积累是一个漫长的过程。只有达到一定数量,才能发挥它的作用。无论担任何种课程的班主任,都应重视持之以恒的日积月累。只有做有心人,对准方向,有目标地积累,才是最有效的。那种缺乏与自己专业有内在联系的知识,或者虽有联系但彼此相隔太远的知识,积累得再多,也难以发挥作用。有了目标,才谈得上有计划、有安排,才会明确"积"什么,"累"什么,才可能在判断知识的相对价值的基础上,选择那些有用的知识,来扩充自己的专业知识。有目标的积累,还必须注意从自己的实际出发,分阶段、有重点、有步骤的进行。既不可好高骛远,又不能忽视大海拾贝。同时,还应讲究积累的艺术,科学储存的方法。只有这样,围绕专业知识有目标地、科学地、有效地积累,才能够建造好专业知识的大厦。

(4)强化专业知识的整体效应。前面我们将专业知识结构分解为专业主体知识、专业基础知识、专业前沿知识三个要素,并分别研讨了它们特有的内涵和作用。但是,它们却是一个相互依存的整体。在这个整体结构中,专业主体知识是起主导作用的核心,以此,形成了专业知识结构的特色。而这个核心不是单一的,是复合的,往往一个班主任都有一门、两门知识占有较大比重。在专业知识结构中,专业主体知识决定了结构的性质和功能。并且,还必须以核心为轴心,将专业知识系统化,按照专业知识的内在联系组织起来。班主任在教学过程中,应当力图做到专业知识间的融会贯通,不要把自己的专业知识或专业知识的某一部分凝固化,而要使它们相互作用,相辅相成。同时,要努力从整体结构上,去把握专业知识之间的纵横联系,使自己的专业知识熔于一炉。这样,就能够充分发挥专业知识的整体效应。

(5)实行灵活的求知动态调节。合理、高效的专业知识结构不是一成不变的,而是动态发展的。这是因为客观世界在不断地发展变化,人的主观认识也有一个由浅入深,由低级向高级推进的过程。随着社会商品经济的发展,教育改革的深入,实践经验的丰富,班主任的专业知识有一个调节、充实、提高的问题。加之,教学任务的更迭、兴趣的转移,成才目标的变化,都可能引起专业知识的调节。

调节的基础有两个:一是反馈,一是预测。"反馈"是适应性的。在教学过程中,当发现某种知识缺少或不足时,及时填补,以免影响专业知识的完备性。"预测"是主动性的。根据专业工作的需要,提早准备。反馈与预测都是不可忽视的。实行动态调节的目的是为了提高专业知识的效能,增强对业务的适应性和创造性。那种求全要求是不可取的。能不能胜任教学,做出成就,在很大程度上还取决于一个人主观能动性的发挥。

(6)实现知识互补。专业知识优化,不仅通过班主任自身努力来实现,而且还可以通过班主任与其他教师之间的互补效应达到。两个或两个以上的教师,在教学、科研过程中,相互有机配合产生更佳的效果,称为专业知识的互补效应。

班主任需要掌握学科知识的内容

教育

教育是培养人的一种社会活动。从广义上说,凡是增进人们的知识和技能,影响人们思想品德的活动,都是教育。狭义的教育,主要指学校教育,其涵义是教育者根据一定社会的要求,有目的、有计划、有组织地对受教育者传授知识和技能,培养思想品德、发展其智力和体力的活动,其目的是把他们培养成为一定社会所需要的人。

教育是培养人的一种社会现象,是传递生产经验和社会生活经验的必要手段。它同社会的发展、人的发展有着密切的联系。人,作为劳动者,是社会生产力最活跃的因素。劳动力的素质直接关系到生产的效率和发展的过程。马克思把劳动力或劳动能力理解为人们在劳动中所运用的体力与智力的总和。这就是说,一个人(劳动力)在生产上发挥的作用如何,同他们的体力与智力的发展状况有很大关系。而人的体力与智力的发展,主要靠教育的培养和训练。教育担负着劳动力再生产的任务。劳动力的再生产,从质量上和数量上,都作用于物质资料的再生产。科学技术是生产力,知识形态的科学技术在没有被劳动者掌握之前,它只是一种潜在的生产力。只有当它被劳动者所掌握并运用于生产实践,才可能将潜在的形式转化为现实的生产力。这种"转化"仍然要靠教育对人的培养与训练。教育使劳动者掌握现存的科学技术,而科学技术的继续发展也要靠受过教育的人去实现。因此,劳动者受教育的程度越高,掌握科学技术的深度与广度越大,他们在推动科学技术和生产力的发展上的作用就越大。所以要发展生产,就必须相应地发展教育。

教育是统治阶级进行阶级统治的工具。教育作为培养人的社会活动,它不仅仅只是把前辈所积累的生产经验和社会经验传授给下一代,还把一定的社会生活规范传授到下一代,使他们能适应现存生产力与生产关系的要求,以维护和巩固一定社会的政治制度和经济制度。在阶级社会中,教育被统治阶级所掌握,并为统治阶级的政治和经济服务,是巩固统治阶级统治的工具。

教育对社会发展的作用,是通过培养人来实现的。人有自身生理和心理的发展规律。教育在人的发展中的作用,是在同遗传和环境的相互作用中表现出来的。遗传,主要指人的遗传素质,即个体与生俱来的解剖生理上的特点。遗传素质构成人的身心发展的生物前提,为人的发展提供了可能性。遗传素质的成熟过程制约着人的发展水平和阶段性,不同的年龄阶段反映出不同的生理与心理特征。环境,指人生活在其中并给人以影响的客观世界。环境影响人,人也在改变环境,人们就是在实践中改造着客观世界,同时,接受客观影响,从而改造自己的主观世界和发展自己。

教育是通过一定的形式进行的。一般来说,教育的基本形式有四种:第一种是学校教育。它是在固定场所有目的按计划面向班级整体、小组或个人实施的。第二种是指通过各种媒介(如报刊、图书、电影、电视、广播、函授教材等),使受教育者获得知识和受到教育。第三种指通过人与人之间的联系来培养人,即在生活与工作的现场通过示范、模仿、交往、接触、传递信息和经验等进行思想和文化影响。第四种是自我教育,即受教育者进行自觉的、有目的的自我控制。

教育是在多种场所进行的。就现阶段而言,教育场所有家庭、学校、社会教育机构和工作单位等。家庭教育既是学校教育的前提,又是学校教育的补充。好的家庭教育能为青少年儿童打下学校教育的良好基础,又是促进青少年儿童健康成长的有利环境。学校是对青少年儿童施教的重要场所,设计合理的、有目的、有计划、有组织的学校教育活动,对青少年儿童的成长起着主导作用。社会教育机构,如图书馆、俱乐部、博物馆、电影院以及青少年之家、儿童活动中心等,都是学校教育场所的延伸,是校外教育的重要阵地,也是成人继续受教育的重要场所。工作单位虽不是以教育为主要目的而建的,但它能对所属成员,起着在职教育的作用,包括思想政治教育、业务教育和文化教育。工作单位还以其特有的人与人之间的关系和作风、工作制度和工作实践,对每个成员进行着潜移默化的教育和影响。从一定意义上说,它是学校教育的继续、扩展和加深。

教育学

教育学是教育科学中重要的基础学科之一,是以人的教育为其对象,研究教育现象及其规律的科学。教育学一词是从希腊语 pɛdgoguɛ(即"教仆")派生出来的(古希腊称陪送奴隶主子弟来回于学校,并帮助他们携带学习资料的奴隶为教仆)。按其语源来说,教育学就是照看儿童的学问。现在,在一些英语国家中,education(教育)和 pedagogy(教育学)基本上成了同义词,pedagogy 一词已很少使用。而欧洲大陆的一些国家仍区别使用,把"教育"理解为对儿童的培养过程,把"教育学"理解为研究教育儿童的学问。我国把教育看做是培养人的一种社会现象,是传递生产经验和生活经验的必要手段。把教育学定为研究教育规律、原理和方法的一门学科。

教育学研究的问题很多,其主要内容有教育与社会发展的关系、教育与儿童身心发展的关系,教育目的,教育制度,教育中各项工作的任务、过程、内容、方法和组织形式,教师和学校的管理、领导,等等。它的任务是从客观的教育现象和实际的教育工作中去揭示培养全面发展的人之规律。我国的教育学是以马克思主义为指导的教育学,是从我国社会主义教育实际出发,通过批判继承中外教育遗产、总结教育经验,探索如何把青少年一代培养成为有社会主义觉悟的、有文化的、身体健康的劳动者的规律的科学。由于教育的对象不仅仅限于青少年,也包括幼儿、特殊儿童(主要指有生理缺陷儿童)以及成人,所以教育学也可分为学前教育学、普通教育学、职业教育学、业余教育学和特殊儿童教育学等等。我们通常所说的教育学一般是指普通教育学。

1. 学前教育学

它是研究学龄前阶段儿童教育规律的科学。我国的学前教育学主要研究 3 岁 ~6 岁幼儿教育的一般原理和幼儿园教育的任务、原则、内容和方法,也包括当前家庭教育的要求和内容。它的基本任务是根据儿童身心发展的特点,向他们进行德、智、体、美、劳全面发展的教育,使其健康地成长,为入小学阶段学习打好基础。

2. 普通教育学

普通教育学的含义有两种:一是研究教育的一般原理的学科,它研究的内容包括:教育的本质、目的、教学、思想品德、教育、体育、美育和学校管理等;二是专门研究中小学教育。

3. 职业教育学

它是以职业教育为研究对象,以揭示职业教育的规律,论述培养高等专门人才的理论与方法。从广义上说,它是指一切建立在普通教育基础上的专业教育。包括专科、本科和研究院,全日制的和业余的,面授的和函授的,校内形式的和校外形式等等。我国的职业教育有高等专科学校、大学与学院、研究生院(班)、职工大学、函授大学、广播电视大学等。职业教育学是一门新兴学科。研究的主要内容有:职业教育学的基本概念,职业教育的地位与作用,以及它同政治、经济、文化科学的关系,高等学校的培养目标,大学生身心发展的特征,大学教育和教学过程的规律,大学德育、智育、体育的内容,大学科研,职业教育制度,高等学校的领导体制与管理方法等等。

4. 特殊儿童教育学

它是研究特殊儿童教育规律的科学,又称特殊教育学。广义上是指正常儿童之外的所有儿童教育学,即超常(天才)、低常(智力落后)、有品德缺陷的(问题儿童)、器官缺陷(盲、聋、残肢)、儿童精神病和病弱等多种儿童的教育学。狭义上是指身心有缺陷儿童的教育学,即盲、聋、哑、弱视、重听、智力落后、语言障碍、肢残、病弱等缺陷儿童的教育学。

教育科学

教育科学是研究教育规律的各门教育学科的总称,是科学体系中的一个独立的学科。

教育科学最初只是孕育在哲学、政治、伦理思想之中。中国古代许多思想家、教育家都曾在自己的著述中论述过教育问题。如《论语》一书就汇集了孔子关于哲学、政治、伦理教育方面的言论,还有墨翟、孟轲、荀况以及董仲舒、韩愈、朱熹、王守仁、颜元、王夫之等教育家,也都论述过一些教育思想;在欧洲,古希腊的哲学家德谟克利特、苏格拉底、亚里士多德、古罗马教育家昆体良等,都对教育作了不少论述。他们对诸如教育为巩固政治统治服务,教育对培养人的作用,教育的目的和德、智、体、美等方面的和谐发展,各级各类学校教育的内容,教与学的原则和方法,以及班主任的修养等方面,都有较为精辟的阐述。特别是中国先秦的《学记》、古罗马昆体良的《演说术原理》都是成书较早的有关教育的论著。但从总体来看,古代中国、古希腊和古罗马的教育思想,都还只是孕育在哲学、政治、伦理思想之中,分散在各个教育家、思想家的著作之内,大都带有教学经验描述的性质,缺乏系统的论证和完整的体系,因此,它还没有形成一种独立的教育学科。

教育科学是随着教育实践的发展而逐渐形成的。由于生产的不断发展,社会的不断进步,科学文化的不断繁荣,教育科学也就逐步从哲学和其他学科中分化出来并形成为独立的学科。从 17 世纪起,捷克民主教育家夸美纽斯继承了文艺复兴以来的人文主义思想,吸取了 16、17 世纪自然科学的研究成果和唯物论思想,概括了学校教育的经验,写出了《大教学论》这部论述教育问题专著。继《大教学论》之后,相继出现了英国教育思想家洛克所著的《教学漫话》、法国思想家卢梭所著的《爱弥儿》、瑞士教育改革家裴斯泰洛齐著的《林哈法和葛笃德》及《葛笃德怎样教育她的孩子们》等等教育专著,到了19世纪,法国教育家赫尔巴特的《普通教育学》和英国教育学家斯宾塞的《教育论》又把教育学的研究推向一个新的发展阶段。特别是赫尔巴特的《普通教育学》,比较全面地论述了管理、教学和品德教育等问题,提出了教学的教育性原则,划分出了教学过程为明了、联合(联想)、系统、方法(应用)四个阶段,还利用了心理学和伦理学作为教育学的理论基础,使教育学形成一个比较完整的体系。马克思主义的哲学、政治经济学、科学社会主义体系的创立,为教育科学奠定了科学的理论基础,为教育科学的研究提出了正确的立场、观点和方法,并提出了教育与社会发展的辩证关系的学说,揭示和论证了人的全面发展。马克思主义以历史唯物主义观点阐述了关于人的本质的理论,揭示了教育为社会培养专门的劳动力的职能以及教育与生产劳动相结合的规律。马克思、恩格斯结合科学社会主义的理论,阐述了共产主义教育思想,列宁和斯大林在领导俄国劳动人民进行无产阶级革命和建设的过程中,总结了一系列教育改革的经验。

随着生产的发展,研究教育的新的学派不断涌现,教育学一方面逐步与其他有关学科相分离,产生出系统的教育学科。另一方面,它本身又逐步分化为许多相互联系的不同教育分支学科。经过几十年的分化和发展,逐步形成了一套比较完整的教育科学体系。

教育哲学

这是一门用哲学的观点和方法研究教育基本问题的学科。它综合教育学、教育史、心理学及其它教育学科的知识,对教育中的基本内容,用哲学观点给以理论上的阐明。教育学原来孕育在哲学之中,17世纪,教育学开始从哲学中分化出来,逐步形成比较完备的教育学科。由于教育学始终离不开哲学,不论哪一位教育学家,在论述教育问题时,总是以一定的哲学观点和方法为依据。到19世纪中叶就出现了"教育哲学"一词,展开了教育学与哲学相结合的进程。后又经历了几十年的酝酿和探索,1916年由美国的唯心主义教育家杜撰写了《民主主义与教育》副标题为《教育哲学引论》的著作,标志着教育哲学的形成。随后又分化出实用主义教育哲学、存在主义教育哲学、分析主义教育哲学、结构主义教育哲学等各种派别。从它与哲学的关系来看,教育哲学具有边缘学科的性质。

教育史

它是一门研究人类历史发展各个阶段的教育实践活动和教育思想,探究教育发展变化规律的教育科学的一个分支学科。它包括了中国教育史(学科)和外国教育史(学科)。中国教育史(学科)是研究中国从古到今教育的发生、发展和变化的历史规律。按中国历史的发展阶段,又划分为中国古代教育史、中国近代教育史、中国现代教育史三大部分。古代部分从中国原始氏族公社时期到清朝中叶为止,其中包括几千年有文字记载的历史。近代部分从鸦片战争(1840 年)到"五四"运动前夕(1919 年)为止。现代部分从"五四"运动到中华人民共和国成立前为止。中华人民共和国成立后为当代部分。

外国教育史研究外国从古代到现代的教育理论和教育实践的发展以及变化。外国教育史可概括分为古代、中世纪、近代和现代四部分。从原始社会到公元 476 年古罗马灭亡前为古代教育阶段,从公元 476 年古罗马灭亡之后到 17 世纪为中世纪教育阶段,从 17 世纪中期美国的资产阶级革命开始到今天为近代和现代教育阶段。

学习和研究教育史这门学科,既了解本国也了解外国的教育发展历史,有助于理解教育的本质、教育发展的规律;批判地吸取人类教育的优秀遗产;提高教育工作者的教育科学的素养,开阔眼界;培育教育工作者的兴趣和忠诚于教育事业的献身精神。

教育心理学

教育心理学形成于 20 世纪初,是一门研究教育和教学过程中的种种心理现象及其变化,揭示在教育、教学的影响下,受教育者学习和掌握知识、技能、发展智力和个性的心理规律及形成道德品质的心理特点和教育与心理发展的相互关系的科学。它对研究人的心理发展规律,以及德育、智育、体育、美育和各科教学中的心理问题,对促进教育理论的科学化起了重要作用。

教育管理学

教育管理学是随着学校产生以后而逐步形成的一门教育科学的分支学科。主要研究教育管理的本质、作用,教育管理的过程(包括管理职能、组织制度、教育管理计划、教育评价等)和教育工作的管理及组织领导的科学理论和行动规律等问题。在指导教育管理工作,提高教育质量方面,起着较大的作用。

教育经济学

教育经济学是随着经济学的发展,于 20 世纪 60 年代产生的用经济学的原理和方法研究教育投资及其经济效益的一门学科。教育与经济互相促进由来已久。教育从诞生的时候起就有为社会服务的职能,但由于当时商品经济不发达,生产技术水平低,生产过程依靠手工技艺和经验指导,教育对生产的促进作用还不能明显地表现出来,对教育的经济效益更谈不上作出量的计算。到了近代,资本主义大工业生产取代了工场手工业和小手工业生产,教育日益成为改革生产技术和改善劳动力结构的基础,教育对促进生产起着巨大的作用。教育的经济效益也表露得越来越明显,并逐渐引起了人们的重视。马克思主义的奠基人用辩证唯物主义与历史唯物主义的世界观和方法论从多方面揭示并论证了教育与社会生产劳动内在联系的客观规律,为以后的教育经济学奠定了科学基础。20世纪70年代末,我国的经济学家和教育学家为了适应新时期社会主义现代化建设的需要,也开始重视以马克思主义观点从事教育经济学的研究。既为论证教育在经济发展中的作用提供了科学的数据,又为制订国民经济和社会发展规划(包括教育发展规划)提供了理论根据。

教育社会学

教育社会学是20世纪初问世的从社会学角度研究各种教育现象、教育问题及其与社会之间相互制约关系的学科。关于教育与社会的关系,古代思想家们有过不少论述。近代一些教育家们都把它看做是改良社会或维护社会现存秩序的工具。从19世纪社会学兴起以后,社会专家们提出了教育与社会关系的各种看法。经过几十年的研究,逐步形成了自己的科学体系。它运用社会学的原理和方法,研究社会结构与教育的关系,社会变迁与社会的关系,教育与儿童社会化过程的关系等。在加强教育与社会的联系方面起了重要的作用。

教育未来学

教育未来学是20世纪60年代初期产生的研究教育发展趋势,并预测未来教育的一门学科。它以现代科学技术为手段,根据社会政治、经济、文化、科学技术等方面的发展对教育的影响和要求,对未来教育的规模、结构、管理、内容、方法和技术等进行预测,为测定教育发展规划和进行教育改革提供科学依据。

教育统计学

教育统计学是随着统计学的发展及其在教育领域的应用而产生的一门独立学科。经过几十年研究,其学科内容日益充实,由以描述统计为主、进展到以推断统计为主。它把统计学的方法应用于教育实际工作和教育科学研究,通过数据的分析和处理,以使人们更加准确地掌握教育情况。因此,它不仅为教育科学研究提供了科学的依据,而且为探索教育规律、制定教育方案、检查教育效率,加强教育管理提供了一种科学的方法。

比较教育学

比较教育学是以一定的哲学、社会学、经济学、历史学、教育学为基础,对一些国家的教育进行比较研究,从而为本国教育的发展和改革提供借鉴的一门学科。比较教育学运用辩证唯物主义和历史唯物主义的观点和方法,综合利用有关的新科学和新技术,研究当前世界不同国家、民族和地区的教育,在探讨各自的经济、政治、哲学和民族传统特点的基础上,研究教育的一些共同特点及其发展规律,并进行科学预测,以便根据本国的民族特点和其他的不同条件,取别国的长处,补本国的短处,充分发挥教育的最佳作用,为提高教育质量和人民的文化科学水平服务。

学校卫生学

学校卫生学又名儿童少年卫生学,是 19 世纪中叶随着普通卫生学的出现而逐步发展起来的主要研究如何保护和增强儿童健康、促进儿童少年发育的一门学科。它的主要任务有三个方面:一是研究儿童少年的机体(健康和发育状况)与教育及生活环境间的相互关系;二是找出影响儿童少年健康的各种因素,充分利用各种积极的有利因素以增强体质,控制各种消极的不利因素以减少疾病;三是根据科研成果和实践经验,提出相应的卫生要求,并采取适当的措施。学校卫生学的根本目的是创造一个良好的教育环境,以保护儿童的健康,增强他们的体质,促进他们的发育,确保教育和教学任务的顺利实施和完成。

教学法

教学法又称分科教学法和各科教学法,是指中小学校中各种不同学科的教学法如语文教学法、数学教学法。教学法分别研究不同层次的各门学科的教学规律、教学原则和教学方法。中小学开设什么课程就有什么课程的教学法学科。它们分别研究各门学科的教学目的和任务、性质和特点、教学内容、教学要求、教学过程和教学方式方法等问题,对于提高中小学各科教学质量起着重要的指导作用。

今天,随着社会经济的发展,科学技术的飞跃,教育实践的丰富,教育科学日益繁荣,新的分支不断涌现,除上述门类外,又产生了教育科学学、教育美学、教育伦理学、教育人才学等许多新的学科。

第五章

班主任的身体素质

　　伴随着社会、家长对教育要求的提高，班主任工作的压力越来越大，这不仅不利于班主任自身的成长，而且在一定程度上也影响了教育质量的提高。在一个班级中，班主任对学生的影响是全方位的、潜移默化的，班主任的身心健康是学生们健康成长的前提。没有健康的身体，根本谈不上好好工作，更谈不上创建和谐校园。

班主任身体健康的意义

班主任的工作相当辛苦;或伏案备课,劳其心神目力;或久站讲课,耗其咽津体力。班主任身体健康状况问题须予切实注意,妥善解决。

班主任身体素质是承担繁重教育教学和社会工作的需要。班主任的身体状况,直接关系到班主任能否完成各种教学科研任务。班主任的劳动是一种高强度的复杂劳动,它无固定的时间和场所,工作对象又是活生生的人,随时随地都可能出现始料不及的事情,致使班主任的工作方式和思想情绪经常处于变化之中。如此艰苦、复杂、繁重的劳动,就要求班主任具有健康的身体来应付这种工作。

学校教务管理工作,既要适当安排班主任的工作量,使他们有足够的时间进行休息,同时又要加强班主任的体育锻炼,使班主任能精力充沛地工作,还要定期检查班主任的身体,做到有病早治,无病预防,还要使班主任学会自我保健的方法、科学作息的方法,保证班主任以最佳精神状态投入工作。

班主任身体是教育事业的本钱。在社会主义建设中,班主任任重而道远。国家花费了很大的人力、物力和财力培养班主任,学校教务管理工作者应为国家保养好这笔财富。

班主任是人类文明的传播者和建设者,是人类智力资源的开发者。班主任的身体健康如何,关系到教育教学任务能否完成,人才能否顺利成长。由于班主任的工作具有艰巨性、复杂性、示范性、创造性和长期性的特点,班主任实际健康状况又不如人意,亟须引起高度重视,加强对班主任身体状况的管理具有重要的意义。身体素质是人诸素质中最基本的素质,它是人的其他素质赖以生存的基石,是人生最重要的物质基础,没有一定的身体素质作保证,一切良好的品质就成了空中楼阁,人也失去了成就事业的物质前提。

健康的体魄不仅是个人的财富,也是社会的宝贵财富。同样,班主任的身体,也决不是班主任本人的,应该把它看成是社会的宝贵财富,革命的本钱,教育的基础。这是因为,班主任是党和国家、社会和人民不可估量的心血,所以,班主任没有权力不爱护自己的身体,只有具备健康的体魄,才能更好地承担起教书育人的重任,在教育工作岗位上精力充沛地工作。

必须重视对班主任进行职业特点与身体健康的指导关系。班主任的工作并不像有的人想象的那样轻松,而是一种十分繁重的劳动,对人的体力和精力的消耗很大。班主任工作,一是时间长,没有上班下班的严格界限。二是事务杂,文娱、体育、卫生、纪律无一不需要班主任操心;备课、上课、谈心、家访、组织集体活动、开辟第二课堂都需要班主任具体去做、去安排。在众多的职业中,像班主任工作扮演这么多角色的,恐怕为数不多。三是强度大,教育教学活动是班主任活动和学生活动一个十分复杂的动态性总体,师生双方都要充分发挥和动员自己的精神力量,才能成功地完成教学过程,但首先班主任要有昂扬振奋的精神,这是激发起学生积极性的前提。这就需要班主任具备旺盛的精力。四是变化多,班主任工作的对象是活生生的人,随时都可能出现一些事先难以预料的事情,而且教育环境也是不断在变动的,这就使班主任的工作方式和思想情绪经常处于变化之中。如此艰苦、繁重、复杂的劳动,无疑对班主任的健康提出了很高的要求。如果身体状况不佳,很容易把身体拖垮,以致无法担负起自己所承担的工作。

健康的体魄还有助于维持心理平衡,提高班主任心理挫折的忍受力。一个人在工作和生活中,时常会遇到这样或那样的挫折。有的人在挫折面前能泰然处之,积极想方设法排除挫折;有的则表现得焦虑不安,灰心丧气。人们对挫折的这种忍受性被称为挫折的忍受力,它反映了一个人遭受挫折时免于行为失常的一种适应力。

班主任在工作或生活中,也难免要遇到各种挫折,特别因其职业活动的特点,更易产生一些心理冲突,导致心理挫折。众所周知,班主任的工作对象是儿童、青少年学生,他们每天都有可能发生意外的情况,有时令人十分激动,有时叫人忧虑,常使班主任的情绪受到干扰;又因为他们都还处于人生不成熟阶段,其言语行动带有很大的情绪性,有时他们不理解班主任的善意,对班主任表现得粗暴无礼,甚至公开拒绝班主任的教育,当面同班主任对抗。在这种情况下,处理不好很容易引起班主任的心理冲突,造成心理挫折。一个班主任在遇到挫折时,能否正确对待,挫折忍受力强不强,主要取决于思想素质,但一个人的挫折忍受力与身体素质、心理素质不无关系。一般说来,强壮的人比病弱的人、心胸开朗的人比心胸狭窄的人更能忍受挫折,更能适应各种环境。因此,班主任要提高挫折的忍受力,除了提高认识水平,培养自己的坦荡胸襟,还需要有一个强健的身体。

把班主任身体健康工作纳入科学的轨道

班主任的身体状况如何，对教育工作的完成是非常重要的。只靠班主任个人凭自己的经验行事，不能完全达到健康的目的。学校要制定提高班主任身体健康状况水平的具体实施计划，对实施的程序和步骤作出安排，使有关人员明确职责，班主任本人要了解具体内容，以达到思想统一、协调配合，从而高质量地实现目标。

使班主任掌握科学的保健方法

据有关专家研究表明，人类的主要疾病，如冠心病、脑血管病、恶性肿瘤等，主要是由于人们不科学的生活方式引起的。对于这些疾病的预防、治疗和康复，自我保健能起到事半功倍的效果。所以通过有计划有系统的活动让班主任掌握一套科学的保健方法是十分必要的。

班主任对身体健康的重视程度会对学生产生重大的影响

学生对于班主任的一言一行都有深刻影响，班主任对身体状况的态度也会影响着学生。学生的身体素质发展是其他方面发展不可缺少的重要条件，也是将来能否为社会做贡献的前提与基础。班主任重视身体状况的发展，也会便于管理好体育课、课间操、课外体育活动，使全体学生都能经常参加体育活动，增强体质。

对班主任身体健康进行管理是保证教书育人任务完成的条件之一

班主任是人类文明的传播者和下一代的培育者，身体健康状况将关系到教育教学任务能否完成，制定的培养目标能否实施。教育工作的艰巨性和繁重性决定了班主任的身体素质要有一个高的质量和水平。一些班主任由于长期辛勤工作，积劳成疾，加上营养跟不上，英年早逝，给我国的教育事业带来了不少的损失。因此，对班主任的身体状况进行科学的管理必须纳入到教育行政领导的工作内容之中，制定出切实可行的政策，提供一切可以提供的条件，改善和提高班主任的身体素质状况，使他们顺利地完成教书育人的任务。

班主任身体健康特点分析

班主任身体健康有如下特点：

身体良好功能正常

班主任是我国 13 亿人口中一个特殊的人群。尽管其人数在全国人口中占很小的比重，但对我国科技的发展，人才的培养，知识的延续和促进全民文化素质的提高及促进社会文明的进程,都有着极其重要的社会意义。振兴民族的希望在教育,而振兴教育的关键在班主任。所以,我们可以说,班主任是我们国家未来希望的播种者。随着科学技术水平的提高,班主任的社会作用越来越突出。因此,保证班主任的身体健康,使其能够全身心地投入到教育工作中去,是关系到国家的未来、民族的前途的大事。班主任作为一种特殊的职业,有其不同于其他行业的工作环境和行业特点。反映在班主任的生理和病理过程中,也有其自身的特点。

1. 运动系统的特点及正常功能的维持

人体的运动系统是由骨、软骨、关节和肌肉组成。它们占人体体重的大部分,并构成人体的基本轮廓,在神经、体液的调节营养下,起着保护、支持和运动的作用。

正常人体内约有 206 块骨,组成人体的支架。按其所在的部位不同,可分为颅骨、躯干骨和四肢骨 3 个部分。各骨端借关节、韧带或软骨连接起来。颅骨是由 23 块大小不同、形状各异的骨组成,又分为脑颅和面颅两部分。脑颅位于后上方,各骨相连接形成颅腔,保护其中的脑髓组织。面颅位于前下方,形成面部轮廓的骨性基础,并构成眼眶、鼻腔和口腔的骨性部分。躯干骨包括组成脊柱的 24 个椎骨(包括颈椎 7 块、胸椎 12 块、腰椎 5 块),1 块骶骨和 1 块尾骨及构成胸廓的 12 对肋骨和 1 块胸骨。椎骨借助于椎间盘、椎间关节和韧带相互连接构成脊柱,并形成前后方向的 4 个弯曲,即向前的颈凸和腰凸及向后的腰凸和骶凸以适应于人体的站立姿势,维持人体前后方向的平衡。四肢骨可分为上肢骨和下肢骨。上肢骨包括肩胛骨、锁骨、肱骨、尺骨、桡骨、8 块腕骨、5 块掌骨和 14 块指骨,构成肩、肘、腕、掌指及指间关节。下肢骨包括髋骨、股骨、髌骨、胫骨、腓骨、7 块跗骨、5 块跖骨和 14 块趾骨,分别构成髋、膝、踝、跗跖、跖趾和趾间关节。

关节是骨连接的一种方式,它既牢固又能活动。两个构成关节的骨端都有一层关节软骨,可减少摩擦,缓解震荡。关节周围有一个关节囊所包绕,形成内部的关节腔。关节囊的内层为滑膜,可分泌滑液减少关节的摩擦。有的关节还有关节内软骨。

肌肉是骨骼运动的动力器官。全身的骨骼肌有 600 多块,占人体体重的 40% 左右。骨骼肌的形态有 3 种。一种呈长梭状,多见于四肢,跨关节分布,起止于骨上,牵引骨运动;另一种呈扁平状,多分布于体腔壁,支持和保护内脏;还有一种呈环形,分布于裂孔周围,控制裂孔的开关。

运动系统的主要功能在于运动。而班主任的职业决定了班主任在工作时不可能有很多的运动，而往往是保持其一种僵直的状态，并持续较长的时间。如讲课时保持站立姿势，而不可能反复变换姿势不停地运动；而在批改作业和备课时，也多是伏案工作。这两种姿势占班主任工作姿势的主要部分。这就易导致颈椎和腰椎较长时间受力，而背部及腰部肌肉为维持这种固定的姿势长时间强直性收缩，久而久之，容易形成颈、腰椎的骨质增生及颈、腰部肌肉的劳损。而四肢肌肉则得不到相应的运动而萎缩。因此古人对秀才就有"手无缚鸡之力"的评价。基于以上特点，要保持班主任运动系统的功能正常，就必须加强班主任的运动，包括课间操等课间锻炼。课余时间青年班主任还可参加一些健身器械的训练及长跑、跳舞等运动，中老年班主任则可参加扭秧歌、太极拳、太极剑、气功、老年迪斯科等活动量较缓和，而全身肌肉、关节都能得到运动的锻炼。教育管理人员应督促和倡导班主任参加这些锻炼，保证班主任运动系统功能的正常和状态良好。

2. 呼吸系统的特点及正常功能的维持

呼吸系统包括气体通道，即鼻、咽、喉、气管、支气管和气体交换器官——肺。自鼻至气管为上呼吸道，支气管以下为下呼吸道。

鼻是呼吸道的起始处，也是嗅觉的器官。鼻腔可使吸入的空气得到湿润、加湿和清洁。它经鼻后孔与咽相通。鼻腔上部粘膜有嗅神经分布，可产生嗅觉。鼻腔外侧壁有上、中、下3个鼻甲，将鼻腔分为上、中、下3个鼻道；鼻腔侧壁上有3个副鼻窦及鼻泪管的开口，其中上颌窦和额窦开口于中鼻道，筛窦开口于中、上鼻道，鼻泪管开口于下鼻道。喉是呼吸和发音的器官，位于颈的前部，是由软骨、肌肉、韧带和粘膜组成的，上方连舌骨，后方与咽相通，下方与气管相通。喉腔侧壁的粘膜有两个皱裂，上方为假声带，下方为声带，两者之间为喉室。两侧声带之间的裂隙为声门。声门的大小和声带的松紧由喉肌进行调节，使呼出的气流通过声门时振动声带，产生不同音调和音色的声音。气管长约11～13厘米，由15～20个半环形气管软骨和其间的韧带构成。右支气管短粗而较垂直，左支气管细长而较倾斜。支气管的形态如一倒置的树状，分布于肺内。支气管的粘膜上皮均是有纤毛的单层或多层柱状上皮细胞组成，纤毛不断地向气管方向摆动，以排除进入的粉尘微粒及其他微小异物和分泌物。肺形如圆锥体，是由无数个微小的肺泡组成。右肺分两叶，左肺分三叶。肺泡是肺的呼吸单元。吸入的空气中的氧气进入肺泡后与肺泡壁中的毛细血管内的血液进行气体交换,氧气弥散入血,供机体进行有氧代谢,而代谢所产生的二氧化碳又通过血液运送到肺,弥散入肺泡而被呼出。这就是呼吸功能的主要目的。

班主任的职业特点影响到呼吸系统功能有以下两个方面:

(1)班主任的主要工作是授课,是属于用嗓音工作的人群。长期大声的讲课,常使咽喉部充血,发生炎症,甚至可引起声带息肉。有资料表明,班主任患咽喉炎者达36%,患有声带炎症或息肉者占10%以上,明显高于其他行业的从业人员。至于发声障碍、声音嘶哑者,往往占班主任的80%左右。因此,班主任应该掌握正确的用嗓方法,并注意保护咽喉的功能。应练习用"丹田气"发音,练习吸气时小腹向中心收缩,胸膈向周围扩张,呼气时缓慢而出,想象发起时胸腹中有"棒筒"支撑,切忌喉部用力来发高声。饮食宜新鲜清淡,富营养,易消化,不可骤服冷食,并戒烟忌酒,也可用胖大海、石斛、薄荷等泡水代茶饮。这有利咽清音之功效。亦可进行自我按摩:推揉喉结两侧,同时以手指轻揉人迎、水突穴部,可有开音爽喉的作用。

(2)目前我国班主任主要的授课工具还是靠粉笔板书。长期接触粉笔的粉尘,也会对呼吸系统产生影响。班主任往往在板书或擦拭黑板的同时,也在不停顿地讲课,这就不可避免地吸入粉笔的粉尘。这些粉尘长期刺激呼吸道的粘膜,可引起鼻炎、咽炎、喉炎、气管及支气管炎。为减少粉尘对班主任身体的危害,应使班主任掌握一定的防护知识。首先要减少粉尘的产生,充分利用挂图、大字报和投影仪、幻灯机及闭路电视教学,或将传统的黑板用新的油墨书写板代替。另外,授课前要充分备课,以免上课时忙乱,以减少不必要的板书。第二,要加速粉尘的消失。可进行适当的通风,还可增加湿度,用湿布或黑板擦蘸水来擦黑板。第三,班主任也要注意进行适当的个人防护。在擦黑板时要屏住呼吸,不要讲课,最好能用手帕掩住口鼻,防止吸入粉尘。擦完黑板后,最好暂时到讲台的一边或讲台下讲课,以避开粉尘。

3. 消化系统的特点及正常功能的维持

消化系统包括消化管和消化腺两部分。消化管始于口腔,终于肛门,依次包括咽、食管、胃、小肠、结肠和直肠。消化腺主要包括唾液腺,胃肠壁的腺体及肝、胰。

口腔是消化管的起始部。其前方为唇,侧壁为颊,顶部为腭,底为肌肉和皮肤,中间为舌,后方为咽,舌周围为牙及牙龈。咽分为鼻咽、口咽及喉咽。鼻咽部有咽鼓管的开口,由此与中耳相通。食管为一肌性管,长约25厘米,上与喉咽相移行,下与胃贲门相通。胃为一肌性囊,其壁上有分泌胃酸及胃蛋白酶的胃腺。食物经过咀嚼入胃后,由胃酸及胃蛋白酶进行初步消化后,再进入小肠进一步消化吸收。另外胃酸还有消毒杀菌作用,有少量致病菌进入时可经过胃酸的防御而免于患病。但当胃酸过多时可对胃肠的粘膜进行消化,从而引起消化性溃疡。小肠从上到下依次可分为十二指肠、空肠和回肠。十二指肠位置较固定,与胃相连续的球部易受胃酸的消化而形成溃疡,降部有胰腺及胆道的开口。空肠与回肠是小肠的主要部分,长约十余米,位置较游离,是食物中营养成分吸收的主要场所。肠壁的粘膜有环形的皱壁,其上布满绒毛,以最大限度地增加吸收面积。小肠的蠕动较慢,有时还有逆蠕动,以增加食糜在小肠的停留时间,延长吸收时间。经过吸收后的食糜,进入结肠。结肠分为升结肠、横结肠、降结肠、乙状结肠。结肠主要是吸收水分,将消化吸收后的食物残渣形成大便,运送到直肠。直肠是消化管的最后一段,长约15厘米~20厘米,终于肛门,直肠的粘膜下层有丰富的静脉丛。当这些静脉丛因某些原因发生曲张时即形成痔。

肝是人体内最大的消化腺,重约1.5千克,是体内物质代谢和解毒的重要器官。其分泌的消化液为胆汁。肝表面借镰状韧带分为左右两叶。肝脏的基本单位是肝小叶,相邻的几个肝小叶间有汇管区,为血管和胆管的通行处。当肝脏受损时,汇管区的纤维组织可向小叶内伸展形成肝纤维化。肝的血液供应有两个来源:一是门静脉系统,收集含肠道吸收物的血液进入肝脏,发挥代谢解毒作用;二是肝动脉,供给肝脏氧及营养物质。胆囊位于肝下面的胆囊窝内,呈梨形,可容纳胆汁40毫升~60毫升,有浓缩胆汁的功能。胰是人体内第二大消化腺,位于胃的后方,胰腺的复泡管状腺分泌胰消化液,为外分泌部,胰岛为内分泌部,分泌胰岛素和胰高糖素。当胰岛素缺乏时可引起糖尿病。

班主任的工作要求精力高度集中,导致精神紧张,因而可影响胃酸的分泌及胃肠的蠕动,导致胃肠道疾病患病率较高,如消化性溃疡、慢性胃炎等,患病率可达15%~25%。另外,班主任的工作多为坐、立而运动少,饮食结构也不尽合理,因而胆囊炎、胆石症的发病率也较高。目前我国班主任的经济收入偏低,决定了班主任的卫生状况较差,容易传染肝炎,尤其是乙型肝炎,而后逐渐发展为肝硬化和肝癌。因此,作为教育管理机构和政府部门,应该首先改善班主任的经济收入,提高卫生水平,进行乙肝疫苗接种等保健措施,减轻班主任的负担,督促从教人员参加体育锻炼,进行适当的保健卫生知识的宣传,定期组织体检,发现疾病及时治疗,保证班主任的身心健康。

4. 循环系统的特点及正常功能的维持

循环系统主要是由心脏和一些复杂而密闭的管道连接而成。这些管道又分为血管和淋巴管系。

心脏在胸腔中部偏左,位于两肺之间。心壁主要由心肌构成,内衬心内膜,外有心外膜,再外是心包膜,两层之间为心包腔。心脏的内部被房间隔和室间隔及左、右房室口分为左、右心房和左、右心室。右心房收集全身静脉回流血再经右心室泵入肺进行气体交换,交换后的含氧动脉血经左心房进入左心室,由左心室泵入主动脉供应全身各器官代谢所需的氧。心脏本身的营养血管是左、右冠状动脉,均起始于主动脉的根部,从左、右两方绕心脏环行。当冠状动脉因某种原因出现狭窄时,如动脉粥样硬化等,可导致心肌供血不足,这就是冠状动脉性心脏病,简称冠心病。当冠状动脉的某一支阻塞时,心肌缺血坏死,即为心肌梗塞。动脉在正常情况下有良好的弹性,当动脉硬化,弹性减低时或动脉持续性收缩时,可引起高血压。静脉管壁较薄,弹性差,当压力过高时可致管壁膨胀形成曲张,出现下肢静脉曲张或痔疮等疾病。淋巴系由淋巴管、淋巴结和淋巴组织构成。当血液从动脉到达毛细血管时,血液中部分液体从毛细血管渗出,形成组织液。组织液和细胞交换代谢物质后,一部分被毛细血管再吸收回到血液内,另一部分渗入毛细淋巴管形成淋巴液。淋巴液在向心流动中都经过淋巴结。当身体某部位发生炎症或癌肿时,微生物或癌细胞可沿淋巴管蔓延,到达该器官或该局部的淋巴结,引起淋巴结肿大、疼痛。淋巴器官主要是淋巴结、扁桃体和脾。

班主任的职业特征反映在循环系统中,有以下几个特征:

(1)班主任的职业往往使之精力高度集中,精神紧张,使肾素——血管紧张素水平升高,导致血管收缩,血压升高。

(2)班主任往往缺少锻炼,心血管系统得不到运动,储备能力下降。以上两点,使班主任易患高血压、冠心病。有资料表明中老年班主任心血管病变患病率高达25%以上。

(3)班主任往往久坐、久站,容易引起便秘及盆腔和下肢瘀血,导致痔疮或下肢静脉曲张。作为教育管理人员,应该组织班主任参加适当的娱乐活动和健身运动,使之在紧张的工作之余,在精神和体力上得到充分的放松;监督班主任参加适当的体育锻炼,增加心血管系统的储备能力,防止心血管疾病的发生。另外,食物中应含有足够的纤维素,保持大便通畅,缩短排便时间,减轻盆腔和下肢的瘀血,防止痔疮和下肢静脉曲张的发生。为防止下肢静脉曲张,可建议穿紧身弹力裤或打绑腿,这样可促进下肢的血液回流。休息时宜抬高下肢。发现局部淋巴结肿大或疼痛时,应及时就诊,查明原因,彻底治疗。

5. 神经系统的特点及正常功能的维持

神经系统包括脑髓、脊髓及与之相连的脑神经和脊神经及神经节等。根据存在部位,颅腔中的脑髓与椎管中的脊髓组成中枢神经,由脑髓发出的12对脑神经和由脊髓发出的31对脊神经组成周围神经。按支配区域和功能,可分为支配骨骼肌、皮肤和感觉器的身体神经及支配内脏和血管壁上的平滑肌、心肌和腺体的植物神经。

大脑是高级神经中枢所在处,借表面的沟回可分为额叶、顶叶、枕叶、颞叶及脑岛五部分。人体的各种感觉和运动功能在大脑都有相应的定位中枢管理,当这些中枢受损时,会出现躯体的相应的感觉和运动功能障碍。小脑的主要功能是稳定身体重心、维持平衡及保证肢体共济运动。当小脑功能受损时,可出现平衡失调及共济运动障碍。脑干有许多神经核,是各种内脏活动及躯体活动的低级中枢,也是各种感觉运动的传导中继站,其中的延髓是生命中枢所在,当其受损时可引起呼吸、心跳功能障碍,导致死亡。脊髓长约40~45厘米,分为31个节段,分别发出31对脊神经,支配相应节段的躯体感觉和肌肉运动。脑神经共12对,主要支配头面部的感觉器、皮肤和腺体及肌肉。其中迷走神经还分别支配胸腹腔内腔的感觉和运动。植物神经主要支配内脏和血管中的平滑肌、腺体和心肌,它不受意志控制,又分为交感和副交感神经。这两个系统的作用是对立的。当处于兴奋状态时,主要表现为交感神经占优势,而抑制状况时表现为副交感神经作用为主。这两个系统的对立统一,维持机体的平衡和正常功能。

班主任是脑力劳动的从业者。经过长时间的脑力劳动,常会出现神经衰弱、偏头痛等神经系统异常。根据对部分省市中年知识分子患病情况的调查,患有神经系统异常的有25%以上。对于年龄偏大的班主任,在患有动脉硬化,高血压等症的情况下,更易发生脑梗塞而危及生命或丧失工作能力。另外,班主任备课、批改作业,容易引起视觉疲劳,而且许多班主任的工作,生活环境较差,采光不足,更易损害视力,导致近视。据江苏省的统计,班主任近视人数达45%。班主任中患有失眠、健忘等症者也不在少数。因此,教育管理人员应针对以上特点,制定科学的作息制度,指导班主任科学用脑和用眼,防止用脑和用眼疲劳,并改善办公室的采光条件,尽可能地保证班主任的神经系统功能正常。

6. 内分泌系统的特点及正常功能的维持

内分泌腺是体内的一些特殊腺体。其特点为腺体小、无排泄管。腺实质由上皮性腺细胞组成。腺细胞分泌的化学物质为激素,直接进入血液,对机体的代谢、生长和发育及生殖等重要功能起调节作用。它与神经系统共同组成体内的神经体液调节系统。内分泌腺主要包括脑垂体、甲状腺、甲状旁腺、肾上腺、胰岛、性腺及嗜铬系统等。脑垂体分为前叶和后叶,是最重要的内分泌腺,可分泌多种激素调节其他内分泌腺的活动。前叶分泌生长激素,促甲状腺激素,促肾上腺皮质激素,促性腺激素,后叶分泌抗利尿激素和催产素。甲状腺位于颈下部气管两侧,其内有大量大小不一的滤泡,滤泡腔内为含碘的胶体物质。这些含碘物在酶的作用下可合成甲状腺素,促进全身物质代谢。当甲状腺机能亢进时,氧化代谢加速,可形成凸眼性甲状腺肿。机能减退时代谢低下,生长发育受影响。甲状旁腺位于甲状腺后,如高粱米大小,分泌的甲状旁腺激素调节体内的钙磷代谢。肾上腺位于肾上端,分为皮质和髓质。皮质又分为三带,依次为球状带(可分泌醛固酮等盐皮质激素),束状带(可分泌可的松等糖皮质激素)和网状带(可分泌性激素)。髓质为嗜铬细胞所在处,可分泌肾上腺素、去甲肾上腺素等。

班主任的职业特征与内分泌系统关系不大,对内分泌系统影响较小。因此,班主任患内分泌系统疾病的发病率与普通人群相似。教育管理者对班主任内分泌系统功能的维持,除及时发现症状,如多尿、多饮、多食、消瘦、突眼、手抖、性格改变、粘液水肿、向心性肥胖等,督促有类似症状的班主任及时就医外,在职业劳动防护上似无更大作为。

7. 造血系统的特点及正常功能的维持

造血系统包括血液、骨髓、脾、淋巴结及分散在全身各处的淋巴和单核—巨噬细胞组织。

在正常情况下血细胞是在骨髓内及骨髓外的淋巴系统和单核—巨噬细胞系统内生成的。骨髓是人体的主要造血器官。成年人红骨髓主要存在于扁骨及肱骨和股骨的近端。骨髓是由血管和分支的纤维母细胞组成的网状结构,内含大量造血细胞。骨髓有多能造血干细胞,可分为骨髓干细胞和淋巴干细胞。前者再进一步分化为各种定向干细胞,经过分化繁殖而分别成熟为红、粒、单核细胞及血小板。淋巴干细胞被输送到胸腺或骨髓,在其中分化成熟为免疫活性细胞T淋巴细胞或B淋巴细胞,参与体内的细胞和体液免疫。淋巴结主要产生淋巴细胞,脾脏也能生成淋巴与单核细胞。单核—巨噬细胞系统从骨髓中原单核细胞至组织中的巨噬细胞这样一组不断成熟和延续的细胞系列。

引起造血系统疾病的原因很多,可能有感染性的、化学性的、物理性的、变态反应性的、肿瘤性的、代谢性的、失血性的、遗传性的及特发性的。班主任发生血液系统疾病常见原因为失血性、物理性和化学性,包括痔疮、肛裂、女同志月经过多等慢性失血及物理和化学实验中接触有毒物质及放射性物质。因此,为防止血液疾病的发生,应注意防治痔、肛裂及月经过多的疾病。对教授物理和化学实验课的班主任要加强防护,在接触放射性物质时,应在铅玻璃后或戴铅围裙操作。放射源要保存于铅容器内;实验中接触有毒化学物质时,应戴手套并在通风柜中操作。教育管理部门应针对类似的实验室制订严格的实验室操作规程,并督促实施。

三、泌尿系统的特点及正常功能的维持

泌尿系统包括肾、输尿管、膀胱及尿道。肾位于腰部脊柱两侧,约在第11胸椎至第3腰椎之间。肾实质主要由肾小球、肾小管和血管组成。肾小球由血管球和肾球囊组成。血管球为毛细血管团,在小球内较高血压的作用下,血液内的水、糖类,无机盐及代谢废物从这些小孔滤出进入球囊腔形成原尿,成人每昼夜可滤出170～200升。这些原尿进入近曲小管,约85%的水、全部糖类及部分盐类被再吸收入血。经过近曲小管吸收后的尿再进入肾小管,可再吸收部分水分,然后进入远曲小管。远曲小管可再吸收约14%的水分和部分盐类。尿液经过远曲小管后进入集合管。数个集合管合成乳头管,开口于肾乳头,将尿液通过肾盂排入输尿管。成人每昼夜排尿约1.0～1.8升,比重1.006～1.025。输尿管在成人长约25～30厘米,上接肾盂,下连膀胱。膀胱为一肌性囊,膀胱壁的肌肉错综排列,称为逼尿肌,收缩时挤压膀胱,排出尿液。在与尿道连接处各层肌肉交叉形成肌肉襞,即为膀胱内括约肌。男性尿道较长,约15厘米～20厘米,分为前列腺部、膜部和海绵体部,在膜部有括约肌环绕,此为骨骼肌,可随意控制排尿;女性尿道短而直,长约3～5厘米,容易引起逆行性感染。

有资料表明,班主任患泌尿系统疾病较少,患尿路感染者约2%,患肾炎者约0.8%,患尿路结石者不到0.5%,推测与班主任注意个人卫生及房事卫生,无水中作业机会,衣着宽松适体等有关。根据以上统计及生理解剖特点,尿路感染的预防应重点在于女性班主任,保持会阴部清洁,养成良好的个人卫生习惯。另外,应提醒班主任平时多饮水,可起到对泌尿系清洁冲洗的作用,可预防尿路感染及结石等疾病。

9. 生殖系统的特点及正常功能的维持

男性生殖器由生殖腺(睾丸)、输精管道(附睾、输精管、射精管、尿道)、附属腺(前列腺、精囊腺、尿道球腺)和外生殖器(阴茎和阴囊)组成。睾丸位于阴囊内,左右各一,是产生精子和雄激素的器官。附睾位于睾丸上方和后方,是由与睾丸相连的一条蜷曲的管组成,下与输精管延续。输精管通过腹股沟管进入盆腔,与精囊腺排泄管会合成射精管,穿过前列腺,开口于尿道。男性输精管结扎即在腹股沟管处进行。前列腺与膀胱相贴,呈倒置栗子形,后与直肠相依。老年人前列腺肥大时,可通过直肠触知。精子在睾丸形成后,暂存于附睾内。射精时经输精管到达精管,和精囊液会合,进入尿道时,混入前列腺和尿道球腺的分泌液,从尿道排出体外。女性生殖器包括内生殖器(卵巢、输卵管、子宫、阴道)和外生殖器(阴阜、大阴唇、小阴唇、阴蒂、阴道前庭和会阴)。卵巢是一对生殖腺,产生卵细胞和雌性激素。输卵管是一对弯曲的管,长约10厘米~12厘米,它与卵巢合称为附件。女子绝育术即将输卵管切断结扎。子宫呈倒置的梨形,分为底、体、颈三部,子宫颈的外口与阴道相通。子宫壁分内膜、肌层和外膜三层。内膜在月经周期中有周期性变化,月经就是子宫内膜的周期性剥落和出血,一般28天来潮一次,流血3~5天。阴道为前后略扁的肌性管,壁富伸展性,上端包围子宫颈阴道部,前壁与膀胱、尿道相贴,后壁与直肠相贴。

班主任生殖系统功能异常主要是女性班主任多见。女班主任的痛经、月经不调发生率,有人统计占女班主任总数的13%。而阴道滴虫感染、阴道炎的发生较少。改善身心状况,参加适当的体育活动,对防治女班主任的月经病是有益的。根据男女生殖系统的差别,在实行计划生育手术(绝育术)时,男性在腹股沟管处结扎输精管较女性开腹结扎输卵管损伤要小。因此应动员男方施行手术。另外,班主任的房事保健,也是维持生殖系统功能正常的一个重要方面。首先要保证房事和谐,普及性卫生常识,保持精神愉快,对对方应理解、尊重、支持、关心、体贴、友爱,才能建立美满和谐的性生活。其次要节制房事,不可纵欲过度。一般应以次日精神饱满、无疲劳感、自觉轻松愉快为宜。再其次即是房事有禁忌，一般在饱餐、醉酒、情绪异常、患病或体弱时不应行房事。在妇女的月经期、妊娠期、产褥期也应禁忌房事。

以上我们分别从人体的九个系统对班主任的生理特点及正常功能的维持进行了论述。每一个系统既是独立的，又和其他系统有着不可分割的关系。九个系统之间具有相互影响、相互促进的特点。一个人身体状况良好，功能正常，就是体现在这些系统能够正常工作，相互协调。身体各部分发育良好，功能正常，是班主任身体健康的一个标志。和其他职业一样，班主任职业对班主任的身体素质也有特定的要求。其中最主要的有以下几个方面。

(1)耳聪目明。耳聪目明是对班主任最一般的要求，是做班主任的起码条件。一个视而不见、听而不闻的人是不能当班主任的。对班主任来讲，耳聪目明有两个方面的含义，一是从身体素质方面要求班主任具备较好的视听能力；二是要求班主任要做到头脑清晰，目光敏锐，善辩弦外之音，不失时机地培养和提高自己的"看""听"艺术。

在对班主任生理素质的要求上，视听器官的功能应当保持正常。中医学认为肾与耳朵有内在联系。《灵枢·脉度》中言："肾气通于耳"。即是说，肾气充足，则听力灵敏。保护听力与整个身体素质的锻炼是密不可分的。班主任的听力素质，在教学工作中的作用不容忽视，外界的一切声音信息都是通过耳朵传达到中枢神经的，因此，班主任离开了正常的听觉，那将寸步难行。班主任应象爱护自己的眼睛一样爱护自己的听力。班主任在繁重的职业工作中应从以下几个方面来注意保护眼睛：

①看书写字时，书或字与眼睛应相距一市尺左右；

②看书的姿势要端正，不要躺着或在车上看书，也不要一边走路一边看书。看书的姿势不正确，两只眼睛与书本的距离不等，或急剧变化，会加重眼睛的负担，使眼肌容易疲劳，机能下降，从而影响视力；

③看书写字等活动的时间不宜过长。因为看书写字时，眼睛处于相当紧张的状态。时间过长，眼睛就会因过度紧张而发生酸胀、眼花等症状。如果经常这样，不注意适当的间隔休息就会使眼睛的调节机能下降而形成近视；

④看书写字时光线要合适。光线应充足、柔和，最好让光线由左上方或左前方照在书或本上，以免写字时在书本上造成阴影，以灯光为光源时，吊灯类应用40瓦~60瓦灯泡，距离书本1米左右。台灯应用25瓦~

40 瓦灯泡,距书本 40 厘米左右;

⑤字要写大一些,清楚整齐。字太小,不仅写时费劲,看时也费眼。字迹潦草不清,看时容易使眼睛疲劳;

⑥积极参加体育锻炼,注意生活卫生和营养。多进行户外活动,全面增强体质,对预防近视有积极作用。据国外资料证明,近视的形成与摄取的食物营养不平衡有关。因此,应当养成不挑食、不偏食和少吃零食等习惯。要多吃新鲜蔬菜和豆类等食物,以保证身体获得全面的营养。

(2)说话流利,声音洪亮。班主任所承担的教育、教学工作主要是通过班主任的语言来完成。离开了这一中介,班主任将难以顺利地完成正常的教育、教学工作。

语言主要包括书面语言和口头语言两个方面,当然还有一些无声语言,如哑语、旗语等。对于班主任职业来说,最为常用和重要的是口头语言。口语通过声音表现出来,从而使得班主任站在 3 尺讲台前,时而慷慨激昂,时而低声细语,抑扬顿挫、侃侃而谈。

保护嗓音,首先要注意锻炼身体,防止伤风感冒。上呼吸道的感染,更易引起声带的水肿充血,故在患重感冒、急性咽炎时要适当节制用嗓。注意休息,睡眠充足,许多班主任因睡眠不足、劳累而感到"音色不亮""讲不动",甚至声音嘶哑。其次,吸烟会引起声带粘膜充血肥厚,咽喉部干燥,同时,它对咽喉癌、肺癌的发病有一定的关系。饮烈性酒,吃带刺激性强的食品,还有某些药物都会引起嗓音嘶哑。女班主任月经期应注意减少用嗓时间。再次,课程安排上也要注意合理间隔,以便声带休息,保证课堂讲课时声音清脆、圆润、洪亮。

精力充沛地应对工作和生活压力

每个人都会有不同程度的工作或生活压力,其体验程度取决于知觉、经历、人际关系、工作绩效以及对压力的反应。压力就是人们在对付那些自认为无法对付的情况产生情绪上和身体上的异常反应。压力过大时会形成心理紧张状态,也会耗尽人们的精力。了解压力的来源可以帮助我们为应付压力做准备。班主任的劳动是一项十分辛苦、繁杂的劳动,没有旺盛充沛的体质作保证是难以胜任的。班主任工作每日每时都要消耗大量的精力和体力,有人称这种消耗为"静消耗"。这种消耗的直接结果就是它容易使人疲倦无力,不能完成和负担正常的工作量。班主任在工作和生活中,时常面临着一系列极为复杂的问题:传道、授业、解惑,与学生、同事、领导之间的人际关系,婚姻、家庭生活,学生升学、子女就业等等,都需要班主任有充沛的精力去处理和对待。目前,我国的班主任,尤其是中小学班主任基本上是"超负荷"工作。近年的不少事实告诉大家,我们对班主任职业,对人的体力和精力的巨大消耗量是估计不足的,致使许多班主任过早地体力不支,不能继续从事自己心爱的事业。

班主任从容不迫地处理日常生活和工作压力是以中枢神经系统的功能作为基础的,而只有在人体各部分机能健康,协调的发展中,使人的精力充沛,思维敏捷。因为在精力充沛的情况下,中枢神经系统处于兴奋状态时,对人的活动有促发启示的作用。因此,一个班主任要想从容不迫地应付日常生活和工作的压力,必须保持精力充沛。

1. 压力来源

压力的来源有工作压力来源和生活压力来源两类。

(1)工作压力源。从工作内部产生的压力包括工作量太多或太少,具体任务的要求标准偏高偏低,担负的太多、太少的工作任务与个人提职提级等发展机会的关系,与同事之间的关系的好坏情况,工作环境(如办公室)条件的好坏等等。

班主任承受的工作压力是多方面的,如:学生的升学率、优秀率、及格率、巩固率等,还有班主任个人价值实现方面的,如各类光荣称号、提级、提职等。班主任本身的素质情况,决定了对工作有较高的期望值,其工作压力也会相应增高。

(2)生活压力源。生活压力主要源于个人生活,如离婚、结婚、家庭成员的死亡、本人得病等生活变化都会带来生活压力。班主任经济收入偏低、住房情况紧张、工作繁重等也相应地会给班主任带来生活压力。

班主任这一社会角色在生活中易带来压力的生活事件有:配偶死亡、离婚、本人被解聘或流动、家庭近亲死亡、儿女离家出走、物价上涨、单位分房子或调职调级、本人受伤或患重病、退休、结婚、家庭出现新成员、工作调动、个人的突出成就、与领导发生纠纷、儿女上学或就业、本人进修提高等。

不同的压力源产生的压力大小不同,相同的压力源对不同个性的人产生的压力大小也是不同的。个性是由多种因素影响经过较长时间而形成的个人特征,对压力会产生不同的知觉与反应,作出不同的行为对策。

2. 压力的后果

压力所产生的后果可分为积极的和消极的两种。但仅就对身体健康状况的影响来看,压力与大量疾病的产生都有一定的关系。医学人员研究发现,压力与冠状心脏病、癌症等有联系。伴随着工作压力与生活压力而来的其他健康问题还有酗酒、滥用药物、身体的失调、病痛和思想问题等。

3. 保持充沛的精力对待压力

对待压力进行管理,可以是一个或多个目标,使个人能更好地抗拒压力或排除、控制压力的来源或抵消压力的影响等等。

精力充沛往往有助于更好地对待压力。具体方法有治疗、运动、事前计划、足够的睡眠、娱乐活动、合适的饮食、深思和松弛。适度的运动,可以使工作精力充沛,使生活规律化,提高睡眠质量,保证充足的休息,提高工作效率,提高机体的适应和代谢机能,增加对疾病的抵抗能力。做事前作好计划,对结果有充分的估计和心理准备,可以避免出现意想不到的情况,造成突如其来的压力。合理的饮食对于人的身体健康有很大的影响,班主任的职业特点和经济状况决定了要合情合理地调配饮食,既经济实惠又保证营养。班主任的业余生活应该是丰富多彩的,使工作的压力得到缓解,可以通过动、静结合的娱乐方式松弛神经,使大脑得到休息。如听音乐、日光浴、旅游等。在优美的音乐声中自由地遐想,在美丽的大自然怀抱中沉思,排除一切干扰,重新思索人生,设计未来,增添信心,恢复活力。

另外,还应提醒班主任对自己的生活做些调整。如:保证充足的睡眠;试着了解更多的人,和同事建立起亲密的关系;学会拒绝别人,不愿做的事不必勉强;对自己的工作重新评估,如果觉得自己的确不适合这种职业,就转行换业;要经常参加体育运动,放松一下精神,活动一下肢体等。

无论是工作上的压力还是生活上的压力,经常都是自己带来的,要减轻或解除这些压力,关键还在于班主任自己。

增强应变能力

班主任所处的环境是瞬息万变的。静静的课堂也许会被意想不到事件所干扰,如突然有人发病等。班主任要想有效地组织教学,就必须具备较强的应变能力。

应变能力是人体表现出来的一种复杂素质,它既与神经的灵敏反应有关,又与力量、速度、协调性等素质有密切关系,因此,也可以说它是一项综合性素质。在教育过程中,班主任的应变力是不可缺少的。

班主任的劳动特点告诉我们,班主任的工作是极其复杂的。与其他行业,特别是与工农业劳动相比较,有许多不同。其中,最突出的一点就是劳动对象。班主任的劳动对象既不是无生命的自然材料,也不是无意识的动植物,而是在社会、家庭和学校生活中不断成长起来的有思想、有情感、有个性的新一代青少年儿童。他们天性活泼,生机勃勃,处在不断的变化之中。班主任作为教育过程中的主导者,应能迅速适应教育环境中的新情况,并对之采取果断的措施。

从生理角度看,班主任应变能力的强弱,主要取决于神经系统的功能,从此意义上看,班主任应努力增强体质,确保身心健康。

坚持体育锻炼,积极动脑是增强应变能力的重要方面。

坚持体育锻炼对机体各系统无论是在形态结构方面,还是在生理机能方面都有益处。适度的体育锻炼,可以使人精力充沛,提高工作效率,增强抵抗疾病的能力。通过体育锻炼,可以使人的骨骼增粗,骨质坚固,肌肉粗大有力,关节灵活,肌肉对神经刺激的反应速度快且准确性强,各肌肉或肌群之间的协调能力也相应提高,从而动作反应快且协调,不易在意外的冲击时受伤,增强应变能力。

适宜班主任体育锻炼的项目较多,如太极拳、气功、游泳、球类运动、骑自行车、跑步、散步、广播操、健身操等等。运动要从小到大,因人制宜,以身体不疲劳为度。参加锻炼前要做一些准备活动,使神经肌肉兴奋起来,避免意外损伤。另外体育锻炼贵在坚持。

增强应变能力的另一方面是通过勤于用脑,提高大脑的思维力和记忆力,延缓脑组织的萎缩,增强脑功能的活力。大脑遵循"用进废退"的生物进化规律,脑子越用越灵。

作为班主任不断地学习知识,接受新的信息是非常必要的。那些受学生尊敬、信赖的班主任往往学识渊博、教育能力很强,头脑反应灵活,有教育机智,教育应变能力很强。平时勤于用脑,可以积累知识,及时总结教育经验。勤于用脑会促进思维的发展,提高分析问题、解决问题的能力。用脑的同时,往往需要眼看、耳听、口诵,调动其他感官协同工作,甚至手脑并用,成为一种全身活动,对身心健康都有好处。班主任备课时,边看书边做笔记,同时还要思考,结合学生的实际情况,确定切实可行的传授知识的方法。上课时,班主任按照计划进行讲课时,还需根据课堂上实际情况做出及时的调整,便于学生接受知识。因此,保护大脑,合理用脑也非常重要。勤于用脑,也需要劳逸结合,调节脑神经的紧张程度,使大脑出现的疲劳尽快消除,保证工作的效率,富于教育机智,提高应变能力。

第六章

班主任的心理素质

　　实施素质教育就是在使受教育者在生理素质、心理素质和社会文化素质上和谐发展，在德、智、体诸方面全面发展。它提出健康的人应该是"不仅没躯体的残缺与疾病，还要有完整的心理、生理状态以及社会适应能力。"可见人的健康不仅指生理上，而且还应包括心理上的健康。这种观点正被越来越多的人所认识、所接受。班级是学校教育和管理的基本单位，也是班主任进行教育工作的依靠力量和组织保证。一个良好的班集体对每一个学生的健康发展有着巨大的教育作用，健康的班集体是孩子们健康心理人格形成的沃土。所以，要创建和谐的班集体，班主任必须关注学生和自身的心理素质。

班主任的心理素质概述

班主任应有高尚的思想道德和渊博的知识及高超的教育能力,班主任还必须具备良好的心理素质。国内外的大量研究结果说明,班主任的心理素质尤其是个性品质,如情感、意志、性格、自我意识等是直接影响教育工作成败的重要因素。著名戏剧家斯坦尼斯拉夫斯基一向认为,角色的外部特征是不用学的,因为角色的深层结构一旦形成,其外部特征就会自动地表现出来。因此,认为班主任需要的只是一个被称之为教学能力的百宝箱教学法的观点是应摒除的。同时,班主任的心理素质本身也是一种极重要的教育因素,它直接影响学生的心理素质的形成。苏霍姆林斯基说:"我们工作的对象是正在形成中的个性的最细腻的精神生活领域,即智慧、感情、意志、信念、自我意识。这些领域也只能用同样的东西,即智慧、感情、意志、信念和自我意识去施加影响。"

班主任群体社会心理气氛的特征

班主任群体在日常的工作、学习和生活中,因共同的活动而促使其形成的群体社会心理气氛,我们称之为班主任群体的社会心理气氛。通过黑龙江省哈尔滨市师范专科学校孟慧杰、第四十七中学杨晓军二位老师对哈尔滨市三所中小学班主任群体社会心理气氛问卷调查得知,班主任群体的社会心理气氛呈现出如下几个显著特征:

1. 有明确、深刻、细致的社会认知

班主任群体的文化、知识水平普遍较高,观察、分析问题的能力较强,因而班主任群体对事物的认识具有明确、深刻和细致的特点。班主任群体意识的这种理智性的特点,还表现在班主任具有较强的独立思考能力,各个成员都愿意发挥自己的聪明才智,对问题提出自己独到的见解。班主任群体的社会认知偏差较少,不会轻易发生从众现象。在大多数情况下,班主任群体的认识都不会被情绪所左右,有较强的抗干扰的能力。

2. 有强烈的工作意识、成就动机和竞争意识

班主任群体对教育教学工作的态度是班主任社会群体社会心理气氛的一个重要组成部分。许多实践经验和研究资料都表明,班主任群体的工作态度是积极向上的,长期的教育实践使班主任群体形成了热爱工作、尽职尽责的心理定势。

当代班主任有着各种各样的想法和要求,然而绝大多数人最关心的莫过于自己所取得的成就如何。他们最大的苦恼是不能充分发挥自己的作用,不能把自己的聪明才智贡献给人民。这种对事业的追求、对成就的向往,使班主任群体呈现了积极向上的心理倾向,是班主任工作积极性的重要来源。班主任群体努力工作、追求成就的强烈动机也伴随着竞争意识,在教学工作中有竞争,在班级管理中有竞争,在进修学习中有竞争,在评先选优中更有竞争,学校工作中到处都存在着优胜劣汰的选择与机遇。这种班主任群体在工作中的竞争意识,使学校的风气焕然一新,使之更富有活力与生机。

3. 有高水平的情绪、情感体验

班主任群体长期从事教育教学工作,对教育事业有着执著的追求,对学生有着无限的热爱,在各项工作中,班主任群体的情绪、情感体验是高尚的、无私的和慈爱的。班主任同其他行业的知识分子一样,知书达礼、文明礼貌、有见解、懂道理、喜欢说服、讨厌压服。这体现在班主任群体的情绪状态上,则反映出平和、深沉与稳定的特点。这些群体情绪上的特点,一是来源于班主任群体较高的文化道德素养;二是来源于班主任群体成员有较大心理承受能力;三是优美、舒适、淡雅的校园环境。另外,班主任之间相互尊重、相互理解的同志式关系也对班主任群体积极、平和的情绪状态给予了重要的保证。

4. 有和睦、友好的人际交往关系

班主任群体是和睦的群体,大有"温文尔雅"的文人气派与风度。作为班主任群体中的成员都知道相互之间的尊重意味着什么,尊重别人和获得自尊是同样重要的。因此,在尊重的基础上,团结、友爱、和睦、共处的同志式关系就很自然地在班主任群体中建立起来了。所以,从总的情况看,班主任群体间的水平和垂直关系都是良好的,用"理智""和睦""团结""互助"这四个词就大致概括了班主任群体间人际交往关系的特点,从中也深刻地体现了班主任群体间高水平的社会心理相容性。

班主任群体社会心理气氛与学校工作

学校中班主任群体的社会心理气氛对学校管理的效能、对学校教育教学工作的成效,具有极其重要的意义。

1. 它影响学校管理效能的发挥

学校管理包括用人、理财、管物、办事等方面。而在所有的管理工作中,对人的管理是最主要的,因为对财、物的管理和对各种事件的处理都是靠人去做的。因而在学校组织的诸多关系中,学校领导(包括各级领导)和班主任之间的关系是非常重要的,两者之间的相互影响与制约对学校管理效能的发挥有着直接的影响作用。良好的班主任群体社会心理气氛将有助于使领导者与班主任之间达成心理相容,配合默契。这样,学校的决策就容易被班主任拥护和执行,学校工作的目标就容易实现、机构容易运转、政策容易贯彻、信息容易沟通。从而使学校管理容易做到人尽其才、物尽其用、信息畅通,比较高地效率完成学校的教育教学工作,并促进其他工作的顺利开展。所以,从发挥学校管理效能的角度讲,必须重视班主任群体社会心理气氛的建设,使之朝着健康、积极的方向发展。

2. 它对班主任的工作具有巨大的制约作用

班主任工作生活在群体当中,班主任个人的心理活动状态是班主任群体社会心理气氛的一个组成要素,而班主任群体的社会心理气氛反过来又极其强烈地影响着个人的心理及其行为状态。在具有和谐、积极、愉快的社会心理气氛的班主任群体中,人们的情绪高昂,工作欲望强烈,成就意识明显,在工作和生活中能互相帮助、团结友爱、相互激励、共同进步,因而具有较高的工作积极性。同时,民主、友爱的群体气氛还会使班主任具有更多的参与意识,能够主动参与学校的管理工作,提出切合实际的合理化建议,从而使领导者能够集思广益,做好管理工作。所以,作为学校管理者,要注意培养健康的班主任群体社会心理气氛,促进班主任主动精神与创造才能的发挥。

3. 它是保证学校工作质量的重要前提

提高学校教育教学工作的质量是目前中小学管理工作的重要内容。良好的班主任群体社会心理气氛对提高教育教学工作质量有以下几方面的影响:

(1)有利于班主任形成一个良好的教学群体。在班主任群体当中,良好的社会心理气氛不仅表现在生活上的相互照顾,交往中的和睦共处,更主要地表现在工作上的互相帮助、同舟共济。在优秀的班主任群体中,领导间能相互尊重、相互学习、取长补短、共同提高。这些都来源于健康的班主任群体社会心理气氛的烘托。

(2)有利于形成一个良好的教学心境。在具有健康的班主任群体社会心理气氛的班主任群体当中,人们普遍具有良好的心境,这就使得班主任在工作中精神饱满,心情舒畅,工作热情高,在教学中能以积极的情绪情感去激发和感染学生,使得学生也因此而产生愉快的情感体验,进入学习的兴奋状态,提高学习效率,从而保证了班主任的教学效果和学生的学习质量。

（3）有利于提高班主任对挫折的心理承受力,促进学生心理的健康发展。在健康的班主任群体社会心理气氛中,领导对班主任的关怀、照顾和体贴,同事之间的相互关心、支持与帮助都会使那些在生活和工作中遇到挫折的班主任感到温暖,鼓起重新奋斗的勇气,从而大大增强班主任对挫折的承受力,使之面对挫折不急不躁,寻觅排除挫折的良方妙策。班主任具有了良好的心理,就能正确地理解学生行为,努力把学生培养成具有良好心理品质的一代新人。

总之,班主任群体社会心理气氛在学校的各项工作中起着不容忽视的重要作用,对学校的管理工作具有重大的实践意义。在学校中,优秀的班主任群体必然会有良好的社会心理气氛。同时,良好的社会心理气氛也必然会促进班主任群体具有无限的生命活力,带来高昂的工作热情,工作的创造性程度也必然会提高。根据系统论创始人贝塔朗菲所阐述的法则,整体的属性和功能大于各孤立部分的总和。一个具有良好的社会心理气氛的班主任群体,它在学校教育教学工作中所发挥的作用就不是班主任个人作用的简单代数和,而是有着重大的、质上全新的作用和功能。因此,在学校管理工作中,必须加强对健康的班主任群体社会心理气氛的培养与建设。这是形成班主任群体的合力,发挥学校的整体功能,达到学校管理有效性的本质要求。

班主任职业的性格要求

班主任应该使自己的性格渐趋完美,那么,什么样的性格才是完善的呢?心理学家认为,人的性格特征有上百种之多。若按瑞士心理学家荣格的分类法,则千差万别的性格可归并为"内倾型"与"外倾型"两大类。

就大多数班主任而言,常常兼有内倾型和外倾型的特征,而且性格的具体标志也往往是交叉的。根据上表所列内容,班主任良好的性格素质应该是:

不可自私自利,要出以公心;

不可心胸狭隘,要襟怀坦荡;

不可粗暴鲁莽,要礼貌待人;

不可马虎草率,要严谨认真;

不可浮夸虚伪,要踏实真诚;

不可妄自尊大,要谦虚谨慎;

不可怯懦自卑,要自强自尊;

不可文过饰非,要自知自明;

不可清高孤傲,要平易近人;

不可优柔寡断,要刚毅坚忍;

不可呆板迟钝,要活泼机敏。

班主任课堂应变的心理素质

班主任在课堂应急状态下能否主宰自己、把握形势、驾驭对方,迅速制定出应变良策,直接受其心理素质的影响。

1. 意志力

应变中的意志力是指班主任为了实现预定的目标而自觉努力的一种心理过程,它是取得应变成功的心理机制的保证。当班主任处于应急状态下,克服内心慌乱,迫使自己保持镇定时,就会表现出意志对情绪状态的调节。应变意志的顽强性表现在两个方面:

(1)果断性。具有果断性的班主任能全面而又深刻地考虑行动的目的及其达到的方法。

(2)自制力。指班主任凭借理智来支配和节制自己的感情和情绪的能力。自制力强,在应急状态下,能克制内心的怯懦、慌乱等消极情绪和冲动行为,处理问题刚毅、果断。

2. 思维能力

实施课堂快速应变所需的思维能力,体现在3个方面:

(1)机敏性。指应变者对课堂矛盾事件反应的灵敏度和速度。表现在思维上,能多方位地寻求解决问题的办法,不受消极定势的桎梏。

(2)深刻性。指应变者认识判断"事件"性质的正确度。表现在思维上,能透过现象而深入分析到问题的本质。

(3)新颖性。包含独特性和创造性两层含义。即指在思路的选择上不囿于固定的逻辑,在思考的技巧上不拘泥于规范化的方法和程序。

3. 自信心

自信心是班主任意志和精神状态的最集中表现,体现班主任的认识、思想倾向以及对教育的责任感、义务感等要素。可以说,它是班主任实施课堂应变的灵魂,是取得应变成功的根本保证。

4. 容忍度

指班主任面对课堂矛盾事件的刺激在时间和强度上的容忍程度。较强的容忍度能保证班主任在应变中遭遇"压力"时,免于意志动摇、言行失常。

班主任具备上述心理素质,才能在课堂上突破固定程序,抓住时机,迅速透视课堂矛盾问题的实质,采取正确而有效的应变良策。

心理健康与班主任素质

1. 自然素质与心理健康有密切关系

心理卫生学研究认为:健康的心理寓于健康的身体之中,而健康的身体有赖于健康的心理。心理上长期、严重的不健康状况,如长期的焦虑、紧张、不安、抑郁和失望等都可以通过神经生理机制、内分泌机制及免疫机制等损伤机体的功能,导致生理上的不健康、异常,甚至病态。所谓身心疾病就是这方面的典型,如心血管系统疾病、胃病等。反之,心理上的健康也会促使身体或生理上的健康。因此,提高班主任的心理健康水平是保证其良好自然素质的必要条件。

2. 社会素质直接决定于心理健康水平

社会素质中除政治素质外,心理素质和知识、能力素质直接决定于个体的心理健康水平。

心理素质指的是良好的心理品质和个性心理特征。这些良好的心理素质的产生都有一个基本前提,即个体有健康的心理,且心理健康水平越高,其心理素质也越好。只有那些情绪上有安全感、生活中有广泛兴趣和活动领域、对他人和社会富于同情心、责任心的个体才能具有诸如高度的责任感和事业心。坚强的意志品质和良好的情绪特征、开朗的个性和乐观的精神、豁达的胸怀和真诚的态度等是教育者必备的心理素质。相反,一个整天为自己的安全、个人利益和地位担心的人,一个不是以积极、主动的态度投身于社会活动,而是以被动、应付的态度打发生活的人,一个与他人、与社会对立,缺乏同情心、亲密感和爱心的人,在工作、生活和交往中要他们做到乐观、豁达、真诚和开朗是难以想象的。

从知识和能力素质角度讲,知识的掌握和能力的形成必须依赖于大脑的正常机能。大脑机能水平是决定个体知识的多少、能力的高低,即决定个体知识和能力素质优劣的基本条件。而人作为一个统一的有机体,其大脑功能又与整个有机体的身(生理)心(心理)健康状况密切相关。生理上和心理上的不健康,将会影响大脑功能的正常发展,从而影响知识掌握和能力提高的进程。

由此可见,保证班主任较高的心理健康水平,对提高其基本素质及教育工作的有效性具有十分重要的意义。

心理健康对班主任的影响

影响力由两部分组成,即由不可变因素(如传统、职位、资历)构成的权力性影响力和由可变因素(如品质、知识、感情等)构成的威信影响力。其中,不同班主任在威信性影响力方面的差异是造成其影响力大小差异的主要原因,而威信性影响力在相当大程度上是由个体的心理健康水平决定的。

对威信性影响力有决定作用的品质、才能、知识与心理健康的关系已如前述,在此主要考虑感情因素与心理健康的关系。

感情是制约班主任影响力大小的重要因素。如果在师生之间有良好的感情交流,建立了良好的感情关系,彼此就能产生亲近感、认同感,相互间的吸引力也就较大,学生也就愿与班主任交朋友,容易相信传授之"道",最终导致班主任影响力的增大。"亲其师,乐其友,而信其道"(《学记》)讲的就是这个道理。而良好的感情关系的建立则与彼此的心理健康水平,特别是与班主任心理健康水平有关。

社会心理研究认为,在人们之间建立良好的感情关系时,"好感回报性法则"起着决定性作用,人们总是"喜欢爱自己的人,而讨厌恨自己的人"。因此,要在师生之间建立良好的感情关系,首先要使学生感到班主任是爱自己的,是对自己有好感的。这就要求班主任在平时的教育过程中向学生表达自己的同情心、爱心和亲密感,要求班主任乐于接纳学生,不仅接受他们的长处和优点,还要能容忍、接受他们的不足和缺陷,并表现出宽容和谅解。班主任对学生的这种接纳不仅要在头脑中成为一个持续的兴奋点,更重要的是要让学生在日常的学习活动中看到,通过活生生的事例感觉到。而这一要求的满足与班主任的心理健康水平密切相关。一个心理健康水平较低,甚至心理不健康的班主任,本身在情绪上缺乏安全感,在与他人交往中缺乏同情心,甚至与他人、与社会有对立和敌视情绪,要让人"接纳"他人是不可能的。只有心理健康的班主任,只有对他人、对社会具有丰富的同情心,并有足够安全感的班主任才会容忍学生的不足,不会因自己无法控制的情绪而破坏师生间良好的感情关系,会在学生中建立起较高的威信,对学生有足够的影响力。

由此可见,提高班主任影响力的途径之一在师生之间建立起良好的感情关系,这需要班主任有较高的心理健康水平。

心理健康与班主任的创造精神

创新精神与个体的思维方式、渴望现实世界挑战的欲望及意志力有关,这三个因素又决定于个体的心理健康水平。

1. 具有创造性的思维方式

一个具有创新精神的个体,在思维上应具有创造性,而创造性思维又与个体的迷恋及灵感有关。迷恋指的是对某一事物的着迷,使人忘掉周围的一切。古今中外的许多创造发明都是在主体着迷的状态下完成的,而迷恋则起源于兴趣,个体只有在对某一事件抱有浓厚兴趣的前提下才有可能进一步迷恋该事物。因此,只有当个体以积极、主动的态度从事某一活动时,创造性思维才能发挥作用。一个抱着搪塞、应付的态度从事某一活动的人,决不会迷恋上这一活动,不可能在活动中有所创造。而是否有广泛的活动兴趣,以什么态度对待正是衡量个体心理是否健康、衡量个体心理健康水平高低的标准之一。同样,灵感也是在积极活动过程中产生的。柴可夫斯基说得好,"灵感是这样一位客人,他不爱拜访懒惰者"。一个心理健康水平较低的人只会以消极、被动的态度从事活动,不能专注于自己的工作和学习,不可能在活动中产生有价值的灵感,因此,其工作的创造性是极低的。

2. 具有强烈的渴望现实生活挑战的欲望

他们是"不确定事件爱好者",在平时生活、工作及职业选择中,他们倾向于喜爱充满"不确定性"、富于挑战性的活动。对于他们来说,这种活动是振奋的,而并不是可怕的。他们是"自我依靠论者",他们相信自己的力量,认为自己有能力克服各种可能出现的困难,他们倾向于通过自己的努力,而不是借助于外力来达到自己的目标。作为班主任,他们不是指望优良的生源来提高教育质量,而是通过自己和学生的共同努力来达到成功。同时,他们又是"高明的目标选择者""现实主义者"。在确定目标时,他们倾向于采取现实的态度,小心地、务实地确定自己及学生的努力方向和奋斗目标。他们总是选择与自己或与学生能力相称的目标,而不像心理不健康的人那样,或采取"孤注一掷"的策略,选择远远高于自己能力的目标,或采取"速效自我满足"的策略,选择远低于自己能力、较容易达到的目标。心理健康者的这些特点正是教育者所必须具备的,这种务实的态度也正是班主任应该在工作实践中获得的。

3. 具有顽强的意志力

只有创新的欲望,没有顽强的意志力,班主任的工作仍难见实效。因为在这种欲望激励下进行的活动过程是一个克服困难的过程,在这过程中坚强的意志力和坚韧不拔的毅力起着决定的作用。古人讲得好,"古之立大事者,不唯有超常之才,必有坚忍不拔之志。"而这一切只有心理健康者才具有。

由此可见,决定创新精神的三要素均与心理健康水平有密切关系。班主任只有具有健康的心理才能保证其具有较高的、有价值的创新精神。

班主任的心理健康水平对其教育工作有效性具有不容忽视的影响。为此,我们在班主任素质研究中要把心理健康水平放在首要的地位。在师范生的招收、培养中,必须考虑心理健康因素:在招收师范生时把心理健康作为一项指标,在培养师范生时传授有关心理卫生学知识,使用各种心理矫正与评价的方法,以保证未来的班主任有较高的心理健康水平。

班主任心理健康的六条标准

浙江教育学院骆伯巍老师提出,心理健康指的是一个人能够充分协调自己的知、情、意、行,使之具有良好的社会适应能力,并富于创造性。具体讲,心理健康必须具备以下六条标准:

1. 兴趣、活动广泛

心理健康的人大多能主动、直接从事各种活动,具有广泛的活动和兴趣,能积极、主动地参与对自己有意义的某些事(工作、理想和目标等)。一个人参与的活动越多,他(或她)的心理越健康。

2. 有较强的责任心

心理健康的人不仅能意识到个人对自己、对社会所负的责任,而且能在言行中积极、主动地承担自己的责任。一般来说,一个人如果个人及社会责任心越强,完成任务的主动性越大,其心理也就越健康。

3. 与他人及社会的关系融洽

心理健康的人对他人、社会能表现出同情、亲密和爱,而不是对立、对抗、敌视和仇视。他们本人能与人交往,和别人建立良好的关系。与别人相处时,正面的态度(尊重、信任、喜悦等)常多于反面的态度(仇恨、嫉妒、怀疑、畏惧、憎恶)。在一个集体中,他们有志同道合的朋友,能和集体休戚相关,安危与共,他们勇于牺牲个人的欲念,而为集体和他人谋求幸福。

4. 情绪上有安全感

一个心理健康的人,一般对挫折、恐惧和不安全、意外等有相当高的忍耐力,不会因为某些不安全因素而担惊受怕。

5. 有较高的自信心和接受现实生活挑战的欲望

接受现实生活的挑战,不仅能够证明自己的能力和价值,而且能发挥自己的潜能,实现自己的理想。一个心理健康的人不仅是这样想的,也是这样做的。

6. 专注于自己的工作和学习

一个心理健康的人能把自己的全部身心投入工作和学习,通过工作和学习中的一次次成功来满足应付现实生活挑战的欲望,这是心理健康的又一重要特征。关于这一点,我国著名心理学家刘绍禹教授曾经指出:精神健康的人,感觉生活有意义,做事有一定目标,对于他人的工作怀有一番热忱,他的头脑是清晰的,毅力是坚强的,循着计划去做,不达目的决不罢休。凡虎头蛇尾,忽东忽西,态度消极,感到生活无味的人,精神就不健康。

班主任保持健康心理的方法

班主任最佳心理状态的形式,不是单一因素的结果,而是靠多方面的努力,是多因素作用的综合体现。要形成和把握运用最佳心理状态,班主任必须认真把握以下几个方面的要求:

1. 认真备课,做到心中有数

认真备课是班主任在课堂上保持稳定情绪和良好心境的重要条件。班主任只有认真备课,对教材内容弄懂弄透,对教育规律认真把握,对教学方法悉心研究,才能做到"手中有粮,心中不慌",保持良好的心理状态。反之,必然导致心情紧张,慌乱出错。

只有课备得扎实,班主任登上讲台,才能心底踏实,情绪良好,使自己的心境处于最佳状态。

2. 提高素养,形成良好的心理品质

较高的素养和良好的心理品质是班主任必备的基本功,是班主任形成最佳心理状态的重要条件,每个班主任都应自觉培养和锻炼。

(1)班主任对教育教学工作要充满浓厚的兴趣。教育兴趣是班主任创造性地完成教育教学工作的重要心理品质之一。作为一名班主任,必须有献身精神,有以教为荣、以教为本的高度责任感和自信心,对教育工作、对自己所教的学科课程充满兴趣,只有这样,班主任才能在课堂上表现出良好的精神状态。

(2)班主任要对学生充满炽热的爱。班主任对学生的爱要公正、无私、普遍、持久,不感情用事,不搞厚此薄彼。只有这样才能创造出师生心理相容的课堂气氛,为班主任良好的心理状态的形成奠定基础。

(3)班主任要有坚定、果断、自制和耐心的顽强意志。在教育教学活动中,往往会出现许多主观和客观方面的困难,需要班主任用顽强的意志去克服。这就要求班主任有明确的目的和达到教学目的的坚定性,有处理课堂问题的果断性,有控制不愉快心境的自制力,有期待学生思考和解决问题或由坏到好转变的耐心。如果班主任缺乏良好的意志品质,那么,课堂上必然会出现优柔寡断、遇事慌乱、感情用事、烦躁不安的现象,会破坏班主任良好的心理状态。

（4）班主任要有比较全面的教育教学能力。全面的教育教学能力是班主任良好的心理状态保持和取得教学成功的重要条件。作为一名班主任,必须有高度的观察力、较强的注意分配能力、深刻的判断思维能力、生动的语言表达能力、良好的课堂组织能力和敏捷果断的教育机智。只有这样,班主任才能按照教学计划顺利地实施教学,避免各种课堂问题行为的干扰,使自己始终保持愉快的心境。

3. 加强交往,建立良好的师生关系

良好的课堂气氛,融洽的师生关系,是班主任最佳心理状态形成的基础。古人曰:"亲其师,信其道。"师生关系不融洽,班主任走出教室就会感到别扭,会感到有一种无形的心理压力,这势必会影响班主任的授课情绪和心理状态。而正常的师生关系,则有利于班主任保持愉快的心境,从而取得最佳教学效果。

4. 分析环境,消除各种不利因素的影响

课堂教学环境的优劣,不仅对学生的学习情绪有一定的影响,而且对班主任的心理状态也有一定影响。作为班主任,应认真分析教学环境,找出影响师生心理气氛的各种不利因素,并及时加以消除。如:教室中墙壁的颜色、学生的密集程度、通风情况、光线明暗、温度高低、噪声大小、清洁卫生等,对师生的心理都有一定的影响作用。只要课堂教学环境中的某个不利因素存在,就会影响师生的情绪。为此,班主任要尽可能地发挥主观能动性,能自己动手改变的,就努力创造条件改变,如清洁卫生、改变墙壁的颜色、改善通风情况等;班主任本人不能改变的,则要积极向学校及有关单位提出合理化建议,尽力去改变。

除此之外,最佳教学心理状态的把握,还要做到运用心理规律,去解决课堂教学中的一系列问题,从而提高课堂教学的效率。

班主任心理素质管理

班主任心理素质管理的意义

班主任心理素质管理是学校对班主任的心理素质进行控制和提高的

总称,是学校教务管理者为使班主任能够具有良好的心理素质,适应各种情况、战胜各种挫折、排除各种干扰、坚定向上的信念,并有计划、有目的、有组织地对班主任进行心理素质训练的过程。班主任的心理素质管理,是教务管理工作的重要组成部分。

班主任心理素质的优劣,直接关系到班主任能否胜任各种复杂的教学工作,能否适应各种环境。班主任具有良好的心理素质,才能提高自身的业务水平、品德修养,教育才能起到稳定和催化作用,从而保证班主任的身心健康,保证教育任务的顺利完成。

班主任的心理素质管理,主要是通过多种手段帮助班主任提高心理素质。教务管理工作,既要组织多种多样的活动,帮助班主任提高情趣,开阔心胸,又要创造条件,使班主任能够在不同的环境中得到锻炼,使班主任既能适应顺利、熟悉的环境,又能从容地应付各种恶劣、陌生的环境。同时也应组织各种形式的交流,多听有关的报告,使班主任真正形成百折不挠的良好的心理素质。这种良好的心理素质将在学校的教育中,无形地传递给学生,使他们同样形成良好的心理素质,以利于将来的生活和工作。

人的心理是客观现实在头脑中的反映,它是人在与客观现实相互作用、相互影响中形成的主观映象。人的一切心理活动都是人们在长期的认识客观世界和改造客观世界的实践活动中形成和发展起来的。由于人们物质生活条件、社会地位,特别是所从事的具体实践活动的不同,就形成了心理的个别差异,表现出不同的心理面貌和心理风格。现实中不同年龄阶段的人,不同职业的人,具有不同的心理特点,原因就在于此。班主任的劳动特点和班主任所扮演的多重角色决定了班主任要具备多方面的心理素质。所谓心理素质,指的是一个人在心理过程和个性心理特征两方面所表现出来的稳定的特征,如情感、意志、兴趣、性格等等。班主任的心理素质是班主任的一项重要劳动工具,在教育过程中,它对学生心灵的影响,是任何其他教育手段无法代替的。它不仅表现为一种教育才能,直接影响着班主任教育教学工作的成败,更作为一种巨大的教育力量潜移默化地影响着学生的人格。因此班主任要适应瞬息万变的教育需要,要给学生以积极的人格与心理影响,要真正担当好为人师表的教育责任,唯有具备良好的心理素质,为此,必须着力加强班主任的心理素质管理,使每一个班主任都拥有符合其职业要求的心理素质。

1. 班主任心理素质是班主任教育影响的重要组成部分

教育是一种特殊的精神生产。班主任是特殊的生产者,从事的是开发人的智力、美化人的心灵、增进人的健康的创造性劳动。班主任的劳动对象是人，劳动产品也是人。可以说，班主任的整个劳动过程都离不开人，在复杂艰巨的教育工作中，班主任对学生施以全面的影响，教书又育人。这使班主任的劳动时间上无限连续、空间上无限广延，消耗的体力与脑力是超乎寻常的。为此，班主任只有具备良好的心理素质，才能提高工作效率，保证质量，较好完成教育任务，同时能够增强班主任的应变能力，维持心理平衡，保持乐观向上的心境，提高适应能力，避免在挫折面前束手无策，一蹶不振，丧失前进的勇气，缺乏教育的信心。

班主任对学生进行全面教育，既要开启学生的心智，也要培植他们的心灵，为此班主任就应自身具有德才兼备、身心两健的和谐发展水平，进而担当起人类灵魂工程师的重任。青少年时期，是身体发育、知识增长、智能发展的关键期，也是理想萌发、人生探索、世界观形成的困难期，他们既表现出精力旺盛、思想活跃、乐于求知、成才心切，也暴露出思想方法片面、评判能力薄弱、自我控制能力不够稳定及遇事易冲动、不顾及后果的问题。应指导班主任在对学生教育中不断加以启发，认真细致地做好学

生的心灵培植工作，正如有人比喻的那样，班主任是塑造学生性格、沟通学生心灵的"思想搬运夫"。这也就对班主任的心理素质提出了更高的要求。班主任应是情操兼美、道德卓越的优秀人物，是学生经常学习仿效的活生生榜样。一方面有激发学生心智的才学，同时又有洞察青少年心灵的德识与技巧，时刻关心青少年的成长。苏霍姆林斯基曾语重心长地寄语班主任："你不仅是活的知识库，不仅仅是一名专家，善于把人类的智力财富传授给年轻一代，并在他们的心灵中点燃求知愿望和热爱知识的火花。你是创造未来人的雕塑家，是不同于他人的特殊雕塑家。教育创造真正的人，就是你的职业。社会把你看成能工巧匠，我们国家的未来在很大程度上取决于这种雕塑巧匠。"所以，班主任具有良好的心理素质，是实现对学生施以心理影响，培养学生良好心理素质的教育内容的要求。

根据常识，班主任的知识和智力水平应当是成功教学的更为重要的条件。但西方心理学家研究表明，班主任的知识水平同学生的学习成绩无显著的正相关，班主任知识准备的程度和质量，与他们的教学效果只有较低的正相关，并提出教学效果同班主任的智力无显著相关。而真正起作用的就是班主任的教育能力与心理素质。因为教育过程是师生的人际交往过程，班主任的心理状态能对学生的学习、发展产生间接的增强与促进的效果。班主任的心理状况的多种表现犹如催化剂，缺乏这种催化剂

将大大降低教育影响的效果。综合国内外的大量调查,班主任的心理素质主要应包括:

热爱学生,态度和蔼;

尊重学生,尽量对学生多表扬、鼓励,少批评、指责;

公正无私,不偏袒,对学生一视同仁;

宽宏大量,体察学生心理,对学生的错误和缺点能理解宽容,以唤起学生自己改正的决心和勇气;

性格外向,活泼、幽默,少发脾气,情绪稳定;

对学生耐心,循循善诱。

不少新班主任在教学时教案背得滚瓜烂熟但效果却与优秀班主任相去甚远,主要原因就在于心理素质上的缺乏。不难看出,班主任的心理素质是成功教育不可少的重要组成部分,它既是班主任对学生施教的重要内容,也是班主任提高教育教学成效的可靠条件。

班主任的职责是塑造、造就将生存、奋斗于未来社会的人。当代班主任更是为了使将在高速猛进的社会中生存、奋斗的年轻一代,获得应有的工具学科、社会学科、自然学科、技术学科的知识,获得认识与改造客观世界的技能,创新与预见的能力和作为现代人应有的道德品质。为此,班主任本人就应立足现实,着眼未来。而班主任要具有丰富的知识、高速的教育能力和良好的诸如专业知识、教育科学理论知识、忠于教育事业的精神、教育技巧等准备,必须具备相应心理素质。班主任良好的心理素质是班主任个体获得知识、技能、品德的内在条件,也是影响学生对知识、技能内化为自身精神财富的速度与质量的重要因素,它是在班主任的教育教学实践中不断形成与发展,并成为影响学生发展、产生教育作用的一大内容。重视班主任良好心理素质的养成,是学校教育顺利完成的必不可少的保证。

2. 班主任心理素质管理是学生心理健康发展的必要环境因素

心理健康是人生活、学习和工作积极性的基础,是一个人全面健康发展的较为重要的组成部分。学校班主任承担着帮助青少年身心健康发展,尤其是学生精神上诸如情感、意志、性格、思维等心理上的健康的重任。根据科学的分析,青少年学生在其接触和了解社会过程中,由于身心发育未成熟,大脑抑制与兴奋不平衡,正处于突发性增长发育期,而生活经验少,自制力差,缺乏分辨力与抵制力,在其生活和学习中往往容易产生各种程度不一的心理障碍、交往障碍、青春期心理情绪困惑等问题。班主任在与学生的交往、接触中,其心理素质具有鲜明的示范性和带动性,学生会从班主任身上寻找发展的榜样和解惑的良策。事实证明,班主任心理健康,不反对学习能帮助学生取得优异成绩,而且对学生的心理向着健康积极的方向发展起着影响和促进作用。班主任的人格特征与学生心理形成紧密相关,学生往往希望班主任和蔼、热情、宽容、耐心且作风民主,在班主任的引导下学生会在其潜移默化的言传身教中养成勇敢机智、刚毅沉着、坚韧顽强、活泼乐观、自信开朗的品质。相反,如果班主任心理失调,也会对学生心理的畸形发展起到刺激作用。在学校中,学生所表现出来的害怕、说谎、缺乏礼貌、粗暴、挑衅等消极心理,多与班主任表现出的不健康心理状况有直接关系。例如班主任脾气不好,偏激不公正,对学生冷漠不关心,挖苦嘲笑、恐吓和呵斥学生,傲慢自大等不良表现,必然会严重挫伤学生的热情与积极性,引发其消极的抵制心理。可见,班主任的思想、感情、情绪对学生的思想、感情、情绪有很大的感染与感化作用。在

实际工作中,班主任不良的心理素质也是有所存在的。例如,有的班主任因意志品质不坚定,而经不住不良思想与风气的侵蚀,难以正视班主任这一职业而出现与之相悖的错误言行;有的班主任因思维不够敏捷而业务水平难以提高;有的班主任则因性格孤僻、兴趣不广而心胸狭窄,目光短浅。这些都会使学生心理的和谐发展受到干扰。所以为了给学生心理健康发展创设良好的环境,班主任必须使自身具有良好的心理品质。

3. 班主任心理素质管理是班主任自身个性和谐发展的润滑剂

人是社会的个体,是社会中享有一定权利的成员,能够而且应该承担与此相应的社会角色和履行义务,从而实现自身的潜能。每个人的精神面貌都不相同,各自记录着自己的生活史。个性是一个人的总的精神面貌,它是通过个人的生活道路而形成的,反映了人与人之间差异的稳定的特征。个体个性表现的重要内容,就是人的心理素质状况,每个人气质、性格、需要、动机、情绪、意志等方面的差异,使每个人呈现出各自的个性特征。

班主任的工作是培养人才,他们根据社会的要求,把人类创造和积累的知识、经验、技能、技巧传授给年轻一代,发展其能力,培养其道德品质,使之成为社会有用之才,所以,班主任有了"人类灵魂工程师""太阳底下最光辉的事业"等荣誉称号,也要求班主任应有高水平的个性品质。班主任要完成对学生的培养工作,就必须能够对学生因材施教、循循善诱,发展学生的体质、智慧和情操,善于从实际出发教育学生。例如学生自身在

遗传素质上的长短,有待班主任去发现,扬其长避其短;学生在其生活环境中所受的或益或害的影响,有待班主任加以鉴别,利用有利因素,抑制并排除不利因素;学生应经受的实践锻炼,有待班主任的组织安排,并在其中发展学生的兴趣和能力;学生成长中的各种教育条件,像规章制度的健全、教育设备的优化与完整等,有待班主任加以协调等等。这一切,使班主任所处的工作环境是极其复杂的,必须有健康的心理素质才能在其中很好地协调和适应,否则不仅难以完成教育任务,而且也会引发自身心理与个性发展的偏差。

班主任在从事教育工作的同时,也不断改善着自身个体社会化的面貌与水平。班主任一方面教育学生积极健康地成长,个性和谐发展;另一方面也在教学相长中自我提高,在育人过程中育己。因此班主任不但应力求保障学生的健康成长,同时也应发展自己的个性,使自身积极健康地发展。

联合国世界卫生组织宪章中对健康的界定是:健康乃是一种身体上、心理上和社会上的完满状态而不只是没有疾病和虚弱现象。可见,人的心理健康是和谐发展的重要组成部分。班主任也是人,也不断进行着自身的发展和提高。在其生活和工作中,时常会面临一系列极为复杂的问题:传道、授业、解惑,与学生、同事、领导之间的人际关系,婚姻、家庭生活,学生的升学、子女的就业,自己的进修、升迁、成就等等,都需要班主任抉择、处理和适应。一旦处理不当,适应不良,往往就会引来烦恼,产生焦虑,甚至会产生某种心理变态和疾病。例如班主任工作复杂辛苦,理应受到社会与他人的充分理解和尊重,可现实中班主任自身却很难体验到受人尊重和安慰与自尊,更多的体验是受人轻视甚至蔑视的不安与自卑。最近广州市教育局对全市部分班主任所作的社会心理调查得到的材料显示,在与学生家长的交往中,只有 *23.6%* 的班主任感到受到充分尊重;在与亲友的交往中,只有 *17.4%* 的班主任感到自己的职业受到充分尊重;在家庭中,只有 *14.7%* 的班主任感到自己的职业受到配偶的充分尊重。这一现实必然会极大挫伤班主任的敬业乐业精神与自尊心,一旦班主任难以承受,就会影响教育工作的良好运作。而要让班主任面对现实,正确认识,首先就要求他们具备优良的心理素质,在困难面前显示出自身的高尚境界,以乐观向上、胸怀坦荡的心理正视一切。可见,班主任健康的心理素质对自身个性的发展十分重要。

心理学家认为,心理健康是指人对环境及相互关系具有高效而愉悦的适应。心理健康的人,能保持平静的情绪、敏锐的智能、适于社会环境的行为和愉快的气质。在科学技术飞速发展、知识更新率日益提高的今天,人要合理科学地安排自己的工作、学习、生活,高效地接受新信息又不使大脑超负荷运转,高品味地工作、生活而又不庸俗低格调,这就要求人必须保持健康的心理状态。班主任要对学生身心健康发展提供有效的教育,又要使自身个体的社会化水平不断提高,就必须要具有健康向上的心理。

班主任具备健康的心理素质,能够帮助其成功地扮演所担当的多种社会角色,完成教育教学的任务,实现自身的良好发展。同时,健康良好的心理素质,对于预防和克服班主任的心理挫折也具有积极作用,能够提高班主任心理挫折的忍受力,维持心理平衡和自尊、自信、自爱的心理,提高工作效率,保持班主任愉快的心境,提高对各种环境的适应能力。

人们在日常生活中并不一帆风顺,在发展过程中,常会碰到各种障碍与挫折。挫折是指人在某种动机激发下产生的行为,在达到目标的过程中受到障碍,因无法克服而产生的紧张状态与情绪反应。挫折情境是每个人在所难免的。但如何对待挫折,各人的差异则很大。班主任工作是面对人的工作,人的丰富多彩使班主任在工作中会遇到各种各样的麻烦;班主任又是社会中的一员,面对复杂变幻的社会,可能遇到的问题也是千变万化的。所以班主任可能面对的挫折难以预料,往往在挫折面前,有的班主任能够忍受,即使相当严重也坚韧不拔,百折不挠;有的班主任稍遇挫折就一蹶不振,从此颓废下去;有的班主任虽能忍受工作上的挫折,却经受不住家庭不和睦所带来的创伤等等。之所以面对挫折班主任的态度与行为反映不一,关键就是其具有不同的心理素质水平。心理健康、思想觉悟高的班主任,一般对挫折的承受力大,面对挫折能处之泰然,不急不躁,寻觅排除挫折的良方妙策。而思想觉悟不高,缺乏良好心理素质的班主任,在挫折面前,往往束手无策,表现茫然,甚至唉声叹气,心灰意冷。所以,班主任要使自己具有挫折承受力,必须有良好的心理素质。

班主任作为具有独立个性的个体,要充分和谐地发展,必须有良好的心理素质做基础。班主任健康的心理应表现为:面对现实,思想不失实际,价值观高;情绪乐观,不失常态,适应良好,不焦不躁;意志坚强,行为不失控制;严于律己,为人师表;人际关系良好,交往不失人和,工作如意,生活顺利;性格开朗,勇于改革。这样才能使班主任养成良好的个性行为模式。否则不良的心理素质下班主任的妄自尊大、居功透过、自私、怯懦、自卑、狭隘、猜疑、抑郁、悲观之类的不健康个性品质,会使班主任难以发挥对学生培养教育的积极作用,也使自身发展受到禁锢。可见,加强对班主任健康的心理素质的管理,不仅是教育活动的需要、教育对象的客观要求,更是班主任主体自身发展的必要内容,是班主任个性和谐发展的润滑剂。

班主任心理素质管理的内容

1. 高尚的情操

情操是由感情和思想融合在一起的、不易改变的心理特征,是人对具有一定文化价值的东西(如道德、学问、艺术等)所怀有的复杂情感,包括道德感、理智感和美感。由于个人的生活经验、教育水平、社会生活条件等因素的制约,人们之间的情操有很大的差异。班主任是人类文明的传播者和智力资源的开发者,是社会一代新人的培养者。其工作本身,要求班主任具有优良的道德品行与知识技能。夸美纽斯指出,班主任的职业是用自己的榜样教育学生,无论班主任是否意识到,事实上班主任的言论行为、为人处世的态度都被学生视为榜样,被学生竭力模仿。我国一位老科学家曾撰文说道:在所有经历过求学生活的人中,他的最美好、最难忘的回忆里有重要一席是属于班主任的,而且这种感情不以时间的流逝而淡薄,不以环境的改变而改变。岁月流逝,时过境迁,几十年前的许多往事都已印象模糊了,唯独班主任的指点和教诲,记忆犹新,如在眼前。足见班主任对学生影响之深厚。正因为学生接受教育,形成人生观、理想与信念,直接受班主任高尚情操的熏陶,历来的教育家都很重视班主任自身品质与品德言行的示范作用。如孔子很早就提出要"以身作则",德国著名教育家第斯多惠也指出,班主任本人是学校里最重要的表率,是直观的最有效益的模范。俄国教育家乌申斯基则进一步指出:在教育工作中,一切都应以班主任的人格为依据,因为教育力量只能从人格的活的源泉中产生出来,任何规章制度,任何人为的机关,无论设想得如何巧妙,都不能代替教育事业中班主任人格的作用。许多教育实践表现,品格高尚的班主任易获得学生尊敬,易对学生发生积极的个性影响;而修养较低、品行不良的班主任实难获得好的教育效果。

班主任高尚的情操大致可分为以下几个方面:

(1)热爱学生。对学生的爱,可谓是人类的高尚情感,因为她超出了班主任个人的本能,无个人之所求,因而是无私的、高尚的爱,有了春蚕、蜡烛、蜜蜂等赞颂的称谓。热爱学生,既是班主任职业道德的重要内容,也是其高尚情操的核心内容,它是一种巨大的教育力量,又是一种重要的教育手段。班主任只有以自己的爱才能赢得学生的爱,才能搭起师生之间感情的桥梁,使学生乐意接近班主任,接受班主任的教育。作为一个班主任,最大的过错,莫过于对学生没有爱,最大的悲剧,莫过于失去学生对自己的爱。所以,班主任的爱是一种具有活力的"酶",通过迁移、转化,在学生心灵上发生作用。而学生失去师爱,往往会产生焦虑、防卫心理,或形成攻击性格,对社会疏远,怀有敌意,导致不健康心理。班主任唯有以真诚、热情、主动的爱心去教育学生,才能获得良好的教育效果。

"什么最深,深不见底?什么最宽,宽阔无边?呵,大海,容得下整个天上人间。班主任的胸怀,班主任的爱,像海一样深沉,像海一样博大、无限。"正如这首诗所说那样,爱生是班主任的天职,也是班主任内心深处高尚情操的一部分。高尚的爱生情感,常常被人们誉为"照亮学生心灵的火焰""开启学生心扉的钥匙""开发学生智力的能源"。在一定意义上说,如果班主任没有这种情感,其形象在学生心中一定是渺小而苍白的,其言行会引发学生、学校甚至社会的极大不满,也就根本无法完成培养人才的使命。班主任要热爱学生,应当注意:

①爱生要有慈母般的真情,以真实的感情和行动温暖学生的心,赢得学生的爱。

②爱生要有博大宽广的胸怀,一视同仁,坦诚相待。为此班主任既要理解学生,更要关心后进生,满腔激情地热爱全体学生。

③爱生要坚持严格要求,正面疏导,爱生不是溺爱学生,而应严格要求每一个学生,做到严而有理,严而有度,严而有方。

④爱生应把学生尊师之情扩展到最大空间,引导学生在师生情感交融中培养爱家长、爱同学、爱学校的感情,并升华到爱人民、爱祖国、爱中国共产党的高度,真正使班主任热爱学生的言传身教产生和谐、持久的爱的硕果,进而使学生养成高尚的情操。

(2)提高自身道德修养,具有高尚的道德思想境界。班主任职业的特殊性,决定了班主任的道德必须高于其他职业。班主任要在思想、情感、意志、行为诸方面对学生施加影响,以高尚的道德情操教育和影响学生,就必须具有较高的道德,应成为社会道德风尚的楷模和典范。为此,班主任必须不断加强自身的品德修养,提高思想境界。"认识你自己"这句刻在古希腊戴尔菲城庙上的格言也向班主任发出呼唤,要求班主任能正确认识自我,有的放矢地完善自我。

使班主任达到较高的思想道德境界,应该引导班主任:

①不断自省自克。这是许多优秀班主任所运用的道德修养方法。自省是解决正确认识自己的问题,自克是自我监督和自我控制问题。班主任要发挥自己的示范作用,成为学生的榜样,就必须对自身有所了解,力求在思想、品德、作风上做出表率。

②自尊慎独。优秀班主任王企贤曾语重心长地对青年班主任讲述自尊自爱的道理。他说:"一个班主任要想得到学生的尊重和爱戴,首先自己要尊重自己,要爱自己。所谓尊重自己,就是时时处处别忘了自己是学生师表,一言一行,都不要有损于师表的形象;所谓自爱,就是要珍爱自己所从事的事业。"如果你自己轻视教书的职业,那就是自我否定了,也就等于自己连自己也不爱,那还怎么能希望学生爱自己呢?慎独,是指人们在独处无人注意时,对自己的行为谨慎不苟,是人们修养的美德,是极高的道德境界。班主任是社会之人师,其在社会发展中的特殊作用及教育活动中的地位,都要求班主任应一如既往,时刻保持高尚的情操与良好的言行。班主任不断加强自我修养、自我完善、注重慎独,才能以较高的品德完成教育任务,成为学生的人师。有人说:"如果儿童的怀疑涉及到班主任的道德方面,则班主任的地位就更为不幸了。"可见,班主任的高尚情操对于班主任职业来说是至关重要的。

高尚的情操是班主任发挥教育功能,实现教育目标的重要保障。为了加强班主任的道德修养,使之具备较高的道德品质、道德行为,为人师表,国家教委曾在 1991 年 8 月颁布了《中小学班主任职业道德规范》。其实质是力求培养班主任无私、正直、奉献、勤奋的高尚情操。

孔子说:其身正,不令而行;其身不正,虽令不从。班主任的高尚情操给学生的影响,超过了任何规章制度要求和口头宣传教育的作用,而且这种品德的影响是广泛而深刻地持久保存着。因此要指导班主任在任何情况下,都不能失去自我尊严和师表形象,只有这样,才能感染学生,教育学生,起到良好的教育效果。概括说来,高尚的情操在班主任身上应体现为:持志守道,光明磊落;严于律己,以身作则;举止文明,谈吐文雅;言行一致,表里如一;平等待人,处事公平;谦虚谨慎,不亢不卑;热情亲切,平易近人;仪表端庄,朴素大方。

(3)班主任爱的作用、内容和特点。对班主任工作、对学生、对所授学科的热爱以及深刻的道德感、强烈的理智感和正确的审美感都是班主任必须具备的情感品质。其中热爱学生则是班主任情感生活的核心。

①班主任爱的作用。爱，是人们身上普遍存在着的一种心理需要。人们都想得到别人的爱，又需要爱别人。爱学生，这是班主任教育学生的起点和基础；爱学生也是所有忠诚人民教育事业的班主任的共同的情感。我们许多优秀班主任和模范班主任，他们也都是爱学生的典范。他们把培养革命事业接班人的责任感和关心爱护后代的真挚感情揉合在一起，倾注在千百个孩子身上，精心哺育着下一代。可是也有的班主任对爱认识不够，甚至认为，什么爱不爱，只要教好课，就是最大的爱；还有的班主任根本不想爱学生，他们甚至认为：对学生客气一点他们就会"蹬着鼻子上脸"。这说明，有些班主任对师爱还缺乏应有的认识，存在模糊甚至错误的看法。为了锤炼师生之情，很有必要进一步探讨班主任爱的作用。

班主任的爱是学生身心健康发展的必要环境因素。班主任的爱与学生的健康成长有密切联系，班主任对学生真挚的爱会暗含期待给学生以巨大的情感影响，并产生巨大的感召力、推动力。它不仅能诱发学生积极向上的激情，而且影响着学生智力和个性的发展。正如苏霍姆林斯基说，对孩子的爱和关怀，是一股强大的力量，能在人身上树立起一切美好的东西，使他成为一个有理想的人；而如果孩子在冷漠无情的环境中长大，他就会成为对善与美无动于衷的人。所以，班主任的情感、班主任的爱是学生健康成长的温暖阳光，没有阳光，也就没有真正的教育。

班主任的爱是思想教育的一种心理"过滤剂"和"催化剂"。班主任提出的要求、讲述的道理都是经过他们情感的过滤催化，或者促进教育过程，或者阻碍教育过程。也就是说，如果一种要求和意见被学生认作是出于班主任的好意，是"真的为我好"，那么，在他们的情感上就会产生肯定的态度而被愉快地、自觉自愿地接受，这就是班主任感情的有效输入，也就是所谓的"通情达理"。相反，同样的要求和意见，如果被学生认为是恶意，认为是"纯粹找岔子，奚落人，给我难看"，那么，他们不仅会紧闭心灵大门，我行我素，而且还会产生抵触情绪和对抗行为，在这种情况下，班主任的教育自然是无效的。可见，师生间的相互信任和友爱对教育工作的影响是巨大的。

班主任的爱能增强学生的兴趣，提高他们智力活动的积极性。南京师范大学曾就"学生对班主任的态度与学生对学习兴趣、成绩的关系"的问题，对中小学生进行了一次很有意义的调查，调查结果显示出，学生对班主任的进取态度和他的学习兴趣、学习成绩三者之间存在着密切关系。学生喜欢的班主任所教的学科，一般是学生兴趣所在的学科。再以学生

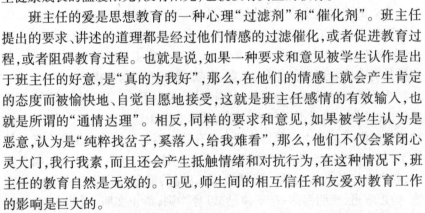

对班主任的态度与学习成绩的关系看,学生对所能喜欢的班主任的对应学科的成绩比学生各自的平均成绩在 156 名中学生中平均高出 6.1 分,与被评价为不喜欢的班主任对应的学科成绩相比,学生各自的成绩在 156 名学生中平均要低 5.6 分。由此可见,学生如果热爱某一位班主任,他不仅喜欢这位班主任教的那门课程,而且连这位班主任的一举一动都对他有种"磁性",甚至连这位班主任说话的腔调、走路的姿势,他都会不自觉地去模仿。

②班主任爱的内容。师爱应包括如下内容:第一,深入了解学生。了解学生是爱学生的起点,认识是情感的基础,班主任的爱来源于对学生的深刻认识和了解。"知之深,爱之切。"有的班主任对学生爱不起来,关键在于他对学生缺乏全面而深刻的了解,因此也难以形成一个正确的"学生观"。他们总是把学生当做言听计从接受知识的口袋,忽视学生独立的个性,或误认为学生大多是调皮捣乱、与班主任为敌。因此,怀疑学生的言行,不能坦诚对待学生,对学生缺乏同情心和信任感。事实上,每个学生包括后进生在内都具备许多有待发掘的优良品质,每个人身上都有自己的"闪光点"。当班主任真正地了解到学生的"闪光点"之后,便会产生一种由衷的喜爱之情,同时,也会出乎意料地发现,自己的教育已结出硕果——学生在自己的教育影响下正在逐渐发挥长处,克服不足。这种效果的反馈,更加激发了班主任的爱生之情。

第二,真正关心学生。关心学生是爱生的主要内容。真正关心学生就是班主任真心实意地爱护学生,对学生全面负责。不仅在学习上给予循循善诱的指导,而且更重要的是着力塑造学生的美好心灵和高尚品德,耐心做思想教育工作。

关心热爱学生的班主任,一方面能引起学生愉快的、肯定的情绪体验,进而使学生信心提高、精神饱满、智力活跃、学习效率倍增;另一方面,也促使其本身大胆探索教育规律,学而不厌、诲人不倦,以满腔热情去研究教学及管理方法,努力提高教育质量。

充分尊重、信任学生。自尊心,人皆有之,而班主任尊重信任学生却有特别的意义。尊重和信任学生是沟通师生情感的桥梁。我们是社会主义学校的班主任,尊重、信任和爱护学生也是对班主任起码的要求。师生虽然有长幼之分,知识多寡之分,但在人格上是完全平等的。尊重是爱的别名,班主任热爱学生,也就要充分地尊重、信任学生。马卡连柯曾说:"……要尽量多在要求一个人,也要尽量可能地尊重一个人。"尊重学生,

155

具体来讲就是尊重学生的人格,允许学生的思想、感情和行为中表现出独立性,给他们提供更大的独立活动的余地。也就是说,要把学生当做与自己地位平等的人来对待,尊重他们的意愿和情绪,善于倾听他们的意见和要求,决不以自己的是非标准和好恶去"裁决"学生,不要样样都"越俎代庖",更不能训斥、挖苦、讥讽学生。

第三,严格要求学生。严格要求学生是爱生的尺度和表现。尊重信任学生与严格要求学生是密切联系、相辅相成、辩证统一的。尊重学生是严格要求学生的前提,严格要求是尊重学生的集中表现。班主任爱学生主要是从学生全面发展、健康成长着眼,坚定不移地要求学生,沿着正确的方向发展前进,而决不是让学生放任自流,迁就学生,也不是溺爱学生,而是尽可能地要求学生,也尽可能地尊重学生。"爱"是表现了教育者对受教育者的态度。"严"是表明了教育者对学生的要求。严是出于爱,爱寓于严中,严爱相济才能教育好学生。还必须指出,严格要求包括双方面,是班主任、学生的共同标准,"学生做到的,班主任首先要做到。"班主任只有严于律己,率先示范,学生才能受到教育,才能以班主任为表率而效仿力行。

③班主任爱的特点。班主任对学生的爱有其特殊性,她不是一种简单的、直觉的情绪反映,而是一种理智、崇高的情感;她不是狭隘的、自私的感情,而是具有深广社会意义的,通过理性培养起来的一种普遍的责任感。具体表现在如下几个方面:

爱的自觉性。师爱都带有明确的目的,那就是要把年轻一代塑造培养成为德、智、体、美、劳几方面都得到充分发展的新一代。为了实现这一目的,班主任就要随时随地自觉调节自己的行动,学而不厌,诲人不倦。把全部精力投入到教书育人的工作中,他们把学生的健康成长作为崇高目的,在具体教育教学实践中,辛勤耕耘,任劳任怨,甘做平凡的"铺路石"、"人梯",让学生踩着自己的肩膀,攀登科学高峰,使其"青出于蓝而胜于蓝"。

爱的原则性。班主任爱的目的最终是把学生培养成社会主义建设所需要的合格人才。因此,爱的真正含义也就在于其教育性。所以,班主任的爱一定要符合和遵循教育原则。在整个教育过程中,必须始终坚持不懈地要求学生沿着教育方针规定的方向发展。这不仅要求班主任对学生的爱平等、公正,让每个学生都得到师爱的温暖,还要求班主任对每一个学生以及每个学生的每一方面的正确发展、认真负责,使学生扬长避短,形成完美的个性。因此,师爱出于对学生教育的社会责任感,没有教育,也谈不上师爱。

爱的普遍性。爱的普遍性是指班主任对每个学生都给予平等的爱,决不是偏爱一个或几个学生。也就是说,"爱生"是整体的观念,师爱的阳光,要一视同仁地照到每一个学生身上。这就要求班主任克服自己的主观情绪,站在理智的情感高度,把真诚的爱洒向每一个学生,决不能偏心眼,不能厚此薄彼,有亲有疏。在相信每一个学生都能成才的教育信念指引下,不论男的还是女的;丑的还是俊的;是淘气的,还是听话的;是健康活泼的,还是有生理缺陷的;是领导干部或亲戚朋友的孩子,还是一般老百姓的孩子,都要一样地爱。俄罗斯有句俗话:"漂亮的孩子人人都喜欢,而爱难看的孩子才是真正的爱。"我国心理学工作者的调查结果表明,学生最讨厌的班主任品质,其中重要一条就是班主任的偏心。因此班主任要热爱每一个学生,他没有宠儿,只有需要特别注意的学生。

爱的恒长性。爱的恒长性,是指班主任对学生的爱是深刻的、持久的。班主任的爱应贯穿在整个教育过程中,不能随遇而生,也不能随机而去,更不能为个人的情绪好坏所左右。学生是经常变换的,送走一批,又迎来新生,这就要求班主任及时调整自己的感情。在目送经过辛勤培育而建立了深厚师生友情的"老"学生时,应"忍痛割爱",及时回过头来,用同样的深情、同样的期望,迎接新的学生,把爱迅速转移过来。同时班主任个人生活中出现一些不愉快的事情时,要能冷静处理,不要将消极的情绪迁怒于学生,给学生造成心理压抑。

2. 广泛的兴趣

兴趣是人们积极认识某种事物或关心某种活动的心理倾向。它是人的意识倾向性的表现。人们无论做什么事,从事什么活动,总得对它产生兴趣,才会把事情做好,把活动完成。可以说兴趣是推动、引导、维持和调节人们进行某种活动的内在力量。在实际生活中,由于人们实践活动的丰富多彩,其兴趣也就多种多样,例如劳动兴趣、学习兴趣、游戏兴趣、经济活动兴趣、政治活动兴趣等。由于兴趣对于人们完成某一行动起着相当的作用,因此在学校教育中,无论是教育活动的复杂性还是学生发展的全面性,都对班主任的兴趣提出了广泛而丰富的内容要求。

一方面,学生是活生生的发展中的人,正处于长知识长身体的阶段,其精力充沛,求知欲强,不仅好奇,而且好动,有充分参与、积极涉猎各种活动与知识的强烈愿望。特别是当代信息量激增,新事物不断涌现,大千世界变幻莫测,更给发展中的学生展示了五彩斑斓的世界,使他们呈现出五彩缤纷的爱好与兴趣。适合学生兴趣特点,使学生发挥特长并进一步发展特长,是学生的呼声,也是因材施教的教育要求。大量事实证明,凡是对某门学科有浓厚兴趣的学生,便往往能学好该门功课;反之,凡是对某门学科毫无兴趣的学生,就不大可能在该门功课上取得好成绩。因为学生如果对某门学科有浓厚兴趣,自己会推动自己满怀乐趣地进行学习钻研,就会唤起废寝忘食的钻研劲头,从而成为打开科学大门的钥匙。可见,浓厚兴趣对学生的推动力量是其他任何强制力量所无法比拟的。班主任对学生教育指导,就应着力在培养学生的多种兴趣上下功夫。都说要给学生一杯水,班主任要有一桶水。班主任培养学生的多方面兴趣,自己也应拥有多种爱好。

另一方面,班主任为人师表,是学生的领导者和教育者,要胜任班主任工作,必须多才多艺。因为从知识的传递上,当代的各学科知识日益摆脱彼此孤立存在的传统格局而呈现出数、理、化之间,文、史、地之间,自然科学与社会科学之间联系的日趋紧密联系。班主任为此也须在上至天文、下至地理,从远古到未来,从宏观到微观等方面,力求全面了解,表现出对知识兴趣的广泛性。同时要具备全面的教育能力,也须有参与多种活动的兴趣。像班主任在组织学生进行课外活动中,多样的活动内容与方式都能给学生以指导,使活动具有科学性和趣味性,满足学生的多种兴趣,组织的方式也能因班主任的广泛兴趣而吸引学生。如让学生参加美术、戏剧、数学、地理、木工制作、无线电、舞蹈、航模等课外小组活动,使学生在班主任指导下既动手又动脑,激发求知欲,发展能力培养兴趣,进而促进学生积极发展。

(1)班主任具有广泛的兴趣,既能带动学生获得广博知识,丰富其精神生活,也能使班主任更自如地驾驭教育过程。

①求知欲强,学习兴趣浓厚。一个班主任仅有一套感官,一个头脑;而几十名学生却有几十套感官,几十个头脑。在多渠道的信息传播环境中,作为学生群体,所获得的信息量将大大超过班主任个体。要想胜任教育教学工作,要想使自己输出的信息始终具有吸引力,班主任必须好学、善学。在中小学生的心目中,班主任应是无所不知无所不晓的。他们会向班主任提出各种各样奇妙的问题,这就要求班主任有广博的知识面。知识兴趣不仅限于所教学科,而应求知兴趣广泛,不断开采无限的知识宝藏。

②有多种活动能力,要使学生多方面发展,班主任自身的活动技能也应十分广泛。像优秀班主任任小艾,她之所以能赢得学生的喜爱,与她自身分不开。她上学时曾在业余体校接受游泳训练,这有利于她组织学生开展体育锻炼;她上学期间曾一直担任学生干部,从而具有了相当水平的组织管理经验;她本人爱唱歌,又对她组织学生的文艺活动打下了基础……这一切,使她以本人兴趣爱好的多样化带动了学生的多向发展,使她所在的班集体素以活动丰富多彩、富于教育意义而深深地吸引了学生。

(2)班主任的广泛兴趣是班主任创造性地完成教育教学工作的重要心理素质。

①班主任兴趣有双向作用。一个对教育工作有浓厚兴趣的班主任,他的兴趣指向朝两个方面发展。一是接近、了解、研究学生的学习状态、心理状态,寻求更有效的教学方法;二是班主任刻苦钻研,奋发图强,更深更广地开拓自己的知识领域,完善自己的知识结构,也就是既要研究学生,又要发展自己。

②班主任兴趣具有感染性。班主任在教育教学过程中显示出来的学识水平及专长和爱好,会对学生产生强烈的感染作用。班主任热爱自己的专业,也会激发学生热爱这一专业。当一个受学生敬重的班主任对文学和艺术感兴趣并有相当的造诣时,也会感染学生热爱文学和艺术。许多事实都证明了不少学生在班主任兴趣的感染下自己的兴趣和爱好也发生了变化。

③班主任兴趣的广雅性。这是指班主任兴趣广泛、知识领域开阔而优雅。不少优秀班主任不仅精通自己的业务知识,而且在文学、绘画、音乐、美术、书法等方面也达到相当水平,在他们看来,这不但是对繁重的教育工作的科学调节,也是教育艺术的需要,更是全方位、立体化教育学生的需要。

④班主任兴趣的晕轮效应。如果班主任在诸多方面具有特长与兴趣,在学生看来班主任一定是一位博学多才的人,从而打心里升起对班主任的崇敬之情。这种情感的扩散,对班主任教学工作的顺利开展很有帮助。尽管实际上这位班主任并不一定是博学多才。学生这种认识类似行为科学中的晕轮效应。由此看来,要做一位对学生很有吸引力的班主任,就应培养自己多方面的兴趣和爱好。这既有利于班主任的身心健康,又有利于教育效果。

⑤班主任兴趣的迁移效应。班主任在某方面的兴趣所产生的行为、

所获得的能力,往往对班主任另一方面的能力因迁移作用而具有强化作用。这种迁移作用是由知识本身的内在联系所产生的。同时,班主任的兴趣也会迁移给学生,类似感染作用。可见,班主任如拥有广泛的兴趣将大大有益于他的教育教学工作。

所以,作为合格的班主任应当是具有广泛丰富的爱好特长,应该是个人特征鲜明的人。班主任对学生的吸引力不仅表现在课堂上口若悬河的精彩讲述中,也不仅表现在对学生慈母般的爱护与关怀中,更体现在全面的兴趣爱好与特长之中。班主任擅长打球、唱歌、舞蹈、游泳、滑冰、书法、演讲、摄影、集邮等,对于学生都会产生巨大的艺术魅力,成为学生崇拜、模仿的对象。为此,班主任对于自己的兴趣爱好,不应去压抑、废弃,而应

积极妥善地加以保护,处理好它们与工作、生活的关系,积极地巩固和发展它们,使之促进教育教学工作的顺利展开。有的班主任以为广泛的兴趣会影响自身发展与教育工作的进行。其实,中外古今的许多名人都或多或少地受益于健康的兴趣爱好。如爱因斯坦在科研之余爱拉小提琴,以优雅的旋律启迪其想象力与思考力;梅兰芳在学戏之余好放鸽和养金鱼,从而有助于他练就一双自如传情的眼睛;托尔斯泰在写作之余好打猎、骑马,到晚年还创作精力充沛。可见,班主任在抓住一切时机发挥自己智力与能力的同时,也必须重视自身广泛兴趣的培养,充分利用自己兴趣、特长、爱好来增强教育教学活动的效力。为此,班主任拥有广泛的兴趣,是其良好心理素质的重要内容。

3. 坚强的意志

意志,从心理上讲就是自觉地确立目的并根据目的来支配调节自己的行动,克服困难,从而实现目的的心理活动。顽强的意志是班主任不可缺少的心理品质。意志是意识的能动作用,是人为了一定的目的,自觉地组织自己的行为,并与克服困难相联系的心理过程。人为了达到一定的目的,要克服不同种类和程度的困难,也会因意志的不同而有不同表现。意志是一个人完成困难任务所必备的主观条件,是其成功的保证。常言道:有志者,事竟成。一个意志薄弱的人永远是生活的奴隶,只有意志坚强的人才能成为生活的主人。学校教育教学的实践活动中,主观上与客观上都存在着许多困难。如果班主任没有不怕困难的顽强意志品质,就难以很好地完成教育任务。

(1)班主任具有良好意志品质的作用。班主任具有良好的意志品质,是其顺利而有效地进行教育工作的保证。因为教育工作复杂、细微而

繁重,学生学识才能的发展、道德品质的形成要靠班主任的辛勤培育。为了教会一个学生,需要多少清晨与黄昏,轻声细语,其言谆谆;为了转化教育一个学生,又要进行多少次家访和谈心,走街串巷,其意殷殷。班主任工作无时间、地点的限定,班上班下,校内校外都是其工作的场所,其从事的工作像一个无底洞,看不到深度,看不到广度。面对这种工作,没有充沛的精力和百折不挠的毅力是难以胜任的。加上现代化的发展对青少年学生的要求越来越高,也就更需要班主任加倍努力工作。班主任工作始终是韧性的战斗,既需要火一样的热情,又需要钢一样的毅力。班主任要不断充实自己的学问,加强职业修养,取得事业上的成功,也必须有坚定不移的毅力。班主任不仅要努力钻研业务,孜孜以求,还要在道德品质上不断修养,在提高教育能力上以异常的毅力进行修养,由此才能在工作中驾轻就熟,胜任愉快,卓见成效。班主任的意志品质是学生学习的榜样。班主任在学生面前表现出来的坚定、果断、沉着、冷静、耐心、自制等意志品质,直接对学生意志品质的形成和锻炼产生影响。由于学生自我意识的发展中,养成坚强意志也是其自我要求的表现,为此他们更喜欢评价班主任的意志品质,企图从中找到值得自己学习、模仿的内容。学生的这种特点更要求班主任具有坚强的意志。所以,班主任的意志品质不仅为实现教育教学工作所必需,也是班主任堪称为人师表、教书育人所必需。

(2)优秀班主任必须具备的意志品质。一个优秀的班主任一般应具备下述的意志品质:

①明确的目的性。主要表现在能充分地认识到自己所肩负的工作的伟大意义,明确地意识到社会对自己的期望,从而坚信自己工作光荣而崇高。在任何情况下都能自觉地、主动地坚持搞好教育和教学工作,坚守岗位,矢志不移,正可谓"历尽艰难曾不悔,只是许身孺子"。

②一贯的坚持性。表现在工作上持之以恒,善始善终,坚持原则性;对学生的要求明确、合理、严格,并善于坚持到底。学生良好的习惯和一个积极向上的集体正是在班主任一贯坚持不懈的要求过程中培养起来的。如果班主任对自己提出的要求虎头蛇尾,朝令夕改,或轻易对学生做出让步,就会导致学生养成散漫、疏懒的坏习惯。为此班主任应努力做到:向学生提出要求,一次不必太多,但一定要贯彻到底。当然,坚持不是强迫、命令,它是在班主任确信自己要求的正确性的前提下,对学生进行的一贯的耐心教育。

③处理问题的果断性。它首先表现为善于保持清醒的头脑,能够明

辨是非,迅速合理地做出决定并坚决执行。班主任能全面又深刻地考虑行动的目的及达到目的的方法,懂得做出决定的重要,了解可能产生的后果,并及时排除疑虑,做出决策。其次表现为当发现情况有了变化或自己的决定错误时,能立即停止或改变已做出的决定。班主任可贵的意志品质在于发现自己错了时能及时纠正,必要时向学生公开承认。这不仅不会贻误学生,而且也无损班主任的威信,反而更受到学生的佩服和喜爱。班主任的果断性是与他的深谋远虑和当机立断相结合的,是以班主任的教育机智为前提的。它是建立在班主任对事物的深刻了解、周密考虑而有充分根据的基础上,以思维的批判性和敏捷性为条件的,与草率从事、刚愎自用毫无共同之处。后者恰是意志薄弱的一种表现。

④沉着自制和耐心。表现为善于支配自我和节制自我上,也表现为能以宁静耐心说服的态度对待学生。对于班主任来说,具有自制力尤为重要。一个善于控制自己消极的激情状态与冲动行为的班主任,一个善于从教育效果出发,在尖锐冲突时,不作热处理,而在双方冷静后再作处理的班主任,才能真正取得学生的尊重与信赖,才能赢得威信。在塑造学生的灵魂,尤其在转变后进生的过程中,教育者与被教育者之间往往是一种意志力的较量过程,因而更要求班主任具有自制力。

(3)如何引导班主任养成坚强的意志。意志行为是一种有目的的行为。如果班主任没有明确的目的性及果断性、坚定性,就不可能对学生严格要求,也就不可能使学生一丝不苟地认真实现班主任提出的要求,达到教育教学的目的;如果班主任没有沉着、自制和耐心,就不可能以和善宁静的态度处理问题,使学生更好地接受教育。因此,应加强班主任意志品质的培养。任何人的良好意志品质都不是生来具有的,而是在实践中逐步培养和锻炼出来的,引导班主任要养成坚强的意志,应做到:

引导班主任树立正确的世界观与人生观。这是意志锻炼的思想基础,许多优秀的班主任尽管脾气性格不同,但有共同的信念,即为社会主义的教育事业奋斗终身。这使他们能自觉地把自己的工作当做伟大的事业而积极进取,就像吴玉章所说的"人生在世,事业为重,一息尚存,绝不松劲"那样,努力献身教育事业。相反,如果一个人胸无大志,把班主任工作看做"混差事""当一天和尚撞一天钟",对工作敷衍了事,则只能腐蚀自己的意志。

引导班主任努力掌握科学的知识和技能。如果班主任缺乏应有的科学知识和相应教育技能,仅凭意志和蛮干是绝对不可能克服遇到的困难和实现目的的。只有认真掌握教育技能技巧,学习教育理论,懂得教育规律,才能遇事冷静机智,处理问题坚决果断,对学生提出合理、严格的要求。

帮助班主任培养深厚坚定和有效的感情。人的情感和意志是彼此联系的。不同的情感对人的意志行为发生不同的影响。凡是积极的情感都会对意志行为产生鼓舞和支持的作用;而消极的情感对意志行动会产生削弱和阻挠的作用。一个班主任只有热爱教育事业、热爱学生,才会在实际中表现出克服困难的坚强意志。为此班主任必须努力克服各种肤浅、动摇和萎靡的意志,积极培养各种对教育深厚、坚定和有效的情感。

在实践活动中加强意志的自我培养。一个人只有积极参加各种实践活动,在不断克服困难中有意识地锻炼自己,才能发展起自己良好的意志品质。班主任应自觉地要求自己经常在各项工作中进行意志努力,养成自我评价、自我监督、自我命令、自我鼓励的习惯,从而调节自我行为,服从教育教学的需要。

总之,意志品质对任何事业的成功都有决定性作用。班主任要搞好教育教学工作,克服班主任工作复杂多变、艰辛特殊带来各种困难与挫折,具有坚强的意志与百折不挠的毅力对于胜任教育工作、为人师表是极为重要的,是班主任合理的心理素质的重要组成部分。

4. 较强的认知能力

班主任要胜任复杂、艰巨的教书育人的任务,必须是有发达的认知能力。班主任的认知能力是教育得以实施的保证,也是班主任能力结构中的基本成分。认知能力是人对客观事物或事物的属性及其关系进行逼真的反映的能力,表现为人的感知、记忆、思维、想象等认知活动。班主任的劳动是培养人才的脑力劳动,也是培养和训练学生的实践活动。班主任的教育实践不论其主观是否意识到,总要受到认识的指导。为了达到较好的教育效果,班主任必须从客观的真实情况出发,从学生的实际出发,进行科学的、艺术的处理。为此,班主任应当具有较强的认识世界、反映客观事物的认知能力。认知能力包括:观察能力、注意能力、记忆能力、想象能力、思维独创能力等。

班主任良好的认知能力主要表现在以下几个方面:

(1)敏锐精细的感知能力。这是指班主任善于动用多种感觉器官在学生偶然的细微行动中看出事物的本质与特性的认识能力。人的认识是从感性认识开始的。班主任具有敏捷的感知力,常常能从学生日常学习与生活中的各种表现中洞察学生的个性特征、知识状况与智力水平,获得对学生的全面的理性认识。这样的班主任还能从学生的言谈、举止中发现其思想、情感、兴趣等方面的各种征兆,并对好的征兆及时引导,对不好的征兆防微杜渐。例如班主任在与学生的共同活动中,可从学生的眼神、表情、姿态、穿着等方面观察分析出学生的精神状态与道德面貌,并及时发现班级中或个别学生身上的典型特征,给予适当的教育帮助。像前苏联教育家马卡连柯,正是通过自己精细准确的感知,发现并预测到工学团某些成员身上的可贵闪光点与可能出现的问题行为,从而做到及时采取措施,既促成新事物的迅速成长,又防患于未然。班主任对学生准确、及时的感知,有助于班主任在教育教学中做到因材施教,有的放矢,同时也有助于班主任成为教育战线上的伯乐,及时、尽早地发现人才,具有卓识远见,于常人中见优秀,于后进生中发掘人才。此外,还有助于班主任增强思想品德教育的敏感性,随时把握学生思想脉搏的变化并予以疏导,引导学生沿着德、智、体全面发展的方向前进。最后,班主任敏锐的感知能力也对学生感知能力的培养有直接的示范作用。良好的感知能力是青少年认识世界、增长知识、掌握技能的前提。班主任若不善于感知、观察和分析,是很难带出能较出色地感知、观察、准确认识事物的学生的。因此,较好的认识能力是班主任必备的心理条件。

班主任良好的感知能力除了对其教育对象的准确、全面的了解外,还包括对自身的全面了解,能客观地观察和评价自己。善于认识自己可贵的品质,对班主任来说尤为重要。班主任是人之师表,扮演着社会榜样的角色,其一举一动都为学生尽收眼底并记在心中,影响学生的心灵。为此班主任的举止必须格外小心,不断进行调整来符合社会榜样角色的要求,以求收到真实的教育效果。

(2)准确快速的记忆力。记忆力是个体对其经验的识记、保持和再现的能力。人们将生活中见过、学习过、实践过的事情与体验保持在头脑中,在需要时能及时回忆或再认。这种记忆力是感知、想象、思维的基础,对个体的成长发展是十分必要的。而班主任所承担的传授知识、培养学生良好品质的教育教学任务,就更要求班主任具有大量储存知识、信息的心理素质。

例如在教学中,班主任大量地记忆知识,有助于备课、讲课的速度与质量。班主任能完整地记忆教材内容与课堂设计获得流畅自如的教学效果,是搞好教学的重要表现,几乎是全部学生都很反感照本宣科的教师,而喜欢脱离讲稿、驾驭自如、娓娓道来的教师。再如班主任要了解和教育学生，就要能尽早地认识学生，记住学生。班主任能否迅速准确叫出学生的名字，说出他们的特征，关系到能否建立融洽的师生关系、调动学生自觉学习、遵守纪律的主动性。因为在学生看来，班主任很快地认识自己是教师对自己的注意与重视。因此班主任较好的记忆力在其的教育教学工作中具有一定影响。班主任应加强记忆力的训练，特别是通过意义识记，运用各种记忆方法和记忆规律来锻炼记忆力，形成敏捷、准确、持久的记忆力。同时教会学生运用记忆规律，增强记忆力，从而更快、更多、更好地获得知识和信息。

（3）丰富和具有创造性的想象力。想象力是人脑对已储存的表象加工改造，形成新形象的心理活动能力。人们根据他人的口头和语言描述，能够通过对已有记忆表象的综合、夸张，形成对未见事物的形象。班主任对学生进行全面的教育，也离不开一定想象力。班主任对课堂教学的整体设计，对班级开展的教育活动的规划，对学生的期待和愿望的把握，都要有想象力来参与。例如在传授知识的过程中，班主任丰富的想象力有利于学生产生丰富、广泛的联想，在头脑中重新组合新形象，对抽象的新知识进行理解。班主任通过生动形象的语言，帮助学生在头脑中形成人物形象、形成平面或立体的图形，如身临其境般地理解某些作品。

班主任的想象力不仅在于形象地再现一些图像，帮助学生学习和掌握，还表现在具有创造性的想象力。这不仅能在知识传授和品德教育中，使学生产生新颖的、具有开拓性的联想，更能对学生展示一种极有效的示范性，培养学生的创造能力。

想象力是科学研究的实在因素。班主任丰富的创造性的想象力，对培养学生的创造性有促进作用。所以班主任应具备与专业有关和利于教育活动的想象力，引导学生通过多种鲜明的表象去想象事物，把想象力与抽象思维能力结合起来，形成创造性思维。

（4）灵活而合乎逻辑的思维能力。思维能力是在感知基础上，通过记忆表象进行的理性认识，是人脑对事物的概括的、间接的、规律性的反映。班主任所从事的劳动是创造性的、复杂的脑力劳动，主要是信息传递、转换工作。而信息的传递与转换，无论是知识的传授还是品质的培养，都不可能进行手对手的递交、口对口的灌输、脑对脑的感应，只能在学生有意识的状态下，班主任帮他们在新信息输入后迅速从已有的认知结构中找出与新信息的相关部分，并与之建立联系，调整原有认知结构。面对具有不同意识状态、不同认知结构、不同智力水平的学生,班主任能否灵活地、合乎逻辑地从多种角度加以启发诱导,使学生都能迅速在自己原有认知结构中找到有关材料,常常会影响班主任传授知识的效果及学生掌握、理解知识的效果。在思想品德教育中,面对不同个性、不同道德面貌的学生,班主任灵活、合理的思维有利于进行晓之以理、动之以情的工作,避免学生出现消极的定势现象及意义障碍,使学生在一种积极的情绪状态下,将班主任的影响内化为自己的观点与信念。

班主任在传授知识技能与思想品德过程中,也孕育着创造,进行着不断的创新。这就要求班主任的思维能力具有创造性。有创造思维能力的班主任才能一边教学,一边搞科研,在前人的知识和技能的基础上,运用求异性思维,提出创见,作出发明。创造性思维主要表现在:

敏捷性。即班主任能善于在大量的科技、教育信息中,捕捉最新最有开发价值的信息,并善于从生活中和教育实践中发现潜在的科学原理与新鲜事物,以求知为趣,以进取为乐,思路敏捷,判断准确。

求异性。即班主任要有标新立异、打破常规的能力,敢于向一切迷信思想、权威观念、习惯势力冲击,从一切方面寻求疑点,激发研究精神,发挥创造潜能,从而思考前人未思考的事,探求前人未能探求的领域。

独立思考性。创造思维的过程,就是运用所掌握的知识技能进行独立思考发现问题和解决问题的过程。只有不断思考,才能看清本质,由表及里的分析研究,减少盲目性,增长聪明才智,从中发现问题,并探索新问题。一个班主任如果不会独立思考就只能人云亦云,循规蹈矩,不能有所创新,也不能培养学生的思考创新精神。

坚韧性。即班主任对未解决的问题勇于进行不懈的探索。缺乏坚韧性与连续冲击的品格,是难以取得成功的。

国际教育界人士认为,21世纪是创造教育的世界。许多国家把培养创造型人才列入了战略计划。而创造型人才的培养主要靠班主任。班主任具有多方位的创造思维能力,是培养创造型人才的重要因素之一。因此班主任的思维能力,应该是寻求多条思路、多种途径、多种办法、多种方案的分析、解决问题的立体思维。这既有利于班主任出色地搞好教育教学工作,也有利于更好地训练学生的思维,养成多方位、多角度、灵活机动又合乎逻辑的思维能力。

(5)敏锐的观察能力。观察能力对人的一切生活和实践活动都是必要的。班主任的观察能力对于搞好教学、教育工作有着重要的意义。

班主任的观察能力是因材施教的依据。要贯彻因材施教的原则，首先要对学生进行全面而深入的了解，确切掌握每个学生的具体情况。而要了解学生，主要是通过班主任周密细致地观察，无疑要求班主任有敏锐的观察力。

班主任的观察力是发现人才的关键。韩愈在《马说》中感叹"千里马"常有而"伯乐"不常有，这正说明，我们缺乏独具"慧眼"的伯乐。"千里马"往往就在你身边，作为"伯乐"的班主任，只有具有高度发达的观察力，才能发现。说不定"你的教鞭里有瓦特，你的冷眼里有牛顿，你的讥笑中有爱迪生"。

班主任的观察能力是增强教育敏感性的前提。学生的成长并非是直线上升的，特别是思想品德和良好行为的形成，经常出现曲折起伏，甚至多次反复，班主任只有灵敏地察觉这些变化，把握学生思想脉搏的跳动，才能及时给以指导和补救，引导学生健康前进。因此，要求班主任不仅要观察优秀生潜在的"隐患"和毛病，及时注入"抗体"，防患于未然，还要发现后进生身上的"闪光点"，及时肯定表扬，使他们在表扬中体验到成功的快乐，增强自信心和自尊心，在逐步的避短中看到自己的未来和希望，感受到班主任的信任和期待。这些都要求有灵敏的观察能力。

另外，班主任的自我观察力也相当重要，它是班主任自我调节的依据。班主任是学生的楷模和表率，这就要求班主任不断塑造自己为人师表的形象，加强自我修养和自我教育。

班主任良好的观察力主要是在教育实践中，不断总结经验的基础上逐步形成的。影响班主任观察力形成的因素很多，其中班主任的科学世界观和态度，以及班主任观察的动机，是直接影响其观察力的重要因素。班主任只有具备强烈的观察兴趣和意向，才能促使他对学生作深入细致的观察，并在经常的观察中，有意识、有目的地锻炼自己的观察力。而班主任的科学态度和世界观又是其全面观察、客观分析的根本保证。否则，很容易导致观察的片面性和形而上学。提高观察力的基本途径是广泛深入学生。从课上到课下，从校内到校外，从有组织地活动到学生的自由活动，班主任都要随时随地观察和了解学生，细心地考察分析他们中间发生的看来是细小的事情。只有勤于观察，认真实践，才能不断地提高自己的观察力。

（6）较强的注意分配能力。注意分配能力是指一个人在同一时间内把自己的注意指向不同对象的能力。教育工作是一项需要把多种技能配合起来的复杂劳动。在课堂上,班主任面对着几十名学生,边讲、边写、边教、边导,还要随时注意学生上课的情况,处理各种偶发事件,排除各种干扰,维持好课堂秩序,注意时间的进程。这就需要班主任具备良好的注意分配能力,既能把注意力集中在讲述的内容和表达的方法上,又能把注意力分配到学生听课情况上,关注学生对所授内容的理解、学生的反馈信息以及具体教学情况,及时调整自己授课的速度、难度和方式。所以说,善于分配注意力是班主任的一项职业要求,也是衡量班主任教学水平的一个重要标准。

有较强分配能力的班主任,能有效地利用言语、板书、教具等各种信息载体向学生传授知识,使讲、写、做有机地融为一体,相得益彰。学生不仅听得懂,理解得透,而且学得生动活泼,学得有兴趣。具有较强注意分配力的班主任,在教学工作中不仅善教,而且善导,能够适时地根据自己讲授的线索,引导学生积极思考,创设活跃学生思维的教学情境,随时体验学生情绪上的细微变化,发现学生思维中的问题,及时予以启发、诱导;善于在"听、读、练、写"的过程中细心捕捉学生智慧的火花,及时给以点燃,使全班每个学生都能从班主任传神而睿智的眸子里体验到期待的感召,而自觉、积极地进行思维劳动。

班主任良好的认知能力,是班主任感知力、观察力、注意力、记忆力、想象力、思维力等认识能力完善而合理的组合,只有具备了良好的认知能力,班主任的教育教学活动能力才能不断提高,胜任教育工作。因此,班主任具备较好的认知能力,是班主任心理素质的重要内容。

5. 良好的性格特征

性格是表现于人的态度和行为风格的心理特征,是人对客观世界的稳定的态度体系和与之相应的惯常的行为方式。它是个性特征的核心特征,具有鲜明的社会意义。一个人良好的性格是在社会实践、生活环境的交互作用下形成的与之相适应的特征。反过来又贯穿在人的一切活动中,并影响着活动的指向和方式。它作为一种巨大的内动力,对个体的表情、仪态、所言、所思、所作、所为发生作用。教育实践证明,班主任具有良好的性格特征,是其胜任教育工作的极重要的心理条件之一。

(1)班主任性格特征在其教育实践中的作用。班主任具有良好的性格特征,有助于塑造学生良好的性格。学生处于生长发育期,性格的形成是其中的一大内容。学生的性格具有过渡性、可塑性和模仿性,处于性格的未成熟期,尚未定型,希望得到成人的指导,也力图使自己性格成人化,可谓处于性格塑造的关键期。由于学生接触班主任时间最多,其性格形成就少不了班主任的性格影响。性格良好的班主任,能深得学生的仰慕,并随时随地用自己敏锐的目光注视班主任的言行举动,暗地中进行模仿,久而久之学生的性格会在无形中受到班主任良好性格的熏陶。反之,性格不佳的班主任,会给学生带来消极影响,如班主任性格粗暴无礼,对学生常瞪眼训斥,学生也会逐渐变得蛮横粗野。作为班主任,只有使自己性格渐趋完美,方能塑造学生良好的性格。可见,班主任性格的优劣直接影响学生性格的好坏。

班主任良好的性格,有助于形成自己良好的教育教学风格和师生关系。班主任的教育风格,是长期教育教学实践中形成的固有的教育特色,是各种教育能力、心理素质的有机统一,其中也包括性格素质的作用。性格特征与教育教学风格往往是相辅相成、融为一体的。班主任在教育工作逐渐形成的某种性格会在很大程度上支配其教育活动的进行。性格对班主任创造自己舒通、愉快而有力的教育风格是十分重要的。一位性格华而不实、粗枝大叶、不拘小节的班主任,在工作中一定是大而优之、爱摆花架、不务实效的;一位性格多嘴多舌、婆婆妈妈、缺乏主见的班主任,教学中也会冗长拖沓、重点模糊。因此,班主任要力求使自己的性格渐趋完美,以独特有效的教育风格承担起传道、授业、解惑的任务。

班主任良好的性格有利于沟通师生感情,建立良好的师生关系。不少调查资料都表明,学生所喜欢的是性格和蔼、热情、宽容、耐心和坦率、开朗的班主任,具有这些性格特征的班主任,能很快地赢得学生的好感,易于和学生建立融洽的感情。这种班主任还善于缓和教育工作中的紧张局面,为学生创设轻松愉快的学习环境。在这种环境中,师生都能体会到学习活动的愉快和喜悦,都能充分发挥和动员自己的潜能。特别是年龄较小的学生,他们经常从直觉印象出发去评价班主任,和班主任的关系偏重于兴趣和情感方面,班主任活泼的性格和和蔼可亲的态度,常是他们赢得威信的主要条件。积极、乐观、幽默、开朗的性格,还能使人精神振奋、体魄强健,工作起来情绪饱满,干劲十足,有助于发挥班主任教学技巧和艺术效果,提高教育工作的效率。

(2)班主任性格的类型。显然,我们无法规定一个统一不变的"性格模式"。事实上,试图把班主任丰富多彩的性格纳入一个简单的模式,不仅难以做到,而且也没有必要。我们只能从教育工作的要求出发,谈一谈班主任应具备的一些基本性格特征。正如世界上没有两个面孔完全相同

的人一样,性格完全相同的班主任也不存在。班主任性格特征也如梁山108将一样各有特色。大致看来,可归纳概括为四种类型:

①活泼急躁型。气质上属于外倾型人。其特征是:思想活跃,反应快;豪放开朗,有朝气;直爽热情,好交际;雷厉风行,敢表态;点火就着,易发脾气;急于求成,欠思虑。

②稳重沉着型。气质上属于内倾型的人。其特征是:情绪稳定,思考周密;心中有数,先不表态;工作谨慎,稳扎稳打;沉默少言,感情冷淡;优柔寡断,行为迟缓;形成看法,固执己见。

③刚强好胜型。气质上属于外倾型人。其特征是:意志坚定,有自信;敢作敢为,有闯劲;能言善辩,不服气;受到挫折,不泄气;主观武断,不和气。

④温柔随和型。气质上属于内倾型的人。其特征是:温和善良,有涵养;工作踏实,少魄力;注意团结,好顺流;有事商量,不武断;作风文静,不好动。

从大多数班主任的实际情况看,常常是兼有内倾型、外倾型特征,具体的性格表现也是交叉的。班主任要适应学生性格发展的需要,更好地发挥性格在教育工作的积极影响,这有助于班主任的教育教学。

(3)班主任应具备的基本性格特征。

①独立的性格特征。对于班主任来说,他们首先必须有独立的性格,这种性格的班主任能独立地开展教育、教学工作。在处理任何工作问题时他们都会独立地作出决定,胸有成竹地提出解决问题的方案,无论在什么情况下,都不张惶失措,在困难和紧迫情况下,也能发挥自己的力量,他们不易受别人的暗示,也不屈服于他人的权势,更不会轻易地对学生的不合理要求作出让步。在确信学生懂得自己要求正确的前提下,始终坚定不移地要求学生,毫不动摇和妥协。这种性格是与个人信念的坚定相联系的,只有树立了献身教育事业道德信念的人,在班主任中才能表现出这种性格特征。

②热情开朗的性格特征。教育以人为对象,而对人的工作的第一条,就是要有一颗热忱待人的心。班主任只有热情开朗、朝气蓬勃,才能如春风送暖给人温暖和关怀,进而教育学生;反之,班主任如果养成悲观抑郁的性格,对人冷漠,缺乏同情心,学生就会疏远班主任,在师生之间就会筑起一座无法理解的高墙。在这种情况下,不仅谈不上教育学生,而且会使学生受到打击。

③有利于班主任心理健康和提高工作效率的性格特征。具有良好性格特征的班主任，对工作和学习，对集体、他人和自己，能持正确的态度，并能表现出恰当的行为方式，因而能为他人、集体所悦纳。他也能得以从中保持心理平衡和自尊、自信、自爱的心理，从而提高了对各种环境的适应能力。即使遇到挫折，也能泰然处之，冷静自如，积极寻找排除的良方妙策，而不束手无策，心灰意冷，甚至一蹶不振。

④耐心细致、沉着冷静的性格特征。塑造人的灵魂是一项极其艰苦的工作。只有性格耐心细致的班主任才能担当此任，才能诲人不倦，才能以坚韧的毅力和反复细致的工作去感化、教育学生。耐心细致与沉着冷静是联系在一起的，只有具备沉着冷静性格的班主任，才能在任何情况下保持平静的心理，始终对学生坚持循循善诱，即使当学生对自己表现粗暴无礼时，也能顾及教育后果，正确评价自己的行为，保持教育机智，时刻不忘选择最适宜、最有效的方式和方法，去耐心引导和教育学生。而一个心浮气躁、情绪容易冲动，为了一点小事就剑拔弩张、大发其火的人，毫无疑问，是难以适应班主任工作的。

⑤诚实正直、温和宽厚的性格特征。一个诚实正直的班主任能经常意识到自己对学生应尽的责任，在遇到各种教育问题时，都能从教育要求出发，决不允许自己随心所欲、不负责地对待学生，在与学生相处中能表现出公正的态度，不掺杂个人的好恶，不滥用自己的情绪。班主任同时还应该具有温和宽厚的性格，在和学生交往中表现出豁达开朗的心胸。当学生不能理解自己的善意，冒犯自己的尊严时，也能给以原谅，决不采取有伤学生心灵、有损教育效果的态度和方法。

上述几方面是优秀班主任共同具有的性格特征。当然，这并不说，班主任的性格修养仅限于此，有关班主任性格的调查表明，像诙谐、幽默、富于同情心、尊重人、办事果断坚决、工作认真负责、谦虚好学等这类性格特征，也应该是班主任所具备。

（4）班主任性格的培养。班主任要养成良好的性格特征，就必须在教育工作中，自觉地进行刻苦磨炼。具体可以从以下几方面入手：

①处处留心，小事做起。班主任要养成自己良好性格特征，首先要严格要求自己，从小事做起，处处检点自己。上一次课，与学生谈一次话，处理一个偶发事件，都可以看做是锻炼自己性格的良好机会，日积月累，必有长进。

②自我克制，磨炼意志。性格一旦形成，就具有相对的稳定性，不是

那么轻易就能改变的。有的班主任已形成了某些不良性格,遇事总是不冷静;有的班主任办事拖沓,做事缺乏条理。只要坚持用坚强的意志加以克服,学会自我克制,就会日见成效。

③勤奋学习,以智养心。性格发展与人的知识发展相联系。一般说来,班主任的知识水平、文明程度越高,性格发展就越和谐。为此要求班主任勤于学习,努力钻研业务,自觉地从优秀书籍中汲取有益陶冶性格的养料。

④自我评价,扬长避短。班主任在加强个性修养中,应养成自我检查和自我评价的习惯,有了这些习惯,就能处处严格要求自己,既善于看到并发扬自己性格中的优良方面,也勇于发展并克服自己性格中的缺陷,从而扬长避短,努力塑造自己完善的性格。

班主任要具有上述性格特征,就必须不断加强性格的自我修养。

首先,要自我了解。每个人的性格都有积极一面和消极一面。如果班主任对自己性格中消极的因素茫然不知,任其存在,会对学生产生不良影响,有碍教育工作的进行。为此学校的管理者要帮助班主任透彻地发掘自己。唯有自省方能自知,唯有自知方能自控,并进一步改掉不良的性格。

其次,要指导班主任学会自我控制。学会抑制自己性格中的弱点,以强烈的责任感和坚强的意志不断严于律己,使班主任不良的性格得到抑制。

第三,要指导班主任学会自我改塑。人的性格有一定的稳定性,也具有可塑性,特别是年轻的班主任其性格更是具有可塑性。班主任在工作中发现自己不良性格所在,自觉地加以调整,注意向性格特征好的班主任学习,取他人之长补己之短,这些都可以帮助班主任实现性格的改塑。而加强班主任的道德修养,增强理智感、进取心和积极乐观的工作态度,是完善班主任性格特征的关键。

6. 心胸开阔,处世乐观

有人把教师、把班主任比作是"一块燃烧的煤""一支点燃的蜡烛",在平凡细致的工作中默默燃烧着自己,却用自己的生命之光,开发人类的智慧,传播人类的文明,照亮千千万万儿童前进的道路,把学生从蒙童引向知识奥秘的宫殿,把充满童心和雅气的少年培养成建设祖国的栋梁之才。可见,班主任工作是很艰辛的。正如一位领导同志在一次班主任座谈会上所说:"你身居斗室,想着替国家分忧;你两袖清风,时时为学生操劳;讲学谈心,家访辅导,老师的工作是辛苦的,每当日沉星移,你们仍然在灯光下仔细批改作业,为了培养后代,你们含辛茹苦,日夜操劳。"但是,班主任工作不仅有艰辛的一面,也有其他任何职业无法比拟的欢乐与收获。在体验美好的师生情谊和自己的劳动成果中,班主任的幸福感是难以言表的。这种感受有助于班主任对教书育人工作有更高层次的理解,甘为人梯与红烛,正确看待"贡献"与"索取"的关系。应该说,在班主任的复杂劳动中他们会不断遇到各种烦恼和不如意。例如在与学生的交往中,学生的内心世界色彩斑斓,学习生活也变幻多样,常常会给班主任带来满意和不满意、高兴和苦恼、忧愁和欢乐、疑惑和诧异、宽慰和愤怒的多种感受,进而引发班主任的复杂情感体验,有愉快的和不愉快的、高兴的和伤心的等等。又如同事之间的相处,也会引发出矛盾,因彼此知识水平的不同,年龄、性格、作风、习惯上会存在很大差异。在共同从事参与具体的教育教学活动中,也难免产生摩擦,像"文人相轻"的陋习,为抬高个人,突出自己不惜贬损他人或者对他人、学校和社会处处斤斤计较,见利忘义,等等。班主任如果没有博大的胸怀,乐观的精神,就很难避免上述不良现象。

苏霍姆林斯基认为:"当你跨进学校的大门,决心把自己的一生献给塑造人的崇高事业的时候,要记住,你可能有陷入难以控制,时常发生的矛盾情绪之中的危险。要做火热的感情与冷静的理智融为一体的大河,而不可匆忙地、贸然地作出决定。这是教育艺术永不干涸的源泉之一。假如这一源泉枯竭了,教育学的一切书本知识都将化为乌有。"所以,心胸开阔,处世乐观是班主任胜任其工作的重要心理素质。首先,班主任应具有朝气蓬勃、头脑清醒、积极乐观的生活态度。班主任在日常生活中轻松乐观,能充分发挥自己的教育潜能。班主任对自己的生活、工作、学习乐观而满意,就能以自己的良好志趣、才能、性格、情感、意志去全面影响学生,增强学生的生活与学习乐趣。其次,班主任应该相信每个学生能做得比现在更好。人的潜能是无限的。每一个人能够做的,比他现在已经做的和相信自己能够做的要多得多。处于早期发展阶段的学生更是如此。尽管学生的现状从思想、学习到行为可能不让人满意,易引发班主任的不愉快,但学生的现状不能说明他的未来。班主任在与学生相处中要以豁达开朗的胸怀,给学生以信任和期待,使学生在班主任的鼓舞下朝着积极的方向发展。尤其对于后进生、爱捣乱的差生,更应如此。第三,班主任应善于团结协作,互勉共进。教育学生,依靠班主任集体的共同努力,班主任之间应彼此虚心学习,以人之长,补己之短,相互帮助,以广阔的胸怀、宏大的气量、一定的涵养,实现对学生的共同培养。一般说来,人与人的交往中,朴实诚恳会使彼此间心心相印,热情大方会使彼此间的隔阂顷刻消失,谦逊有礼会使彼此间的人格尊严得到尊重,豁达宽容会使彼此间的误解化为乌有……因此,无论是师生之间的交往,还是班主任之间的合作,都需要班主任以博大宽广的胸怀、豁达乐观的态度来面对。

作为班主任,培养自己坦荡的胸襟、待人处事的乐观态度,是教书育人不可缺少的精神力量。它将不断推动着班主任在求索奋斗中"千磨万击仍坚劲,任尔东西南北风",直奔成功的彼岸。

心理对身体的影响,主要是情绪对生理的影响。现代身心医学研究也证明,情绪既能致病,也能治病。保持轻松愉快的心境,对维护身体健康具有非同一般的作用。那么,怎样才能保持健康愉快的情绪呢?

(1)情怀豁达。我国流传的《十叟长寿歌》中就有一句"坦坦无忧愁",是说襟怀坦白,无忧无愁,就能使人长寿。

(2)热爱生活。注意挖掘生活的光明面和生活乐趣,不断陶冶热爱生活的感情,同时还要善于发现体察学生美好的心灵。在学生带给班主任极广阔的情感领域内,在愉快和不愉快的、高兴的和忧虑的曲调中,善于认识这种和谐的乐声,是教育工作中精神饱满,心情愉快和取得成功的重要条件。

(3)富有幽默感。幽默感是一种特殊的情绪表现,也是人们适应环境的工具。它使人对生活保持积极乐观的态度。许多人看来痛苦、烦恼、厌恶的事情,用幽默的办法来对待,往往会使人的不快情绪荡涤无余。教育生活实践也一再证明,富有幽默感的班主任、机智的班主任,比缺乏这些特点的班主任,更善于缓和教育工作的紧张局面,因而也更能以一种积极、乐观的态度来处理矛盾,从而使自己的内心保持轻松、平静。他们常常可以用一句俏皮话,一个小小的玩笑,一个对学生善意的揶揄,使紧张的空气得到缓和,当班主任和学生一起开怀大笑时,也就自然地避免了有碍精神健康的过分激动。

(4)克服嫉妒心理。嫉妒心重的人,同事中许多美好的事情都可能成为他嫉妒的对象,引起不快的感情。因此,加强自己的思想意识修养,做到襟怀坦荡,心胸开朗。

第七章
班主任的能力素质

能力是人们能胜任某项任务的主观条件,对于个体的能力考察,往往是通过其参与某种活动的行动效果来实现的。因此一个人的能力是其获得成功的基本保证。班主任要很好地完成教书育人的教育任务,必须具备合理的能力结构。加强对班主任行为能力的管理,优化其能力素质,是当今教育改革热潮中的重要内容。班主任具备了良好的能力,才能处理好"德与才"的位置,做到"以德率才,以才养德",才能给学生作表率,主任的能力直接关系到班集体的发展,关系到和谐校园的建设。

提高班主任能力素质的意义

班主任的能力是影响学生能力发展的重要因素

　　智力是人们认识或反映客观事物的能力,含有人们常说的"聪明""智慧"的意思。一个人的智力集中表现在反映客观事物正确、深刻、完全的程序上和运用知识解决问题的速度与质量上,一般包括观察力、想象力、记忆力、注意力和思维力几个方面。智力是先天素质、社会历史遗产以及教育影响、个人努力三方面因素相互作用的产物。青少年学习正处于长知识、长身体、长才干的发展阶段,是开发智力的黄金时节,班主任教育学生既要重视系统知识的传授,也要加强对学生思维能力的训练。从我国近年来的情况看,我们在从小培养学生独立生活、独立思考的能力方面做得很不够,"高分低能"并不是个别现象,尤其是中小学的毕业班,大多是加课辅导,靠搞"题海战术"来提高学生的考试分数,严重忽视学生技能、技巧等多种活动能力的培养。这显然是违背了学生成才规律和教育规律。随着现代高新科技的迅速发展,人们越来越认识到要真正使青少年学生掌握适应社会需要的生存本领,必须注重培养学生的各种能力,使之学到"点金术",以合理、完备的行为能力去迎接未来社会的挑战。班主任要实现培养提高学生能力的教育目标,就必须使自身具有较高的能力水平。正如近年来教育研究的结果所反映出来的那样,开发学生智力的关键性因素是班主任的能力素质,如果说学生的智力像地层深处的油田的话,那么班主任较高的能力恰如装备精良的深井钻机。钻探深度不够难见油影,钻探到位则原油喷涌而出。因此,提高和发展班主任的行为能力,是培养学生能力的前提条件。

　　班主任的能力水平对学生能力的提高与影响可从三个方面来认识:

　　1. 班主任较强的能力有助于班主任提高传授知识的效率,从而加速学生能力的提高

　　学生能力的发展是以知识为基础的。常言说:"无知必无能"。学生只有在较好的知识基础上才能通过运用知识、实践知识而形成各种能力。可见,学生能力并非主观自生形成,而是在掌握知识、运用知识中获得的,与班主任传递知识的方式、方法有着密切的关系。一般说来,受教育越充分,接受的知识量越大、越精深,学生的能力便会得到更好的开发。传统教育之所以为人们所批判,原因之一就在于班主任只重视知识的单向输出与学生对知识的积累而忽视能力的培养,造成了教育效果的"少、慢、

差、费"，即班主任在每节课上传授新知识的分量少，学生的接受吸收很慢，消化理解和运用知识差，整个教学过程师生双方占用的时间多，耗费的精力大。这种教育方式也忽视了班主任能力教育的作用。

对比起来，具有较高能力水平的班主任在传授知识的效率与效果上，单位时间内会有很大改观。同样是在一节课上，他们不仅可以按部就班地完成预定的新课，而且可以充分利用上课时间让学生吸收更多的新知识，满足学生尤其是尖子生吃不饱需要"加餐"的需求。所以，班主任只有在较高的能力基础上，才能做到精心设计教学，寻找易于为学生接受的传授知识的方法，适时提出问题引发学生思考，提高学生的各种能力。

2. 班主任较强的能力，有助于班主任提高低能学生的能力，开发其
   智力

"高分低能"（也不乏"低分低能"）已成为教育中的一大失误，造成这一现象的根本原因是长期不重视学生能力培养的结果。学生习惯于被动地接受知识、贮存知识，对"填鸭式"的教学习以为常，必然会丧失积极的探索与进取精神。走出这一教育误区的关键是依靠班主任较高的能力素质带动、激发学生的能力水平，通过教育教学活动、课外活动、社会活动、劳动技能等多种实践途径，加强对低能学生的能力训练。现代教育教学改革的一个重要内容就是课内课外教育的有机结合，充分开展丰富多彩的课外活动，使学生有机会施展才干，发挥创造力。要指导好学生的课外活动，班主任就必须具有较高的能力，必须是教育工作的多面手。

能力较全面的班主任，可以通过作业、实验、讨论、答辩多种方式培养学生分析解决问题的能力，可以通过演讲、演出、举办各类智力知识竞赛等方式培养学生的表达和思辨的能力，可以通过各类兴趣爱好特长的课外活动培养学生的创造能力，还可以通过社会调查、社会服务、自我服务、义务劳动等方式培养学生的社会实践能力。总之，具有高水平的班主任行为能力才能实现对学生高水平能力的培养，改变学生的"低能"现状，使学生智能得到充分发展。

3. 班主任较强的能力，有助于班主任采用科学的培训方法，开发学
   生的能力

个体的能力虽然与先天的遗传素质有着密切的关系，但是，它的诸多因素如想象力、注意力、思维力在更大程度上取决于后天的训练，即使是观察力、记忆力受先天影响较大的因素，通过科学的训练之后，也能取得良好的效果。学生在学校教育中直接受班主任的培养，班主任要采用科

学的能力训练方法,必须自身有较高的能力水平。班主任能力水平越高,便越能根据学生的实际水平和状况,选择最佳的科学训练方法,取得事半功倍的效果。例如班主任可以通过学科教学中的实验课、业余天文观察、业余气象观察、野外标本采集、外出写生等训练学生的观察力,也可以通过听古典音乐、文学欣赏、影视评价以及外出参观来培养学生的想象力与审美能力。班主任的工作需要其通过精心安排设计,为学生创造一个能力开发的实践天地。而只有能力素质完善的班主任才能做到恰到好处地训练学生的能力。

班主任的能力是提高班主任适应性的必要条件

当代世界经济的发展与社会的进步越来越依靠教育的先导与中枢作用,这一点已为许多学者与有识之士所承认。而教育要充分发挥对社会的促进作用,也必须不断深化改革。现代教育不仅打破了普通教育一揽天下的老格局,各级各类职业教育如雨后春笋应运而生。而且教学内容进行着较大的补充和创新,涌现出了许多新的知识门类,教学方法与教学手段也不断革新,日趋现代化。这一切,都使今天的班主任面临着一个崭新的教育科学领域。要适应这一现实,必须使班主任具备较完备的行为能力。班主任能力的最优化乃是提高教育质量、提高班主任质量的重要保证,也是班主任胜任当今教育需要的重要条件。

1. 提高和发展班主任的能力,有助于班主任适应教育的横向发展

现代化的发展,使当代教育的职能不再是单纯的向学生传授文化知识,而是要更好地使青少年成为社会合格的劳动力。工业化社会劳动力构成的突出特点是脑力劳动者就业人数占主体,社会迫切需要培养熟练工人、技术员、各种公务人员等中高级专业人员来满足各部门的需求。这就使教育体系中的各级各类职业技术教育成为迅速发展的组成部分。除了广泛多样的专门学校外,普通教育中也必须加强职业技术培训,以使学生认识工业社会的特点和具备生存能力。这就对学校的班主任有了新的要求:既能传授学科知识,也懂得专门的职业技术,有一定的实际操作能力,从而完成提高学生知识水平、对学生进行科学的职业指导与辅导、帮助学生较好实现社会化的教育任务。可见,学校教育职能的扩大要求班主任积极适应这种横向发展的现实,否则将会被淘汰。班主任为此必须以良好的能力素质调节自己的行为,适应这一要求。目前,世界教育中普通教育职业化、职业教育普通化的横向发展已初露锋芒,较高能力水平的班主任在这种教育变革中得到最佳发挥并会产生最佳的教育效果。相反,如果班主任缺乏能力,仅仅是照本宣科地教给学生一些死板、单调的知识,将会大大阻碍班主任职能的横向发展,进而影响学生的发展。

2. 提高和发展班主任的能力,有助于班主任适应学科更新发展的新趋势

教育科学的发展,不仅表现在教育的横向发展,还表现为教育内容的不断深化和扩充。"深化"体现为知识越来越趋于尖端化,在不断的分化中向纵深的方向发展。如果说 18 世纪还能产生像牛顿那样可以称为物理学家的某一学科的通才的话,那么今天则无人敢轻易问津这一顶桂冠。另一方面在分化中又产生新的综合,出现了许多前所未有的新学科,像生态学、遗传学、计算机、未来学、人才学等等。除了跨专业、跨学科的新学科外,科技与技术界限也日益模糊,如电脑技术就是多学科理论和技术综合的结果。自然科学与社会科学也日益交叉、渗透。现代科学新成果的出现,体现在学校教育教学中,必然是陈旧内容的删除,传统的概念与范畴被综合的概念与范畴所替代。班主任具备了优良的能力,就可以运用迁移的规律,将某门或几门学科的研究和教学方法迁移到新学科的内容中去,从而举一反三,迅速地掌握新知识新学科,以便胜任教学及管理工作。

3. 提高和发展班主任的能力,有助于班主任掌握和运用现代高新的教学手段和教学媒体

当代新技术、新成果地不断涌现带来了班主任授课方式的巨大变革。运用现代教学媒体传递教学信息以实现教学优化的电化教学,便是对传统教学手段的革新。电化教学从最初的幻灯片教学、有线广播教学,发展为电视教学、闭路电视教学,现在又走到了电脑教学。教育家们把这种将愈来愈多的信息与文化知识存放在计算机中而不是写在书本中的教育称为第二文化教育。面临这样的态势,只有具备了较高能力的班主任才能适应教学手段的现代化,迅速淘汰自己已经过时的教学方式。应该使班主任不满足于我教过某门学科,而应该使其追求我能够采用什么新手段来教这门学科。在国外,一些装备精良的学校给学生提供了电脑终端接通大型图书馆的软件库,学生可以直接查找资料和进行学习鉴定,班主任则对他们进行指导和监督。这种学生积极自学、班主任加强指导的现代教学方式,无疑更要求班主任具有较强的能力而不再是旧教学方式下的教书匠。目前,我国主要采用的电教媒介是四片两带一盘,即幻灯片、投影片、电影片、程序片(计算机软件——课程软件)、录音带、录像带和视

盘。充分发挥这些电教设备的功用,制作和选择切合教育教学内容的电教教材,使电化教学与传统教学方式有机结合来达到教学效果的最优化,这一切都是与班主任高水平的能力素质密切相联的。班主任能力出类拔萃才能保证现代教学手段的运用达到教育性、科学性、技术性与艺术性的完美统一。

班主任能力的构成

班主任应该具备的能力主要包括以下内容:

组织能力

班主任从走进教室的刻起,就要善于把全班学生的注意力集中到教学内容上来;从他接班的第一天起,就要把几十个兴趣、爱好、性格特点各不相同的学生组织起来,形成一个自觉的集体。这一切都需要班主任有较强的组织能力。学校教育教学活动是班主任与学生共同构成的双边活动,要想取得最佳效果,必须使班主任的主导作用与学生的主体作用有机结合。而体现这一教育规律的关键在于班主任。为了保证教育教学工作有条理、有系统、顺利而生动活泼地进行,班主任必须具备较强的组织能力。班主任组织能力的强弱,在一定程度上,对教育教学工作的成败起决定性的作用。据此,班主任必须注意自身能力的培养。例如,开展教育活动,班主任必须善于组织制定计划,动员、发动、培养和使用学生骨干,组织指挥,总结评比等等;组织教育教学活动,班主任必须善于启发诱导,激发起学生兴趣,集中学生注意力,善于机智地处理偶发事件等等。班主任的组织教育教学活动的能力,包含一定的创造性。这方面能力的提高,既需要知识经验,又需要满腔热情,更需要在实践中坚持不懈地研究、总结和磨炼。

班主任的组织能力在教育教学过程中主要表现为以下两大方面:

1. 组织教学的能力

组织教学能力,是班主任在从事教学过程中表现出来的业务能力。教学包括班主任的教和学生的学两个方面。班主任要按照教学大纲和教学计划的要求上好每一堂课,准确熟练地把知识传授给学生。学生在班主任的指导启发下,全面领会班主任的教学内容,做到由不知到知,由不能到能,并引起新的学习兴趣,激发求知的欲望。而能够将教与学两个方面统一起来的可靠契机,便是班主任高超的组织教学能力。因此,组织教学能力是班主任从事教育教学活动十分重要的能力,是班主任能否出色完成教学工作的关键。一个没有组织教学能力的班主任,肯定是"压不住台,叫不住座"的,也就很难达到理想的教学效果,提高学生的认知水平。班主任要做到成功地控制教学过程,有效地监督和组织学生的学习与认识活动。应具备的组织教学能力必然呈现出多样性,大致包括以下几个方面:

（1）班主任在对教学大纲和教学目的充分理解的基础上,制定教学计划的能力。这里的教学计划,是指在学期或学年教学进度计划和单元、专题教学计划的基础上,制定的课堂教学计划。一般说来,班主任每讲一堂课都要有具体的安排:哪些内容讲授,哪些内容练习,哪些内容是难点重点,如何突破,哪些内容应该板书以及如何活跃课堂气氛、调动学生的学习热情与积极性等等。班主任在上课之前对上述诸多方面都应该作出周密的考虑和安排,才能使教学有计划地进行。

教一门课有教一门课的计划,讲一堂课有讲一堂课的教案。这些计划和教案的制订便是班主任的教学设计。传统的教学设计是班主任所熟悉的。20 世纪 50 年代以来世界上又出现了一种新的设计法,叫做教学系统设计法。对于这两者有什么区别,美国教育家华莱士·H·汉纳姆和莱斯利·J·布里格斯认为,传统的教学设计法有以下几个特点:

第一,教学设计工作是从研究教材开始的,而教材的内容又是班主任根据自己的主观看法、自己的意愿、爱好、班主任本人所能筹划到的课题材料以及事先规定的教学大纲和教学时间确定的。

第二,教学目标是根据课本和教材的内容确定的。

第三,教学目的和要求对所有的学生都是一样的,而且是用班主任的自我要求来表述的。

第四,教学方法是以历来所设想的一整套教学程序作指南的。学生成绩评定是以学生之间的相互比较为依据的,评定的目的在于确定学生的升级或留级,而不是为了检查教学效果。

这种传统设计法只能有很少的高明班主任能够掌握并取得较好效果,因此质量很不稳定,不能提高教学质量。新的教学设计法把教学看成是一个系统,是为达到某一教学目的而共同发生作用的多种成分组成的一个系统,因此叫做"教学系统设计法"。它区别于传统设计法的特点是:

第一,教学计划工作不是从教材开始,而是从确定和说明教学的目标开始;教学目标并不是由课本决定,而是根据教学系统所属的更大系统,即教学系统环境所提出的需要以及职业分析等外在因素确定的。

第二,班主任目的和要求是根据教学目标和学生已具备的知识水平和能力水平确定的。

第三,教材的选择是由教学目的和每个学生的特点决定的,因此不同的学生所用的教材是有所区别的。

第四,教学策略的设计和教学方法的选择首先要仔细考虑教学目的的性质和个别学生的特点;其次要对适用于各种不同学习类型和学生类型的种种教学策略和方法的经验材料进行认真地研究,只有在此基础上,班主任才能作出适当的决策。

第五,学生成绩的评定以是否达到教育目的为依据,是用客观的标准衡量的。评定的目的在于检查学生的进步情况,测定学生对知识和能力的掌握程度,判断学生的困难所在,从而为困难学生制定补课计划,并在必要时修改教学目的,变换教学方法。

新的教学系统设计法更有助于达到普遍提高学生水平、提高教育质量的目的,对于班主任组织课堂教学很有益处。所以班主任具有现代意识的教学计划能力是完成教学任务的首要基础。

(2)班主任组织教学能力也体现在确定适量的教学内容上。教学内容规定着教学中传递知识技能的范围与性质,要求班主任做到正确、科学、系统,有一定的思想性与创造性,在内容结构上力求合理、丰富、充实。班主任在确定和编排教学内容时,一方面应注意及时把新知识引进课堂,因为现代信息传输手段的多样化使学生经常会从各种渠道获取新的知识,如果班主任在课堂教学中拒绝新知识的渗透,就很难调动学生的学习积极性。为此班主任不应仅囿于教材所学,在课本中"兜圈子",而应结合教材恰如其分地将新知识、新发明创造、新信息及时传递给学生。另一方面,班主任要考虑便于学生学习掌握和运用的知识内容,以利于发展学生的智能,同时力求使所教的内容适合学生的年龄、心理特征与认识水平。要使教学内容体现出科学性,班主任必须善于对教材的原理、结论、定义、定理、定律等逐一钻研、反复推敲,准确、科学、简练地掌握、熟知各章节的重点、难点和关键,把握讲、写、作、画、演等环节,对与学科有关的最新知识与科技成果,尽可能收入教材中以达到充实和丰富。做到心中有数,统筹安排,高瞻远瞩与深入浅出地传递教材知识,并有提高和更新,使学生受到启迪。

(3)班主任组织教学的能力又表现为灵活运用切合实际的教学方法。教学方法是班主任为达到教育教学目的所采取的工作手段与方法。

大致分来,有四种教学方法体系:

第一,讲授的方法体系,基本形式是讲述、讲解。

第二,训练的方法体系,着眼于学生掌握基本技能技巧,重视精讲多练。基本形式分为独立阅读、实验操作、习题练习三种。

第三,自学的方法体系,以自学为学生获取知识的主要手段。

第四,开放的方法体系。是班主任在教材范围内指定章节、课题并明确学习进度与学习程序后让学生自己学习,可以到图书馆查阅资料,也可按班主任提示去现场学习,或自己动手调查、做实验,还可以组织学生一起讨论、辩论。

这些方法体系及具体运用形成并无固定模式,而靠班主任根据教学目的、学科内容来灵活确定,正所谓"教学有法,教无定法"。班主任在选择方法时还要充分考虑听课学生的情况。如果班主任总是固定不变地单纯使用一种教学方法,往往不会收到好的教学效果。在社会科学各学科的传授新知识时,多用讲授、参观、讨论等方法,在自然科学各学科中为使学生尽可能接触所学的事物和对象,多是在自然环境或在实验中学习,较多地使用讲解、演习、实习等方法。班主任科学合理地选择教学方法的能力,是组织好教学的重要前提。

(4)班主任的组织教学能力还表现在班主任的组织领导才能的和指挥才能方面。具备较强领导能力的班主任,能够在教学过程中统一班主任教与学生学的意志,协调师生双边活动,取得最佳效果。另外,对电化教学和其他教学形式的组织与安排,学生课堂学习气氛的调节以及学习积极性、创造才能的发挥,都需要班主任具有一定的组织领导能力和指挥艺术。现代教学理论提倡班主任要教学生"学会学习",激励学生的聪明才智,充分调动学习者主体的积极性和创造性,给学生以更多的独立思考和创造性思维的机会。显然,要实现这一要求,班主任必须拥有适宜地运用组织管理的艺术手段来开展每一个教学环节的活动能力。国外不少研究都证明,学生的知识学习同班主任管理课堂、安排教育教学活动的条理性和系统性呈现出明显的正相关,学生的成绩与班主任的上述能力存在着密切的联系。因此班主任具有较好的领导能力与指挥才干,是使几十名共同学习又各具特征的学生有秩序而又生动活泼地学习,使课堂教学既组织得有条不紊,又使思维活跃,充分展示教学的创造性与艺术性的重要前提。

2. 组织管理的能力

现代的班主任所面对的对象不是单个或少数的学生,而是构成为一个集体的班级。在集体中进行共同的教育活动,需要有一定的管理和领导。只有这样,才能按照总体的要求来协调每个个体的活动,才能保证集体活动的顺利进行。管理因素是教育过程中的一个不可忽视的因素,它是教育影响发生作用的组织保证。管理不善,往往会限制班主任功能的有效发挥。因此,对学生进行组织、领导、监督和调节的能力是班主任所不可缺少的,对于担任班主任工作的班主任来说更是如此。许多事实证明,优秀班集体确实能高质量、多数量地培养出人才;反之,一个松散的班集体,往往会贻误和干扰人才的良好成长。班主任具备一定的组织管理能力,既是实现教育培养学生个体与班级群体的教育目标的要求,也是遵循教育规律完成教育任务的有效手段。

班主任的组织管理能力表现为以下几个方面:

(1)确定组织目标和计划的能力。这里的所谓管理,就是使集体成员的活动都能按共同的目标和计划去进行。班级中开展的教育活动包含着众多的因素。就活动对象来说,包括着一定数量的学生,他们各自具有不同的发展状况和水平,而每一个班级又各自具有不同的组合上的特点。就教育所要促进的方面来说,有德、智、体、美、劳等方面,它们之间既相互独立,又相互联系,每一方面各有不同的要求。可见,要确定一个班级的教育目标和计划须有一个十分复杂的参考系。班主任必须善于按照班级各方面的情况,通过对他所面临的人、物、秩序、时间、信息等进行分析和组合,来确定具体的目标和计划。科学的目标和计划的管理应当建立在深入调查了解学生的基础上。对学生全面地了解和研究是成功进行管理的重要前提,也是班主任工作、团队工作顺利开展并取得成效的重要因素。了解学生,包括了解学生个体和学生集体两个方面。了解个人情况主要包括个人德智体的发展状况,个人的兴趣、爱好、特长、品质、性格,个人的家庭生活和社会交往的情况等;了解学生集体情况是在对个体了解的基础上进行的,主要包括班级学生的年龄、性别、家庭一般情况,学生德智体发展的全貌、班风与传统等。在正常状况下,学生思想品德表现的各种情况的百分比,学生成绩和能力上中下水平的比例,体育达标率等都有各种常量和常态分布的标准。班主任通过对班级调查所获得的各种统计数量与已有的常态分布作对比,从中找到教育的重点与关键,从而制定出教育的最佳目标和方案。这中间,又要求班主任必须具有诸如教育调查、教育统计等基本的管理技能。确定科学合理又切合学生实际需求的教育活动目标和计划是班主任组织管理班级、教育培养学生积极健康发展的方向和动力,是班主任组织管理能力的表现之一。

(2)组织活动能力。为了实现确定的目标,班主任必须有相应的组织活动能力。例如目前正为当代教育普遍重视和课外教育活动,它的顺利展开就对班主任有较广泛的能力要求,班主任集教书育人的重任于一身,在开放改革的新时期必然要承担着帮助教育青少年、进行深入细致思想工作的任务,为此班主任对学生进行常规管理、疏导思想的能力也是组织好教育活动应有的能力。班主任的日常管理能力,除了体现在参与学校有关职能部门管理工作的过程中外,还体现在对班级集体和学生个体的管理上,表现为大量琐碎而又复杂变幻的活动的组织管理。像在生产劳动、勤工助学、文体活动等方面的组织管理,班主任对所辖班级的全面管理等。对学生思想加以疏导以达到教育效果的能力常常是以"随风潜入夜,润物细无声"的方式将学生呈现在教育教育教学活动中的消极倾向因势利导到积极方向上去。班主任对学生进行教育教学应以一定的组织能力为基础实现有效的管理。而管理必须建立在对学生普遍关心和爱护的基础上,要积极热情,态度诚恳,坚持正面教育为主,在晓之以理的前提下以理服人。同时,班主任应积极支持学生搞好自我教育、自我服务和自我管理,培养学生的主人翁责任感。这又进一步使班主任的组织管理更加民主和高效。

(3)组织加工教材的能力。把人类千百年来积淀的文化成果转化为学生的知识和能力,这是班主任最基本的职责。对学校教育来讲,人类文化成果贮存于教材之内,但班主任还必须对它们进行一定的组织加工。这种组织加工,必须遵循科学知识的内在逻辑顺序和学生身心发展的逻辑顺序,力求达成两者的结合。据此,班主任应深入细致地钻研教材,把握教材的整体结构、逻辑体系,弄清教材的重点、难点和关键,在此基础上,按照学生的实际接受水平,重新组织教材,加工教材。

同一教材的内容,在不同班主任的讲解下,效果是有很大差别的。其原因,除了班主任文化修养和专业水平不同之外,还与班主任分析、组织、加工教材的能力有关。因此,许多优秀班主任都把分析、加工、组织教材的能力放在教材基本功之前位。有人提出,加工组织教材应有"懂""透""化"三部曲,其中"化"境界的达到,就离不开班主任良好的组织加工教材的能力,将教材化繁为简、化难为易。

(4)组织管理课堂的能力。组织管理课堂的能力是班主任组织能力的一个重要方面。课堂组织管理得当与否,直接关系到教学的效率。良

185

好课堂的主要指标是:秩序井然,气氛民主和注意集中,其中以学生注意的组织最为关键。

乌申斯基曾经说过:注意是我们心灵的唯一门户,意识中的一切,必然要经过它才能进来。班主任若想在课堂上向学生有效地传授科学文化知识,发展能力,培养共产主义的道德品质,首先必须打开学生心灵的门户,唤起学生的注意。优秀班主任都十分注重学生注意的组织。他们往往以引人入胜的启蒙,激励思维的讲解,令人回味的结语,组织学生的注意使学生们全神贯注,秩序井然。

班主任还应能灵活地处理各种课堂偶发事项,发扬教学民主,不压抑,也不放任学生,使课堂教学始终处于和谐的状态之中。

(5)组织学生的能力。现代的班主任所面对的对象不是单个或少数的学生,而是构成为一个集体的班级。在集体中进行共同的教育活动,需要有一定的组织和管理,才能按照整体的要求来协调各人的活动,才能保证集体活动的顺利进行。因此,班主任需具备良好的组织能力,对于担任班主任工作的班主任来说尤是如此。具体来说,班主任应能做到以下几点:

第一,确定集体目标。几十个学生聚集在一个班里,如果没有共同的努力目标,缺乏共同的愿望,就无法形成团结友爱的集体。相反,在一个有共同目标的班级里,每个学生都会深刻体验到个人和集体的关系,体验到集体的力量,认识到个人在集体中的社会价值,感受到集体的荣誉感、自豪感和自己的责任感,更能严格要求自己。班主任要善于在班集体面前有计划、有步骤地不断提出共同的奋斗目标,使班级的活动顺利地开展。

第二,建立集体核心。一个班级,只有形成了核心,才能成为有活动能力的集体。形成班级核心,首先要推选好班级干部。一般说,班级干部应该从德、智、体全面发展的学生中挑选。班主任不仅要建立集体核心,还要努力培养它、扶持它,给予工作上的支持和帮助,但不能代替和包办。

第三,组织集体活动。目标是集体发展的方向和动力,而组织相应的具体活动则是集体向既定目标前进的形式。在这种活动中,可以发挥每个人的才能,发展每个人的兴趣,并在集体中受到教育。

组织集体活动的形式是多种多样的。如主题班会、故事会、文艺演出、科学晚会、远足旅游、调查访问等等。无论组织何种形式的集体活动,班主任都应注意做到有的放矢,内容要有说服力,把教育和自我教育结合起来，以取得好的教育效果。

　　班主任组织能力是一种综合性的能力，上述种种，仅是几个重要方面，是班主任应具备的基本的组织能力。

了解学生能力

　　了解学生的能力，即体察学生的思想、情绪等心理状况，知识水平，准确、及时、全面把握学生各方面情况的能力。有人将此称为班主任的"知觉才能"。班主任的工作对象是具有千差万别、各具特色的学生。每个学生都有其个人特点。这些特点有的是显而易见一望可知的，像学生动作的敏捷与迟钝、情绪的高涨和低落等。有的则需要班主任在与其多次接触中才能了解的，像学生道德品质的好与坏、思想境界的高与低等，更有些是靠班主任长期而全面的观察了解才能获得的，像学生的智力特点与水平在短时间里是很难得出结论的。此外，在一些情况下，学生还会因某些原因而有意识地掩盖自己的真实意图，甚至作出根本与自己意愿相反的外部假象。班主任要了解学生的真情实感，透过外显的行为摸清其真实的想法，就必须具有善于观察、分析学生和与学生深入沟通交流的能力，在准确了解学生的内心活动、个性特征和智能水平的基础上，才能有针对性地实施相应的教育教学措施。

　　美国心理学家奥杰曼等人曾经对此做过比较实验。他们用能力相等的班级比较，班主任对实验班的学生首先了解其需要、能力、学习经验、学业成绩、求学志向以及身心健康状况等，然后根据了解的情况，设计教学的情境，选择教学内容，拟定教学方法，并考虑班级中个别差异的适应。对另一班，班主任则未寻求对学生有所了解，只是按照传统的办法教学。在一学期终结时，两班接受同样的测验。其结果，实验班的成绩遥遥领先。可见，根据学生心理特征与个性特点，采取与之相宜的教育和教学措施，才能从实际出发，做到因材施教，否则只能是"不对症候乱下药"，产生不良效果。

　　班主任对学生的观察了解能力具有以下几个特点：

　　1. 细致而深入

　　即班主任能体察反映学生内心变化的细微表现，并透过这些现象，了解学生知识掌握的情况与智力发展的水平，掌握他们的心理状态和思想动向，深入到学生的意识中了解其自我观念，一个具有良好的观察品质的班主任，学生的欢乐、烦恼、忧愁及其他内心活动的细微表现都逃不过他的眼睛，循着这些不易为人察觉的蛛丝马迹，班主任能探索到学生心灵的奥秘,消除其困惑并能提高其水平。

2. 迅速而准确

这是指班主任能快速抓住最能表现学生内心活动的行为表现,不为假象所迷惑。这也是班主任了解学生能力的主要特征。具有这一特点的班主任善于在瞬间捕捉到学生在表情和行动上的变化,真实地判断所发生的情况与学生的心理活动,及时地处理别人长时间难以处理的问题,这也是班主任特有的了解学生的敏感性与高效性。

3. 全面而客观

班主任了解学生须实事求是,不从主观印象出发,带"有色眼镜",而应按学生的本来面目去对待每一个学生,对了解的材料作客观、科学而公正的判断。具备这一特点的班主任,在了解观察学生中,善于利用各种场合,不仅在课内还要在课外,在劳动、活动、日常生活的各种情境中,只要有机会、有可能,随时对学生进行全方位、动态的了解。恰似地质勘探者探矿那样不断地挖掘、探索学生的内心世界,了解学生在想什么、注意什么、喜欢什么、厌恶什么。学生在班主任的眼里,都是活生生的人,而决不仅仅有学习好与学习差、听话与不听话两种类型,为此班主任只有深入、全面、系统地了解学生,才能确定教育教学的最佳方案。班主任较好的了解学生能力是其工作的前提和基础。

班主任了解学生的能力具体表现在对学生各种信息的充分摄取和处理上。班主任对学生多方面、广泛丰富的了解是了解学生能力的具体反映。一般说来,班主任了解学生的信息内容包括两大类:

(1)学生个体的状况。包括:

①自然状况,如姓名、性别、民族、宗教、籍贯、住址等;

②家庭状况,如家庭地址、电话、家中成员及父母工作与单位,家庭经济收入、家庭所处社区环境与自然环境等;

③思想状况,如入队、入团、入党时间、社会工作、奖惩情况、表现、出勤等;

④学习状况,如学习成绩、学习目的、学习态度、学习方法、个人专长、爱好学科等;

⑤身体状况,如身体形态的身高、体重、胸围,身体机能素质的视力、心肺功能、听力等特征,运动专长项目,健康情况的疾病、营养、卫生习惯等;

⑥心理状况,如思维特点、智商水平、兴趣爱好、气质性格、特殊才能、

自我意识、理想等。

（2）学生班集体的状况。对此的了解是建立在对学生个人了解的基础上，班主任经过综合分析、归类整理而对班级状况作出全面的了解，如班风、班传统、班干部与积极分子的情况，团队组织的作用及当前班级存在的主要问题。同时，由于学生及其集体是不断发展变化的，班主任在了解学生基本情况时不仅包括过去的状况与目前的状况，而且要随着时间的发展、空间的移动不断增添最新的内容。

古代时孔子很善于观察了解学生并因材施教。他主张对学生要视其所以，观其所由，察其所安。今日的班主任在教育学生充分发展，培养其能力在扶正其思想过程中更要以对学生深入全面的了解为前提。为此，在班主任应具备的重要行为能力中，了解学生的能力既是搞好教育的前提，也是提高教育教学质量的基本保障。所以班主任必须具备相当水平的了解学生的能力。

语言表达能力

班主任的语言表达能力，是指班主任把自己的思想、知识、信念和情感，通过语言和表情动作向外表现的能力。这是班主任的重要劳动工具，是班主任传授知识、教育学生的主要手段。所以，早在我国清代就有学者认为班主任是"以舌耕为业"的。班主任向学生传道、授业、解惑，师生间的信息传递与情感交流，都须以语言为凭借，恰当地运用语言教育学生，能有效地开启学生心智，陶冶情操，使之获得精神上的满足。班主任语言表达能力的高低，会直接影响学生的学习情绪，影响班主任主导作用的发挥，影响教育教学质量的高低。因此，语言表达能力历来为教育家所重视。像我国教育名著《学记》中就提出："善喻者，使之继其声。善教者，使人继其志。其言也，约而达，微而藏，罕譬而喻，可谓继志矣。"

班主任良好的语言表达能力，一方面可以使教育教学任务顺利完成；另一方面也影响着学生未来的语言能力，因此有一身而二任的作用，既教书，又育人。这也使班主任的语言修养显得尤为重要。班主任良好的语言修养主要表现为以下的一些方面：

1. 音调的愉悦性

即班主任讲课时语言听起来悦耳，给人以愉悦感，能吸引学生集中注意力，从而提高教学效果。要做到语音悦耳。

（1）声音要亲切。母亲的"摇篮曲"因亲切而使孩子听得倍感安适。班主任亲切的语调，也会给学生增添信赖感。亲切的声音来自亲切的情感,班主任热爱事业、热爱学生,讲话的声音才能亲切。正所谓"情真才能意切"。

(2)声调柔和,在发声、用声上讲究技巧。马卡连柯认为班主任只有当他学会用15种~20种不同的口气说"到这里来"时,只有当他学会在面部、姿势和嗓音方面做出20种有细微差别的表情时,他才能成为一个真正的行家。

(3)富于音韵感,即音调抑扬顿挫。如果声音平淡,如和尚念经一样必会催人欲睡;如果声音过高会令人震耳欲聋引起大脑皮层的保护性抑制;过低会让学生听起来吃力而长久处于紧张的疲劳状态之下;如果讲话太快,嘴巴像机关枪喷射,会让学生难以招架。为此班主任讲课应使音调的高低、快慢、长短、强弱配合得错落有致,有节奏而且高而勿躁,低而不咽,恰到好处。

2. 语汇的丰富性

中国古典名著《聊斋志异》所以是一部出色作品,除了语言精练外,语汇丰富也是其一大特色,像用来表示"一会儿"的词汇就有未几、须臾、俄而、少顷、瞬息、少时、瞬间、顷刻、顷而等10多个。班主任拥有丰富的语汇,在教育学生时便可以妙语横生,流畅自如,形容得当,出口成章,在关键时刻能一语道破,画龙点睛。而语汇贫乏则会导致教育的干瘪无味、苍白无力。

3. 语言的充实性

语言的力量在于内容的充实,所谓游刃有余就是功底好。不是关云长就挥不起青龙偃月刀,没有一桶就倒不出一壶,班主任要加强语言修养就须在专业上下功夫。充实性就是知识性。知识丰富了,教育指导学生才能练达潇洒而充满自信。

4. 语言的情感性

班主任不光是从理论上、逻辑上传授知识,也在从情感上感染学生。没有情感的语言必定缺乏活力、无生动性而难以引人入胜。屈原的《离骚》、文天祥的《正气歌》、都德的《最后一课》等感人的杰作,所以能达到极高的思想境界,就在于情感逼真,沁人肺腑。"感人心者莫先乎情",班主任只有以发自内心的真情实感才能"润物细无声"地影响孩子们的心灵。

5. 语言的风趣性

班主任的语言应当严肃,但并非拘谨和一本正经。不苟言笑、正襟危坐、板着面孔的班主任语言只能够导致课堂的沉闷和学生的自我封闭。班主任语言的风趣性就是语言中的幽默感和诙谐性。鲁迅先生的学生回忆时曾说,先生在讲课时常常说些笑话而他自己却不笑。教学时班主任用些幽默的语句,用些夸张的手段都会活跃课堂的气氛,调动学生学习的积极性,并起到发人深省,在笑声中回味无穷的作用。

6. 语言的精练性

就是班主任用简明的语言,表达丰富的内容。言语要干净利落,意尽言止,恰到好处,同时抓住关键,突出重点难点。班主任须对每一词句都斟酌推敲,做到言简意赅。与学生交谈如果废话连篇、拖泥带水、云山雾罩,往往会引起学生的反感,降低教育效果。

7. 语言的启发性

古希腊的苏格拉底讲学时常常使用反诘法来引导学生一步一步地得出知识的结论。《学记》中所说的"导而弗牵,强而弗抑,开而弗达"也是主张教学工作要多注意启发,积极引导鞭策,而不能简单地强制和消极地向学生灌输,倡导多以启发引导学生自己去试作结论。为此,班主任的教育语言应多用启发性的谈话,通过给学生制造悬念和设置情境,诱导学生开动脑筋勤于思考。

8. 语言的质朴性

一是语言要诚恳和实事求是,不能华而不实,堆砌辞藻,夸夸其谈,哗众取宠;二是语言要真实可靠,有据可查。班主任有可能被学生问住,一时难以回答。这时班主任应敢于正视并通过查资料,向专业人员请教等再予回答,如果为此故作姿态不懂装懂,就会有损班主任的威信和形象。

9. 语言的规范性

即语音的准确,语句的合乎语法修辞逻辑,不发生谬误等。班主任语言本身对学生有强烈的示范性,直接影响学生语言、语感的训练。心理学的观察资料证明,班主任言语中经常重复的语义和修辞的错误,往往是他的学生言语贫乏和不正确的原因之一。所以班主任不能满足于告诉学生"应如何说""不应如何说",还要注意自身言语发音、用词、语法的正确性及言语感染作用。要求班主任语言既应具有口头语的通俗、简明、生动形象,又要具有书面语的精确、条理、规范。这样才有利于学生听、说、读、写能力的培养。

10. 语言的清晰性

即班主任语言要咬字清晰,少用容易混淆的重叠音,以免因语言的模糊有碍学生理解和领会。如果班主任一口疙瘩话、半截话,或满口概念术语、晦词涩句,甚至微言大义、故作高深,都会使学生如坠入五里雾中,像听天书而不知所云,不得其要。

11. 语言的直观性

指班主任语言生动形象,既幽默诙谐、活泼有趣,又浅显易懂、深入浅出,学生有"如临其境,如闻其声,如见其人"的感觉。班主任说话应善于形容比拟,绘声绘色,起到语言的直观效果,利用学生头脑中已有的表象储备,激起学生的再造想象和创造想象,唤起他们对知识的理解,并有助于学生对知识的巩固、记忆,提高教育效果。例如一位教平面几何的老师用"毛驴拉碾子"的具体形象来说明"一个点围绕一个固定点的等距运动的轨迹就是圆"的抽象道理,学生就会因容易理解,听起来有味而迅速掌握新知。

12. 语言的机敏性

常言说:"一言机智可以驱散一片乌云。"就是说语言上的智力速度和灵活性有助于解决矛盾。要顺利地答疑解惑,班主任也需有语言上的随机应变能力,从而在意想不到的教育情境中处之泰然,以流畅敏捷的语言解决矛盾。

班主任的语言表达,除具有上述特点外,还体现在表情动作与语言表达的综合运用上。班主任在对学生进行思想教育、沟通信息、讲授知识等活动时,如能伴以适当的表情动作,就更能增加言语的生动性、形象性,提高言语表达的教育效果。为此班主任还需根据不同的教育内容做些必要的表情动作,辅助以富有表现力的手势。但必须要适当,不能滥用,要自然大方而不造作,从实际需要出发而不流于形式,否则会分散学生的注意力并可能引发学生与教育内容无关的联想,有损班主任的威信及教育效果。

为提高班主任的语言表达能力,以更好地完成教育教学任务,班主任在教育过程中,语言的使用应注意"十戒",即:

一戒语苛训人;二戒教条盈耳;

三戒粗言秽语;四戒方言土语;

五戒语病时出;六戒口头语过多;

七戒喋喋不休;八戒高声呼出;

九戒不合实际;十戒离题闲扯。

语言是率领人冲锋陷阵的统帅,是拨动人们的心灵琴弦的乐师,是争取人们灵魂的坚强战士。关键看班主任能否善于使用。可见班主任具备较好的语言表达能力,是班主任高效地取得教育教学成功的重要手段。

自我控制能力

班主任天天教育学生,也时时接受学生的监督。有人说,世界上没有任何人对年轻人的心灵有比班主任更深远的影响,也没有任何人受到比班主任严格的监督,这是班主任职业特点决定的。因此,班主任的行为能力不仅表现在对教育对象——学生的积极调节和控制上,而且也表现在对班主任自身言行的良好调控上。班主任的自我调控能力是指班主任对自身的个性品质、智能结构能够及时作出调整,自觉地更新知识、完善能力、增强意志、提高修养的能力,是班主任对自己的感情、行为、动作、语言进行适当的控制并使之与教育教学的工作更适宜、更合理、更富于教育性的能力。班主任之所以需要有较强的自我控制能力:

首先是因为教育并不是一种封闭的体系,它随时要与社会取得平衡,随着社会发展而不断变化。就是说,社会上任何一种因素的变化,都可能或多或少、或直接或间接地影响教育系统,引起教育内部各种结构的变化,其中社会生产的发展,科学的进步,党的重大方针政策的变动以及社会风气的变化等都会对学校教育产生直接的影响,并由此对班主任的思想修养、智能结构等提出新要求。班主任要不断适应这种新的要求,就必须具有较强的自我控制能力,主动按照教育的需要来改变自身的结构,以这种自控能力来充实新知识,调整知识结构;班主任还需要有较强的自我修养能力,来不断提高自己的思想品德修养,不断增强自己的心理承受力以妥善地处理各种教育中的新问题。如果班主任缺乏这种自我控制与调节,到了一定时期,班主任应有的功能就可能难以正常发挥或处于低效状态之中。

其次是因为班主任的工作对象是活生生、各具特色的学生。学生在其成长过程中,经常会出现这样或那样的一些意外问题。现代教学论指出:课堂教学是一个多分量的动态系统。在该系统的运行过程中,既存在着班主任与学生的情感沟通,也存在着学生之间的思想交流,同时还存在着师生与外界环境的能量流、信息流等多侧面、多层次的交互作用。教学系统诸要素,尤其是班主任、学生,并非一成不变的,他们的思维不可能按照同一轨道运行,他们各自存在于几种可能状态中的一种。因此教学过程各阶段的情况带有相当程度的不确定性,会有各种难以预料的变化。班主任在教学过程中除了善于计划、有顺序、有条理地教学外,还必须能够在课堂的突发事件中善于自我控制,并因势利导地继续进行教学。同样在对学生进行道德品质、劳动观念、审美能力等培养时,班主任也会遇到学生暴露出的多种问题与不足,有些甚至令班主任一时不知所措或尴尬难堪。对这种情形,班主任唯有具备一定的自我控制能力,才能沉着理智、有条不紊地实施教育。

第三是学生的向师性也要求班主任具有较好的自我控制能力。学生在成长发展过程中,不断完善自己的人格,而班主任是他们最具体、最直观、最有说服力的榜样。学生走向独立成熟的一大内容是善于自我调控。而这一能力的形成在很大程度是受班主任自我控制能力的潜移默化影响的。班主任对自身善于调控,无形中就对学生施以了强烈的人格影响。班主任具有较好的自我控制能力,有助于完善学生的个性品质,形成良好的自我控制、自我学习、自我教育的能力。

自我学习、自我管理、自我监督、自我评价、自我意识、自我教育、自我调节等等是班主任自我控制能力的侧面表现,它们使班主任自觉认清自己的现状并努力使自己的知与行符合教育教学要求,因此有很强烈的主动性与自觉性。而在这多种行为的自我调节之中,又尤以班主任善于把握好情感最为重要。就是说,班主任在教育教学中要能够严格控制、理智地支配自己的情感。不恰当的喜、怒、哀、乐都不利于教育任务的有效完成。班主任善于控制自己的情绪是其自我控制能力的最直接反映。

要使班主任拥有理智,提高情感的自我控制能力,应从以下三个方面加以注意:

1. 不要把消极情绪带到教育情境之中

班主任是常人,生活在社会系统之中难免有各种各样的矛盾和冲突,引起情绪上诸如欢乐、苦恼、激动、沮丧、愤慨、泄气等波动。班主任若不加注意地为自己情绪所左右,不仅会出现不适宜教育的言行,而且会影响学生群体的学习效果。因此班主任应正确对待名利、荣辱、成绩、挫折,努力净化自身的思想境界,把不健康的、消极的情绪情感排除在教育教学之外,不因自己的情绪欠佳而迁怒于学生,把怒气、怨气发泄到学生身上。班主任无缘无故地随意对学生批评、威胁,多是班主任自身情绪失控的表现。如有的班主任因工作问题受到领导批评,心中不满,便在课堂上借题发挥,攻击谩骂,令学生无所适从,不知所云。这种不理智的行为往往会降低班主任的威信,造成不良的教育影响。

2. 不要让学生的情绪支配了班主任的情感

在教育过程中,班主任往往会遇到学生不服管教、顶撞、吵闹、捣蛋甚至使全班纪律混乱的意外情况,这必然会引起班主任的焦虑、紧张、苦恼甚至愤慨等情绪。但是,班主任在此刻必须冷静、克制,保持心理平衡,切不可简单急躁,因学生的顶撞而发火,或因被学生激怒而任意惩罚学生。当一个人急躁发火时,意识常常会变得狭窄,认识范围也缩小,理智的分析能力受到抑制,自控能力也大大削弱。为此应指导班主任在学生异常的情绪面前,力求调节自己的情绪,不因学生的偏激、失控而失去理智,巧妙地捕捉教育时机,艺术地、科学地解决矛盾,要像赞科夫所说的那样,学会自制和忍耐,"在你叫喊以前,先忍耐几秒钟,想一下:你是一位班主任。这会帮助你压抑一下当时就要发作的脾气,转而心平气和地跟你的学生说话。"

3. 不要对学生产生偏爱或偏见

在教育教学过程中,先进学生往往思想品质好,学习成绩优秀,懂事听话,惹人喜爱,班主任易对他们产生好感和偏爱。而后进学生思想意识差,学习成绩差,常有违反纪律的行为而易为班主任批评,班主任难免对他们产生厌弃的偏见。这两种情感,会导致不同的师生关系和教育效果。班主任偏爱先进学生的情感流露,会使他们产生一种优越感,轻视其他同学,这会伤害其他学生的自尊心,使学生之间产生对立情绪。班主任对后进学生的偏见和冷落,妨碍了他们的学习积极性,也刺伤了他们的心灵而造成恶性循环。所以班主任的职业道德要求班主任要善于抑制自己的无益于教育教学的激情与冲动,以宁静耐心、一视同仁、真诚炽热的情感对待学生。

总之,班主任的自我控制能力是班主任教育技巧的尺度,是维系教育成效的杠杆。班主任良好的自控能力有助于班主任适应学生的多种需要而实施正面教育,使班主任得以随时调整自己的行为和预定的教育计划,实现最优化的教育;而缺乏自我控制能力的班主任则很难真正在以身作则、言传身教中完成对学生言行的有效调控,导致不良的教育影响。

教育机智能力

教育机智是指班主任在教育活动中表现出来的对新的、意外的情况正确迅速地作出判断并付诸行动以解决问题的应变能力。这种能力是班主任善于观察、熟悉情况,敏捷果断和富于经验的产物,是班主任高度的责任感,良好的道德修养和智慧水平的结果。它集中体现了班主任的教育才能,是一种高超的教育艺术。

班主任的工作对象是众多具有复杂心理活动的学生,随时都可能遇

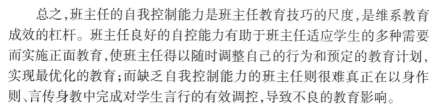

到事先难以预料、必须特殊对待的问题。例如正当全班学生聚精会神地听课时,突然在某个学生的书桌中发生异常的鸟叫或蝈蝈声,分散了同学们的注意力,打断了班主任的讲课;有的学生在班主任的教育过程中不接受班主任的意见,与班主任发生顶牛的现象;学生在课堂上突然提出很不着边际的怪问题等等。在这种情况下,如果班主任不能机智地处理,随机应变,就不能正确解决问题和有效地影响学生,相反还会造成师生对峙的僵局,伤害学生的自尊心,招致教育的失误,也会使班主任失去教育的信心。因此,教育机智是班主任工作所要求的重要行为能力。

班主任的教育机智集中反映在能在任何情况下按照教育规律办事,善于根据教育方针有效地教育学生。具体说来,教育机智表现为以下几个方面:

1. 善于因势利导

即班主任善于根据学生的要求和愿望,运用循循善诱的方式对学生进行思想教育,培养学生的优良品德;同时把学生的兴趣和爱好引向正确的道路,迁移到学习方面或有益于集体的活动之中。教育工作的效果常见于因调动学生的积极因素,消除其消极因素,从而使学生自觉地提高学习积极主动性。为此,帮助学生扬长避短,择善去恶,使其自身逐步增长克服缺点的内在精神力量,这是教育机制最重要的成分。在实际教育工作中,这方面的成功事例是处处可见的。有的班主任发现学生总爱在墙壁上、桌椅上乱涂乱画,不是采取单纯指责或用惩罚的办法去吓唬、训斥学生,而是把他们组织起来成立美术小组,充分利用其美术方面的兴趣与专长来为学校或往集体出壁报或板报,使学生既有发挥专长的机会与热情,又改掉了坏习惯。有的班主任发现学生热衷于玩蛐蛐、知了,也不硬性地干涉学生对之禁止或没收,而是首先对学生的小动物表现出极大的兴趣,然后引导学生仔细观察小昆虫的特征与生活习性,提倡他们学写观察日记,进而实现了将学生从单纯贪玩的心理转化到自觉的观察、学习上去的目的。班主任这种善于把自己的教育意图隐藏在无拘无束的活动之中,使教育要求成为学生自身的内在需要,并自觉在活动中达到教育的要求,便是因势利导进行教育的能力体现。因势利导是一种高超的教育艺术,也是班主任教育机智的最高体现。

2. 能够随机应变

即班主任能根据教育教学情境,灵活果断地处理一些事先没有预料的问题和事件,及时调节和消除矛盾行为,有效地影响学生。教育情境的错综复杂,瞬息万变,随时会出现各种意外变化,这就要求班主任能迅速判明情况,及时调整行动方向,采取果断措施,否则就会使意外的问题发展蔓延,甚至使班主任处于难堪而无招架之力的境地。因此班主任能否随机应变,是对其教育机智的重要考验。班主任的这种应变能力常常是表现在妥善处理课堂上的偶发事件上。有一位戴眼镜的班主任,在接班后,第一次走进教室时,发现全班学生情绪紧张地盯着黑板,回头一看,原来黑板上画了一个戴眼镜的头像,旁边还写着"四眼"的字样。这位班主任一下子怒火中烧,真想来个"杀鸡给猴看"。但他还是努力使自己冷静下来,扫视了一下全班学生,回头将黑板擦干净。然后风趣地说:"这幅画画得蛮不错,画画的同学一定是为了考验一下他的班主任,但不应当采取有损于班主任人格的做法。"此时,学生们的目光一下子集中到画画同学的脸上,这个学生红着脸低下了头。班主任见状又说:"我想画画同学此时一定已经感到自己错了。不过不要紧,你要将功补过,把你的画画才能用来为班集体服务。"后来这个学生真的成了班上的宣传委员,师生情感非常融洽。试想,如果这位班主任真的大动肝火。给学生来个"下马威",效果就难以想象,起码在师生间会筑成难以消除的隔阂,也很难达到教育目的。从上面的事例可以发现,班主任在教育教学过程中会碰到各种突发的情况。班主任并不是无所不知的圣人,很难对可能发生的一切充分预料,这就要求班主任充分运用自身已有的知识、教育经验和良好的心理调控能力,机智灵活地采取符合实际的合情合理的措施,果断处理突发事件。

3. 注意"对症下药"

即班主任能够分清情况和原因,善于从学生的实际情况出发,采取灵活多样的教育方式和方法,有的放矢地进行教育。解决学生问题如同治病,不管什么病都开一样的处方,治不好反误了病。同样,学生有了问题,不分情况,不论原因,不考虑学生的个性特点,都是一顿批评、一篇检查、一个处分,这不仅是不负责任,而且做法上也极欠明智。只有善于根据学生的实际情况,具体分析学生产生问题的心理因素,弄清问题的"症结"所在,才能有效地解决问题。这也是班主任机智地处理问题的表现之一。一般说来,突发事件尽管在一定程度上具有偶然性,但总是有这样或那样的原因。像有些意外伤害事故是由于学生逞强好胜,爱表现造成的;班内发生丢失钱物事件不一定具有不良的偷窃动机,而可能是学生之间爱开玩笑、恶作剧所致;还有些突发事件是由于某种潜伏因素的作用,在一定的场合下伺机爆发，偶然中深蕴着必然。如师生之间突发的"顶牛"事件，有不少是因为师生双方以往的矛盾与摩擦没能得到较好的解决而再度升温所致。也有些突发事件则是由于学生不良的道德动机所引起的。为此，对于突发事件的处理，班主任必须力求在短时间内对事件原因进行周密的调查分析，做出科学判断，并迅速预测不同的处理方法可能导致的后果，从中做出切合学生实际的正确选择。有这样一个例子：课间两个学生发生口角，上课铃响了，班主任走过来劝他们进教室。一个学生很快地进去了，而另一个学生因为吃了亏不愿进教室。班主任这时并没有硬拖他进去，而是根据这位学生平时乐意帮助班主任做事情的优点，亲切地说："你看我双手拿着这么多东西，你能帮助我把黑板拿进教室吗？"这位学生看了看老师，就接过黑板走进了教室。老师马上对大家说："刚才两位同学吵了架，可有的同学顾全大局，为了让大家上好课，还帮老师把黑板拿进来，我相信他一定能上好课，有问题课后解决。"这样，那位不愿进教室的学生在班主任的诱导与鼓励下回到了自己的座位上，比较安心地听课。正是由于这位班主任善于针对学生的具体特点，采取了巧妙的教育方式，使一时的矛盾得到了平和地解决。这种切中学生实际、有的放矢的教育，也充分体现了班主任的教育机智。

4. 把握教育分寸

即班主任讲究教育的科学性。在处理和解决学生中的问题时，能够实事求是，通情达理，教育中力求说话适度，行为得体，方式适宜，以最小的代价取得最佳的教育效果。俗话说："量体裁衣"。教育工作同样要讲究分寸。如果不加注意，到头来不仅难以达到预期的效果，还会影响学生的健康成长。班主任在教育教学过程中要掌握好"度"。如果对学生过分赞扬，就会使他们离开坚实的大地而处于飘飘然之中；如果对学生过头地批评，就会使他们堕入自卑的深渊而难以自拔。过分的爱抚会麻木学生的意志，过分的严厉会养成学生的盲从或固执，过分的迁就会形成学生的松懈、放任的习性，过分的苛求会变得吹毛求疵而挫伤学生的积极性，过高的教育会使学生望而生畏，过低的要求会对学生失去教育意义……所以，善于把握教育的"分寸"，是教育艺术的一种体现，也是班主任教育机智最明显的标志之一。要把握好教育的"分寸"。应当做到：

首先，班主任在教育学生时说话要得体合度，分析要中肯，判断要恰当，结论要合理，使学生心服口服。那种认为说得越重越能使学生感到有分量，越能使之改正的"宁重勿轻"的做法，不是教育机智而是一种教育武断,其教育结果只会事与愿违。

其次,班主任对学生的要求要适当,有人形象地将此比喻为就像让学生"跳起来摘果子"一样,即班主任提出的要求既高于学生原有的水平,又是学生经过努力可以达到的,而这个高度的确定,只有根据学生"高矮"不一的实际情况,使学生在"伸手不得,跳而有获"中实现教育要求。

第三,班主任在教育学生、处理问题时,无论是表扬学生还是批评学生,或找学生谈心,都必须估计情势和考虑学生的年龄、经验、认识水平以及气质、性格、心理承受能力等个性特点,选择最有效而恰如其分的方式方法。"机变随物移,精妙贯未然"。班主任把握好教育分寸,才能使矛盾与问题得到最佳的解决。